Cidade cantada

FUNDAÇÃO EDITORA DA UNESP

Presidente do Conselho Curador
Herman Jacobus Cornelis Voorwald

Diretor-Presidente
José Castilho Marques Neto

Editor-Executivo
Jézio Hernani Bomfim Gutierre

Assessor Editorial
Antonio Celso Ferreira

Conselho Editorial Acadêmico
Alberto Tsuyoshi Ikeda
Célia Aparecida Ferreira Tolentino
Eda Maria Góes
Elisabeth Criscuolo Urbinati
Ildeberto Muniz de Almeida
Luiz Gonzaga Marchezan
Nilson Ghirardello
Paulo César Corrêa Borges
Sérgio Vicente Motta
Vicente Pleitez

Editores-Assistentes
Anderson Nobara
Arlete Zebber
Ligia Cosmo Cantarelli

Coleção Arte e Educação

Elvira Vernaschi (Coordenação)

Mariza Bertoli
Veronica Stigger
Anderson Tobita

Julia Pinheiro Andrade

Cidade cantada
Educação e experiência estética

Canções de Tom Zé e Racionais MC's sobre São Paulo

© 2009 Editora UNESP

Direitos de publicação reservados a:
Fundação Editora da UNESP (FEU)
Praça da Sé, 108
01001-900 – São Paulo – SP
Tel.: (0xx11) 3242-7171
Fax: (0xx11) 3242-7172
www.editoraunesp.com.br
www.livrariaunesp.com.br
feu@editora.unesp.br

CIP-Brasil. Catalogação na fonte
Sindicato Nacional dos Editores de Livros, RJ

A567c

Andrade, Julia Pinheiro
   Cidade cantada: educação e experiência estética: canções de Tom Zé e Racionais MC's sobre São Paulo/Julia Pinheiro Andrade. - São Paulo: Editora UNESP, 2010.
   276p. : il. - (Arte e educação)

Contém discografia e filmografia
Inclui bibliografia
ISBN 978-85-393-0018-1

1. Música na educação. 2. Zé, Tom, 1936-. 3. Racionais MC's (Grupo de Rap). 4. Tropicalismo (Movimento musical) - Aspectos sociais. 5. Hip-Hop (Cultura popular) - Aspectos sociais. 6. Rap (Música) - Aspectos sociais. 7. São Paulo (Cidade) na música. I. Título. II. Título: Canções de Tom Zé e Racionais MC's sobre São Paulo.

10-1509.
CDD: 780.7
CDU: 78(07)

Editora afiliada:

Asociación de Editoriales Universitarias
de América Latina y el Caribe

Associação Brasileira de
Editoras Universitárias

*Aos meus pais,
por toda a música que, desde cedo, inundou minha vida.*

Agradecimentos

Agradeço imensamente ao professor Celso Favaretto, pela orientação tão cuidadosa, próxima e rigorosa – insubstituível trabalho de formação.

Sou grata a José Sérgio Carvalho, Marilia Sposito e José Miguel Wisnik, pelas valiosas conversas para a vida toda.

Meus agradecimentos à Fapesp (Fundação de Amparo à Pesquisa de São Paulo), pela bolsa concedida à pesquisa de mestrado que gerou este livro. Agradeço à Confraria de Textos, especialmente a André Fiorussi, pela cuidadosa e crucial leitura crítica.

Pela inestimável cessão de imagens, agradeço a Klaus Mitteldorf, cuja generosidade é sem igual; ao Racionais MC's, na figura de Kleber Simões; a Tom Zé, representado por Neusa Martins; a André Conti, pela gentil cessão de fotos; a Luigi Stavale, pela amizade de tanto tempo; e especialmente a Luiz Fernando Bissoli, por sua doação voluntária à edição das imagens. Agradeço também ao MIS (Museu de Imagem e Som do Estado de São Paulo) e à família de Adoniran Barbosa, pelas fotos singulares de João Rubinato em sua cidade cantada; ao Grupo Editorial Musical Arlequim e à Fermata do Brasil, pela gentil cessão de publicação das letras de músicas de Tom Zé na íntegra.

Agradeço também a Fernanda Pitta, Luciana Guimarães, Mônica Alterthum, Daniel Kulaif, Gabriela Rodella, Rachel Vianna, Raquel Ribeiro, Yamila Goldfarb e Adriana Sesti, pela amizade e presença.

Minha gratidão especial e imensa à minha família, porto seguro. E ao Nel e à Dora, por toda alegria que trazem à vida.

Sumário

Prefácio   11
Introdução   17

Capítulo I – A cidade cantada   23
1. A canção no Brasil   26
2. São Paulo, cidade cantada   31

Capítulo II – Educação e cultura: em torno da ideia de formação   47
1. Educação e sociedade disciplinar   51
2. Revolução urbana e mal-estar na cultura   54
3. Educação, modernidade, canção   59

Capítulo III – Canção: narratividade, experiência, escuta   67
1. Som, ruído, *performance*   75
2. Experiência estética e modernidade   83
3. Fetichismo na música e regressão da audição   94
4. Desejo e consumo   100
5. A escuta como categoria analítica   106

Capítulo IV – Cidade e modernidade em um oxímoro chamado Tom Zé   115
  1. Decantando a cidade   123
  2. *São São Paulo*   156
  2.1. Interpretando a dicção   164
  2.2. Cidade cantada: do festival à "descanção"   170
  3. São Paulo, Tropicália: Brasil arcaico, Brasil moderno   172
  4. Linha evolutiva e "descanção"   179
  5. *Danç-êh-Sá* e *rap*   184

Capítulo V – Racionais MC's e a periferia onipresente   195
  1. *Rap*: para uma gênese do gênero   198
  2. Origens lá e cá   202
  3. A forma *rap*   209
  4. A construção da dicção de navalha   213
  5. A periferia está em todo lugar   224
  6. Sombra, ressentimento e morte   240

Conclusão – Experiência estética, formação, canção, educação   253
Referências bibliográficas   261
Internet   271
Discografia básica utilizada   272
Discografia comentada   273
Filmografia   274

Prefácio

Este livro apresenta um feliz encontro de dois aspectos fundamentais da modernidade brasileira: a emergência da cidade como personagem cultural, implicando uma modalidade específica de experiência, fixada em formas artísticas expressivas da sensibilidade em que o pessoal e o histórico estão imbricados, e a experiência da canção no Brasil. Particularmente, o livro focaliza a experiência na cidade de São Paulo, "cidade ícone do desenvolvimento e da crise nacional, onde todas as tendências se encontram e entrecruzam num *melting pot* cultural", de alguma maneira presente em representações pictóricas e literárias desde o modernismo e logo depois na música popular, dado o lugar destacado da canção na configuração de imagens da nacionalidade e ritmos da vida urbana, além, é claro, das representações do lirismo amoroso e das fissuras do cotidiano, constitutivas da vida brasileira.

De fato, a pauliceia desvairada, a Londres das garoas finas de Mário de Andrade; a São Paulo dos trens, do gasômetro e dos viadutos de Tarsila; o Brás, o Bexiga e a Barra Funda de Alcântara Machado, deram lugar mais tarde a marcantes canções em que a cidade, em modernização acelerada, aparece referida ao heroísmo do homem típico da cultura metropolitana. É o que se pode flagrar nas canções consagradas no gosto popular, ao mesmo tempo edulcoradas e denotativas das mudanças, de Adoniran Barbosa; nas composições de Paulo Vanzolini, em que a clave dramática e melancólica faz coincidir fatos amorosos e da cidade; na louvação, já tingida de ironia, de Tom Zé e, principalmente, naquela canção emblemática de Caetano Veloso, que elabora uma experiência reflexiva pessoal e cultural, com afeto, ironia e melancolia. E depois, passando pelo hino de amor do Língua de Trapo, que contempla a alegria de estar e passear na cidade, até chegar a algumas figurações contemporâneas, muito diversas, de Itamar Assumpção, Premeditando o Breque, Grupo Rumo e José Miguel Wisnik aos Racionais MC's.

Situando-se neste horizonte, Julia Pinheiro Andrade privilegiou canções de Tom Zé e dos Racionais porque, mesmo sabendo que a escolha pudesse ser considerada arbitrária, elas lhe permitiam configurar, em fortes imagens, duas posições extremas de reflexão sobre a vida na megalópole, tendo em vista a captação de uma suposta "natureza humana urbanizada" e também, através delas, destacar as virtualidades da canção na produção de uma fisionomia da metrópole moderna que, como uma direção marcante deste estudo, seria uma exigência fundamental para pensar a formação educacional da juventude na atualidade. Mas, com razão, a autora adverte: é "das estruturas das canções, de suas organizações tensivas profundas, que se torna necessário depreender as conexões estéticas com a experiência da cidade, desse acontecer entre as palavras e as coisas que escapa ao conceito, mas codifica-se em som, ritmo, em melodia e em palavra cantada", visando a "captar os sentidos desse acontecer sonoro, elaborando sua escuta como apropriação crítica da cultura do tempo".

O interesse e a eficácia das proposições deste livro devem-se principalmente à densa reflexão sobre narratividade e escuta da canção como categoria analítica; à atenção dedicada à dimensão estética e cultural. Servindo-se de uma vasta e fundamental bibliografia sobre a história da canção, sobre as questões da modernidade e das determinações econômicas que presidem a estrutura e o estatuto social da canção, indissoluvelmente ligada aos sistemas de comunicação e consumo, a reflexão vincula-se sempre à forma da canção, a um tempo estética e social, pois, tomada como "decifração" ou como "sintoma" do tempo histórico, ela a "o transfigura e o interioriza, condensando-o", de modo que "na dialética entre o tempo dilatado da história da música e o espaço condensado dos gêneros e estilos, a canção decanta experiências, singularizando modos de sentir, de comunicar, de expressar, de pensar, de agir".

Eis aí o núcleo desta fértil discussão, que supõe e atravessa uma analítica da modernidade como a de Walter Benjamin, especialmente a sua concepção de experiência; incorpora elementos da crítica adorniana da indústria cultural e situa a reflexão no interior das proposições sobre a estrutura, o valor cultural e artístico da canção, recorrendo a ideias de Barthes, Eco, Adorno e Zumthor, com destaque para as originais teorias e análises de estudiosos brasileiros, responsáveis pela elevação da canção a objeto estético e cultural da maior relevância neste país.

Desde que a música popular brasileira adquiriu *status* artístico – o que se deve à produção artística e crítica dos anos 1950-1960, à retomada da tradição musical tendo a bossa-nova e, particularmente, João Gilberto como ícones –, os estudos acadêmicos e outros vicejam. Os acadêmicos, particularmente, vêm explicitando a singularidade e as diversas dimensões da canção no Brasil: a de entretenimento, que teve no rádio seu alto momento de definição, depois capitalizado pelo cinema e pela televisão e, atualmente, pela internet; o histórico e o cultural, que vêm determinando interpretações da realidade brasileira, seja enfatizando interesses nacionalistas, seja a crítica dessas determinações, e o educacional, que atribui à canção uma função educativa, de formação, apta a usos escolares, mesmo instrumentais, para fins didático-pedagógicos. A partir do final dos anos 1970 e início dos 1980, os estudos sobre a canção começam a proliferar, com análises que tematizam essa realidade, mas agora centrados na especificidade estética dessa modalidade artística recentemente legitimada, diferenciando-se da maioria dos estudos da década anterior, que privilegiavam expressões, frequentemente utópicas, da realidade brasileira, centradas, em sua maioria, prioritariamente na produção da mensagem. Aí está o destaque dos livros, ensaios e artigos que vão surgindo, seja em razão dos novos desenvolvimentos teóricos e analíticos dos estudos universitários, seja pelas aberturas motivadas pela inventividade crítica e liberdade criativa das práticas tropicalistas, que permitiram entender que a música brasileira não só poderia ser muita coisa e de muitas maneiras, como ombrear-se às demais artes como vulto cultural representativo da moderna experiência brasileira.

Sabemos que hoje a música popular vem sendo largamente utilizada como material educacional, para atividades de ensino e para interpretações do processo educacional, de Noel Rosa ao *rap*, seja na análise das letras com o objetivo de ilustrar um ou outro tema das ciências humanas, seja para facilitar a compreensão de conceitos e emblemas culturais, seja para identificar usos da língua, ou ainda para problematizar os imaginários do consumo, preconceitos variados, tendências da moda, o contexto social e posições políticas. Contudo, não é frequente que o aproveitamento das virtualidades da canção provenha do trabalho com a sua especificidade, isto é, com a exploração de uma modalidade artística que vem de sua natureza híbrida, em que os efeitos que a constituem provêm do resultado complexo da simultaneidade de letra, melodia, entoação e arranjos. É explorando esse regime de composição que este trabalho de Julia Pinheiro Andrade tira consequências notáveis sobre o valor da canção na geração das imagens da vida da cidade, desatando um pensamento sobre o valor específico da canção na concepção contemporânea de formação, visando à aplicação das possibilidades que emergem desta reflexão para a prática educacional, particularmente para o trabalho em sala de aula.

Trata-se então de pensar a força da canção, ao conformar e traduzir a rica experiência, já consolidada no imaginário brasileiro, que vem da sabedoria popular, das experimentações artísticas, em que a expressão lírica das alegrias, paixões e desacertos humanos permite fundar uma possibilidade de vinculação do forte apelo existencial da canção a reflexões e práticas educacionais. Sobretudo, trata-se de pensar seus poderes e virtualidades contemporaneamente, no quadro da cultura e da educação massificadas, dada a sua característica específica: por sua própria materialidade, é expressão artística e mercadoria. Esses aspectos estão internalizados como constituintes da forma da canção.

A canção é um lugar, e não só no Brasil, em que se pensam as mudanças modernas do comportamento, da percepção, da sensibilidade em sintonia com as mutações culturais e artísticas. A repercussão disso na educação, no próprio conceito e nas práticas de formação é notável. Se é nas artes em geral que se pode flagrar o fenômeno, naquelas culturas em que a canção tem um lugar tão primordial, como o Brasil, o fato se torna imperativo. E quando se pensa em especial no poder da canção nas experiências da juventude, o fato se torna ainda mais sensível.

A exploração dos imaginários da canção tem sido utilizada na escola para fazer face a um indeterminado da educação: como compatibilizar as exigências da formação, que supõe alguma continuidade, à mutabilidade das sugestões, apelos, inculcações e pressões que vêm das transformações em curso dos valores, das expectativas de vida, mobilizadas pela tecnociência e em exposição permanente nos sistemas de comunicação. Se, como diz Michel de Certeau, referido pela autora, o saber escolar é impotente para dizer "a última palavra sobre a cultura de massa", porque "tem a mesma forma que ela", as limitações da escola são chocantes, quando se trata de pensar o que hoje pode ser formação e propor estratégias adequadas às exigências e necessidades atuais. Este livro tem uma palavra sobre este desafio, que não fica apenas na análise do fenômeno: é uma contribuição efetiva para se pensar na educação o incomensurável da experiência contemporânea.

Prof. Celso F. Favaretto

Introdução

A música, sobretudo a chamada "música popular", ocupa no Brasil um lugar privilegiado na história sociocultural, lugar de mediações, fusões, encontros de diversas etnias, classes e regiões que formam nosso mosaico nacional. Além disso, a música tem sido, ao menos em boa parte do século XX, a tradutora dos nossos dilemas nacionais e veículo de utopias sociais. Para completar... arrisco dizer que o Brasil, sem dúvida uma das grandes usinas sonoras do planeta, é um lugar privilegiado não apenas para ouvir música, mas também para pensar a música. Não só a música brasileira, no sentido estrito, mas a partir de uma mirada local é possível pensar ou repensar o mapa-múndi da música ocidental, sobretudo este objeto não identificado chamado "música popular". Ao contrário do que quer um certo senso comum no meio acadêmico, neste caso, ser brasileiro e pensar em português é uma vantagem (Napolitano, 2002).

O poder da música é grande. Com o avanço tecnológico e a massificação da cultura tornou-se ainda maior, penetrando todos os espaços da vida cotidiana. Pensar esse poder é pensar a cultura contemporânea, em que a massificação tem transformado radicalmente a própria estrutura da percepção e do conhecimento. Para a educação, essa mutação é de suma importância, pois promove o que Michel de Certeau denominou cultura estudantil caleidoscópica: ao assimilar a rapidez e a fragmentação das linguagens das mídias, a cultura jovem torna-se uma miscelânea de referências diversas, mal diferenciadas e hierarquizadas (De Certeau, 2005, p.112). Diante dessa mutação cultural, o saber escolar é muitas vezes defasado e impotente. Não tem o poder de organizar ou "juntar" os cacos da mídia e da cultura, mas se justapõe e nivela-se a eles. O saber escolar "não diz a última palavra sobre a cultura de massa; [...] tem a mesma forma que ela" (De Certeau, 2005, p.112). Entender o que é essa forma e como ela, por assim dizer, "se reproduz nos sujeitos" que a sustentam é, portanto, tarefa fundamental em educação. De Certeau aponta para o fato de que a massificação e a democratização do ensino em todos os seus níveis "indica à cultura sua própria definição, ao remeter o saber estabelecido a uma prática do pensamento, e os objetos conceituais que ela veicula aos sujeitos que a produzem" (De Certeau, 2005, p.106).

Lidar com a cultura caleidoscópica é forçar a inteligência a um confronto prático com as linguagens que a informam, problematizando-as. É também forjar um sentido formativo no interior do acúmulo de informações, processando sínteses, fisionomias, relações e pontos de vista capazes de organizar juízos, posições, discursos e práticas. As várias formas de educação se defrontam, assim, com a tarefa de reinventar as promessas críticas do iluminismo, o qual pressupunha um indivíduo autônomo, centrado e esclarecido que, hoje, praticamente desapareceu na multidão de anônimos apressados das metrópoles. Como afirma De Certeau, é preciso remeter o saber estabelecido às práticas atuais do pensamento e os objetos culturais veiculados aos sujeitos que produzem a cultura do presente e por ela são produzidos. Sem essa remissão às práticas, os saberes, as habilidades, os valores, em suma, a cultura que se quer preservar através da educação, se torna uma abstração, uma série de conteúdos desconexos, um sólido que se desmancha no ar.

Nesse sentido, o interesse do estudo da música popular e, particularmente, da canção na educação se justifica, então, por se tratar de uma linguagem cultural especialmente forte no Brasil, e que diz muito sobre os tempos e as formas de sociabilidade nas cidades contemporâneas, sobretudo no que se refere aos circuitos e às culturas jovens.[1] Estudar seriamente a canção como forma artística capaz de operar uma experiência estética potente pode, assim, contribuir para redefinir o conceito e o projeto de cultura da educação.

Em termos históricos e sociológicos, pode-se sustentar que a canção é uma linguagem constituinte e enunciadora de uma desejável e necessária "educação da sensibilidade", tão formadora para o jovem como as artes plásticas e a literatura, as quais detêm hoje, na formação escolar (e fora dela), uma importância inequívoca e um espaço bastante assegurado.[2] A canção distingue-se, no entanto, por não provir dos paradigmas iluministas da escrita e da cultura letradas (incorporadas a partir do "espelho civilizatório" europeu), uma vez que muito da música brasileira provém da oralidade, do corpo e da miscigenação entre africanos, índios, europeus, sertanejos mamelucos, cafuzos e mulatos – uma complexa mistura que deita longas raízes na sociabilidade escravocrata. Talvez por isso, à diferença da literatura e das artes plásticas – que já estão, há séculos, incorporadas ao cânone da cultura ocidental, condição que as naturaliza como linguagens importantes e distintivas –, a canção assumiu um

---

[1] Para citar apenas alguns trabalhos que contribuem para mapear a questão no Brasil, ver Magnani; Abramo, 2005; Sposito, 1994; Sposito, 2002.

[2] Os próprios Parâmetros Curriculares Nacionais e, mais recentemente, as novas Orientações Curriculares Nacionais para o ensino das linguagens das artes plásticas, da música e da literatura falam diretamente em "educação da sensibilidade" e consideração crítica da cultura vivida e imediata do aluno, embora sob uma perspectiva eclética e muitas vezes confusa. Cabe notar, porém, que nenhum dos documentos dá qualquer destaque à linguagem da canção e de sua importância no Brasil. (Ver Brasil, 2006/2007, 2007)

estatuto secundário na hierarquia das linguagens artísticas na escola. Apenas muito recentemente a canção passa a ser reivindicada como forma autônoma, inserida em uma tradição artística potente de criação, produto e produtora de narrativas que captam e derivam das construções simbólicas do imaginário contemporâneo.

A razão disso é histórica. O movimento de emancipação formal da canção é um processo moderno eminentemente urbano-comercial, transcorrido sob forte condicionamento dos processos de modernização sofridos nas grandes cidades. Ao contrário do que ocorre em manifestações tradicionais do folclore e de ritos comunitários, a força narrativa da canção urbana moderna está entranhada na mesma gênese das tensões de sua forma, que, por assim dizer, "decanta" a consolidação das principais vertentes da indústria cultural (sistema de comunicação de massas impressa, radiofônica e televisiva). Isso significa que se trata de uma forma viva, específica da linguagem musical recente (consolidada no entreguerras dos anos 1920 e 1930), cuja mistura de erudito e popular, literatura e música, arte e entretenimento, variou imensamente em cada formação cultural em função das articulações específicas entre as tradições e as engrenagens das indústrias culturais de cada país. Embora as músicas nacionais tenham desenvolvido formas singulares, mais ou menos derivadas das artes tradicionais (urbanas ou rurais pré-industriais), a moderna canção torna-se uma forma narrativa e um fator ativo de elaboração cultural especialmente forte em determinadas culturas, como a britânica, a norte-americana e a brasileira.[3] Nessas formações, a canção

---

[3] É possível analisar a vitalidade e a organicidade da canção popular urbana como vetor de um atual (pós) modernismo cultural em toda a América Latina, em grande parte da Europa e mesmo da Rússia e do Japão, notadamente as canções "tipicamente locais e universais" de Cuba (em ritmo de *son*, salsa ou *rap*), da Jamaica (do *reggae* às inúmeras variações de *dubb* eletrônico, uma "febre" nas *raves* contemporâneas), da França (no inegável estilo discursivo da *chanson*

se emancipa do folclore, urbaniza-se, industrializa-se, sofistica-se tecnicamente, embora mantendo ainda certos aspectos artesanais, e se afirma ao longo do século XX em relação tensa com os vários níveis do cânone artístico (tanto em relação às tradições de gêneros nacionais tidos como "clássicos" quanto em relação às tendências de vanguarda, que talham espaço para o novo) (Wisnik, 1983).

É nesse contexto que se quer pensar as "formas vivas" que falam e cantam a cidade, revelando o urbano de um ângulo rico e insuspeito, em que experiência estética e educação se imbricam. Propõe-se, aqui, uma reflexão sobre a correspondência entre a forma estética da canção e a experiência urbana na cidade de São Paulo, cidade índice da experiência brasileira e, portanto, aberta a conexões também mundiais. Sem negar a importância da análise da produção do espaço geográfico em termos de "formação desigual e combinada de densidades técnicas",[4] esta obra pensa o espaço vivido, o espaço imaginado na canção: "a acumulação desigual de tempos" traduzida em melodia e voz.[5] Portanto, antes da produção e reprodução do espaço da cidade, pensa a decantação de seus lugares. Nesse compasso, procura-se evidenciar a força da linguagem da canção no Brasil e demonstrar a fecundidade da escuta analítica de canções como formação, isto é, como forma de sentir, de pensar e de realizar uma crítica da cultura contemporânea.

Portanto, esta é uma reflexão sobre algumas figuras recentes da modernidade cultural brasileira que procura evidenciar o sentido formativo que a experiência estética pode assumir no amplo campo da educação. Especificamente, discute a forma da canção

---

française, atualizado em *raps* e *pops* inovadores) e da Argentina (com o tango, ritmo e estilo que, tal como o samba, já nasceu de fusões de sonoridades urbanas rapidamente difundidas por todo o mundo).
4 Como propõe a geografia de Milton Santos ao explicar a formação do "meio técnico-científico-informacional". Para uma síntese de sua obra, ver Santos, 1996; e Santos; Silveira, 2001.
5 "O espaço é uma acumulação desigual de tempos". (Ver Santos, 1997, p.5)

brasileira em duas de suas expressões mais distintivas: o singular tropicalismo de Tom Zé e o *rap* agressivo do Racionais MC's. De modos diversos, ambos os músicos elaboram uma experiência da cidade de São Paulo explorando a canção como forma narrativa. Nas canções que aqui se analisam, todos os recursos de linguagem articulam *performances* musicais capazes de produzir espaço, organizando de maneira sensível uma ambiência urbana única. Fazem sentir e pensar a cidade e os sujeitos – protagonistas da produção e sustentação do espaço urbano. Para escutá-las, a percepção conecta afetividade e pensamento, tornando-nos capazes de enxergar relações sociais opacas e, assim, organizar pontos de vista que evidenciam, a um só tempo, contradições emocionais e socioespaciais. Ao eleger canções que decantam diferentes experiências, a análise procura constelar imagens da cidade em momentos críticos de seu desenvolvimento e, ao mesmo tempo, inscrever a experiência estética da canção como experiência de formação cultural.[6]

---

6 Assim, ao contrário do que pode parecer inicialmente, as análises aqui feitas não são instrumentos diretos para o trabalho com a música em sala de aula, mas uma reflexão teórica e estética sobre as potências da forma canção para narrar, pensar e sentir a cidade contemporânea e, assim, afirmá-la como linguagem capaz de elaborar uma fecunda formação cultural naqueles que conseguem aprofundar a percepção e, mais do que ouvi-la, escutá-la em todas as suas dimensões. Como trabalhar a canção em sala de aula é uma questão desafiadora, portanto, um possível convite irrecusável a ser respondido em um outro livro.

Capítulo I
A cidade cantada

> *Com a vantagem desse ponto de vista, em vez de sermos possuídos por ela, podemos possuir a cidade em nossa imaginação.* (Harvey, 1989 – tradução nossa)

Quem nunca experimentou o prazer de contemplar uma cidade grande do alto de um prédio ou de uma praça elevada e, assim, perceber de outro ponto de vista sua intricada paisagem urbana, composta por edifícios, avenidas, automóveis e intenso fluxo de atividades humanas? Ao viver, ele próprio, essa experiência, Michel de Certeau localizou a fonte de seu prazer em um certo tipo de "voyeurismo": a visão distanciada "transforma o mundo encantador pelo qual se é possuído em um texto que se deita diante dos olhos. Isso permite lê-lo de um Olho solar, que olha para baixo como um Deus" (De Certeau, apud Harvey, 1989, p.1 – tradução nossa). Com esse poder, comenta David Harvey, em vez de sermos possuídos pela cidade, podemos possuí-la em nossa imaginação (De Certeau, apud Harvey, 1989, p.1 – tradução nossa).

Porém, há diversas maneiras de olhar uma cidade e interpretá-la, concebê-la e possuí-la: desde o olhar abstrato e investigativo de teorias científicas, que permitem ver na paisagem concreta dados estatísticos, conceitos e mesmo processos históricos, até o olhar pictórico ou fotográfico, que se atém ao jogo tátil e visual entre formas, cores, luz e sombra. Desde o final do século XIX, pelo menos, a construção de olhares potentes e múltiplos sobre a cidade se tornou um tema recorrente na cultura ocidental, do urbanismo e da sociologia à poesia e ao romance. O século XX, e agora o século XXI, parecem assistir ao aprofundamento dessa tendência com o jornalismo, o cinema, as séries para televisão, as diversas formas de ficção, literatura e arte. Afinal, a maior parte da população mundial é, hoje, urbana. A generalização e a complexidade do processo de urbanização, intensificado pela globalização e pela informatização técnico-científica do espaço mundial, fizeram da questão urbana algo candente no mundo contemporâneo.[1] O desenvolvimento desigual dos territórios vem formando não apenas uma "segunda natureza" sob a forma do ambiente socialmente construído, mas uma "natureza humana urbanizada" (Harvey, 1989, p.199), isto é, modos específicos de, consciente e inconscientemente, viver, perceber e conceber o tempo, o espaço e os valores das relações humanas dentro do ambiente urbano. E então, sobre essas dimensões das mudanças na experiência, as formas estéticas e a ficção têm mais a dizer do que os dados estatísticos e as análises macroeconômicas ou macrossociológicas, embora todas sejam linguagens diferentes de constituir o que, no fim das contas, vem a ser um só e mesmo objeto – a realidade urbana.

---

[1] Se, antes, pensar o capitalismo significava, sobretudo, pensar as formações nacionais e o processo de industrialização, hoje, impõe-se pensar a urbanização diferencial e as redes e hierarquias técnico-científico-informacionais de produção e de comércio entre as cidades de todo o mundo. (Ver Santos, 1996) Daí Edward Soja afirmar que "foi [a] troca de importância entre a temporalidade e a espacialidade do capitalismo que instigou [Henri] Lefebvre a afirmar que 'a industrialização, antes produtora do urbanismo, é agora produzida por ele'". (Ver Soja, 1991, p.111)

Cidade cantada

Espigão da Avenida Paulista visto da Avenida Brigadeiro Faria Lima, no bairro dos Jardins. Foto: Luigi Stavale, 1990.

A experiência estética da cidade expressa elabora e ensina modos de viver, perceber e conceber espaços e tempos de liberdade em face das complexas figuras da modernidade e da modernização urbanas. A forma estética *forma* subjetividades e *informa* sobre o mundo, pois tem o poder de revelar uma outra realidade na realidade, de propor um outro mundo no mundo, transformando vivências individuais em experiência partilhável entre muitos, transfigurando as armadilhas do real em poder de narrá-lo e projetá-lo pela imaginação. A experiência estética abre, assim, uma outra maneira de pensar a educação, uma maneira não totalizadora nem diretiva, mas aberta ao indeterminado, ao possível e ao múltiplo. É certo que, ao lado da experiência de fruição de obras, a análise estética organiza procedimentos e atitudes, propõe relações, demonstra aspectos, sistematiza conhecimento e saber. Mas, ao contrário do saber escolar sistematizado, o sentido da experiência estética não pode ser, jamais, reduzido à análise e à instrução. Apesar da objetividade da obra, há algo de irredutível e único em cada fruição, em cada *performance*, em cada momento de recepção, tanto no que diz respeito à dimensão subjetiva e pessoal de quem a experimenta quanto à dimensão histórica e social em que a obra se situa e ganha significados. É assim que, por correspondência, as linguagens artísticas têm se tornado cada vez mais uma forma potente e crítica para elaborar a vida urbana contemporânea, um modo de apreender e narrar seus conflitos, paradoxos e indeterminações.

Mas por que a escolha da forma canção? Por que propor uma "escuta" como modo de transformar o olhar sobre a cidade?

1. A canção no Brasil

A canção no Brasil se tornou, ao mesmo tempo, o mais cotidiano dos objetos de consumo artístico-cultural de massa e uma forma estética expressiva, forte e autônoma de elaboração cultural. Como uma "enciclopédia implícita" (Rodrigues, apud Favaretto, 2000a, p.145) da vida cotidiana, reitera sofrimentos, alegrias, malandragens, safadezas; presentifica o imaginário da festa; repensa o destino e expõe contradições sociais. Embora manifestação complexa, sua base é uma só: a elaboração de pulsações dos ritmos e das linguagens do corpo, fazendo-se, então, como uma "rede de recados" de que "o conceitual é apenas um momento: o da subida à superfície" (Wisnik, 2004, p.170).

Aos olhos de um estrangeiro, isso pode parecer um dos tantos paradoxos que configuram a sociabilidade e a cultura brasileiras, uma vez que em nenhuma outra parte do planeta a música popular e, dentro dela, a forma canção, pode assumir tal complexidade, tão vasta que é tanto em manifestações quanto em entrecruzamentos entre erudito e popular, literatura e cultura oral, sofisticação técnica e circulação de massa, forma estética singular e fórmulas de entretenimento em série. Por isso mesmo, a considerar sobretudo seu desenvolvimento moderno no século XX, a canção se tornou uma forma privilegiada de narração da experiência brasileira. A codificação específica de sua linguagem híbrida,[2] composta pelas dimensões da letra, da melodia, da harmonia, do arranjo e da *performance*, permitiu à canção conectar subjetividades individuais e coletivas, bem como assumir rápida e facilmente uma dimensão social.

Nesse sentido, pode-se dizer que a canção é uma forma emblemática da cultura pela especificidade de sua enunciação: expressa

---

2 A questão do hibridismo da canção é de fundamental importância para pensá--la como índice da modernidade cultural brasileira e, mais do que isso, para conectá-la a uma reflexão sobre a especificidade da modernidade cultural latino--americana em sua singular justaposição e coexistência do arcaico e do moderno. (Ver Canclini, 2003, p.XIX.) No Brasil, em outros termos, esse pensamento remonta ao modernismo dos anos 1920-1930, sobretudo à antropofagia de Oswald de Andrade, que propunha a devoração e incorporação do estrangeiro como processo constitutivo das linguagens artístico-culturais. Sobre o tema e como ele foi retomado na música tropicalista, ver Favaretto, 2000.

uma voz que simultaneamente fala e canta e, assim, ao mesmo tempo, partilha mensagens e libera índices, signos, significados e significâncias variados que vinculam o individual ao coletivo – inclusive e porque desde muito cedo (nos anos 1920-1930) foi moldada por setores da indústria cultural de alto poder de modernização (a indústria fonográfica, o sistema radiofônico e a imprensa de massas, posteriormente ressignificados pela onipresente penetração da produção e circulação de imagens com o surgimento da televisão) (Mammí, 1996; Wisnik, 2004). A moderna canção brasileira tornou-se exemplar, portanto, da difusão social de costumes, comportamentos e valores culturais justamente ao realizar-se como mercadoria, isto é, como forma portadora de um valor de troca necessariamente destinado ao consumo.[3]

No Brasil, há uma infinidade de tipos de canções para o pé, para a cabeça, para o coração[4] e para o corpo inteiro a modular e contrapor quase tudo o que se aprende sobre os próprios sentimentos, expressões corporais, pensamentos e desejos. A música, e especialmente a canção, se tornou uma vivência quase contínua na vida dos brasileiros, sobretudo entre os jovens. Juventude e canção foram se tornando um par quase indissociável, uma ajudando a produzir, a criar, a identificar e a consumir a outra. Como numa relação de espelhamento, o papel da canção na formação da subjetividade, da sociabilidade "típica" das "culturas juvenis" e da cultura brasileira de modo geral tem sido muito grande. Entre as várias gerações e segundo a relação tensa entre arte e mercado, os sons e ruídos surgidos na terra ou assimilados do estrangeiro foram se mesclando e dando origem ao lundu, ao maxixe, à modinha,

---

[3] As formas de consumo, no entanto, variam enormemente e, com elas, seus significados. (Ver Canclini, 2006)
[4] A terminologia esquemática é de um executivo de uma grande gravadora que assim rotula as músicas para subdividir seus produtos. (Ver Garcia, 2004, p.167)

ao choro, ao samba, ao afoxé, ao maracatu, à bossa-nova, à Jovem Guarda, ao tropicalismo e a todas as combinações e variações *pop* daí decorrentes. Tudo isso mais ou menos ao longo de um século de criações e hibridismos. Assim, à medida que chegava ao fim o século XX, chamado pelo músico e semioticista Luiz Tatit de "século da canção", cresceu significativamente o número de ensaios e trabalhos acadêmicos das mais diversas áreas que tomam a canção popular brasileira como objeto de estudo e crítica.[5]

José Miguel Wisnik evidenciou que as canções populares conseguiram forjar uma rede bastante singular de recados e diálogos entre compositores, intérpretes, escritores, poetas e figuras da vida pública. Essa maneira de sinalizar a vida cultural do país formou quase um protoespaço público, configurando uma espécie de repertório comum de experiências sociais e estéticas ao transportar conhecimentos e linguagens entre diferentes classes e circuitos culturais. Daí Wisnik chegar a sustentar que, mais do que uma forma viva de expressão, a linguagem da canção popular constitui-se como "uma nova forma de 'Gaia Ciência', isto é, um saber poético-musical que implica uma refinada educação sentimental – mas, também, uma 'segunda e mais perigosa inocência na alegria'" (Wisnik, 2004, p.218). A canção, assumindo, a um tempo, diferentes *ethos* e *pathos*, codifica pulsões da cultura de tal modo que potencializa as referências assumidas como matéria melódica. Assim, as canções se evidenciam como "matéria de uma experiência de profundas consequências na vida cultural brasileira nas últimas décadas" (Wisnik, 2004, p.218).

A música popular brasileira, dinamizada pelos meios técnicos do rádio e das gravadoras (sistema fonográfico), e, depois, da televisão, promoveu ao menos três grandes operações estéticas no sé-

---

5 Para um balanço da produção envolvendo esse tema, ver Napolitano, 2002; e *Teresa, Literatura e Canção – Revista de Literatura Brasileira*. São Paulo: Edusp/Editora 34, 2005.

culo XX: 1) a consolidação do samba nos anos 1920 e 1930, de onde saíram muitas implicações musicais e ideológicas para a vida cultural nacional;[6] 2) o surgimento da bossa-nova, no final dos anos 1950, a operar uma triagem na "voz da fala" e na "fala da voz" (Tatit, 2004; Barthes, 2004) da música brasileira, e a realizar uma apropriação do *cool jazz* e do samba (Garcia, 1999), de tal modo que alcançou um resultado definidor da nossa *moderna* MPB; 3) o acontecimento turbilhonante do tropicalismo, no final dos anos 1960, que realizou a autonomia formal da canção ao liberá-la para processar a mistura da "MMPB" com o *pop* internacional das guitarras, com a incorporação de *happenings* e a desconstrução do objeto artístico operada como um *ready-made*, com citações da literatura brasileira, com a poesia concreta, com o cinema novo, com a recuperação da música "cafona" pré-bossa-nova, pondo tudo isso no cadinho de uma operação antropofágica muito própria (Favaretto, 2000b).

A produção, a circulação e o amplo consumo social e cultural da canção no século XX tornaram evidente, e mesmo consensual na cultura mundial, a relevância dessa *experiência* condensada esteticamente. Ou melhor, dessa experiência social *decantada* em música. E isso não é um feito qualquer para um país cuja difícil forma-

---

[6] Hermano Vianna mostra como se deu a invenção ou construção social do samba como "gênero nacional" num momento em que, dos pontos de vista político e ideológico, a moderna acepção da identidade nacional brasileira também era social e culturalmente inventada, sobretudo por obra das instituições políticas públicas e autoritárias da Era Vargas. (Ver Vianna, 2002) Já Luiz Tatit evidencia como o samba partia da formalização estética de um modo de dizer de cuja matriz saiu um "prumo para a composição de canções que até hoje serve de referência aos artistas de maior apuro técnico", como a bossa de João Gilberto. Da seresta, passando pelo samba-canção, até as marchinhas de carnaval, há variações de acelerações ou desacelerações do "samba-samba". Este, portanto, garantiu que "a base é uma só", conseguindo estabilizar melodicamente, com eficiência e naturalidade, a entoação temática de nossa língua como nenhum outro ritmo da música brasileira. (Ver Tatit, 2004, p.143-75)

ção, no final do mesmo século XX, dava indícios de que "o desenvolvimento nacional pode não ter sido nem desenvolvimento, nem nacional". (Schwarz, 1999, p.158)[7]

2. São Paulo, cidade cantada

Para lidar com esse conjunto de tensões da modernidade cultural brasileira, nada melhor do que a consideração de canções sobre São Paulo, cidade ícone do desenvolvimento e da crise nacional, onde todas as tendências se encontram e se entrecruzam, num *melting pot* cultural. A partir de mais ou menos 1950, São Paulo se tornou, com efeito, o símbolo nacional da mistura de população e da aceleração de processos de modernização em escala metropolitana, fato que a música popular urbana expressa e revela nas especificidades de sua linguagem. Embora seja arriscado, é

---

[7] No entanto, nem sempre foi assim tão fácil e difundida a audição de canções populares, sobretudo urbanas. Marcos Napolitano afirma que a assim chamada música popular nasceu como "filha bastarda" da música ocidental, sendo considerada por folcloristas e eruditos (num leque amplo, envolvendo, por exemplo, do filósofo e crítico Theodor Adorno aos compositores-pesquisadores Mario de Andrade, no Brasil, e Béla Bartók, na Hungria) uma expressão de "decadência musical". (Ver Napolitano, 2002, p.16) *Grosso modo* – e resumindo esquematicamente a questão –, para essas concepções, a música popular comercial urbana representava uma decadência, de um lado, por não "honrar" as conquistas de complexidade formal alcançada pelos grandes desenvolvimentos musicais chancelados pelo gosto burguês, como concertos, sinfonias, óperas, música de câmara etc. De outro lado, além disso, passava a corromper a "autêntica" herança popular das tradições musicais consideradas "espontâneas" (identificadas na "raiz" camponesa, rural ou indígena de ritos de trabalho, celebração etc.), pois seria movida, sobretudo, por um "comercialismo fácil", e pela "mistura sem critérios de várias tradições e gêneros". Essas visões foram muito criticadas em toda a segunda metade do século XX, quando se foi tornando evidente a boa dose de elitismo e de "purismo" idealista perante a riqueza de experiências estéticas que se multiplicavam na música popular.

possível pensar em uma arcada estético-histórica do que José Miguel Wisnik (2004) chamou de "música popular paulista": uma mistura de gêneros e estilos musicais composta tanto por paulistas de nascimento quanto por migrantes de toda cor e matiz.[8] Dentre outros que compuseram sobre e a partir das vivências urbanas de São Paulo, podemos citar Geraldo Filme, Adoniran Barbosa, Premeditando o Breque, Grupo Rumo, Luiz Tatit, Rita Lee, Os Mutantes, Billy Blanco, Paulo Vanzolini, Tom Zé, Arnaldo Antunes, Titãs, Eduardo Gudin, Ultraje a Rigor, José Miguel Wisnik, Arrigo Barnabé, Itamar Assumpção, Mamonas Assassinas, Racionais MC's, Thaíde e DJ Hum, Sabotage e Rappin'Hood.

Como os braços que ergueram a cidade moderna, muitas das canções sobre São Paulo foram feitas por migrantes ou filhos de migrantes que apenas no espaço cosmopolita e modernizante da metrópole puderam lançar-se ao sucesso. Lugar de desenraizamento, de risco, mas também de grandes oportunidades, costumam ser atributos associados à imagem de São Paulo, assustando e atraindo o forasteiro. A canção sobre a cidade figura essas características de inúmeras maneiras.

Por ocasião dos 450 anos de São Paulo, em 2004, o telejornal *SP-TV*, da Rede Globo, organizou um concurso para eleger a música que melhor representasse a cidade. As ganhadoras foram composições de "forasteiros" completamente assimilados pelo imaginário afetivo da cidade e que, em São Paulo, tornaram-se nomes importantes da música brasileira: em primeiro lugar, *Trem das onze* (1964), de Adoniran Barbosa (nascido João Rubinato em Valinhos, crescido entre Jundiaí e Santo André, cidades do interior do estado de São Paulo, amadurecido como saltimbanco entre mil empregos

---

8 Nas palavras ferinas e certeiras do escritor Fernando Bonassi: "Esta cidade renovada, racista e sitiada também é uma cidade fantasma e pervertida. [...] Toda forma de vida mais ou menos desencontrada no centro deste universo urbano é potencialmente um paulistano". (Ver Bonassi, 2007)

e biscates, mas autotransformado no artista-personagem Adoniran Barbosa nas rádios de São Paulo); em segundo lugar, *Sampa* (1978), de Caetano Veloso (nascido em Santo Amaro da Purificação, no estado da Bahia, tornado nacionalmente conhecido desde os anos 1960 através dos festivais da canção de São Paulo, de onde se lançou para uma carreira de sucesso internacional e ímpar entre os músicos brasileiros). Ao analisar o fato, o jornalista e escritor Roberto Pompeu de Toledo notou que, embora em dicções muito distintas, ambas as canções codificam o signo do movimento, da mudança, do estranhamento e da aceleração como características fundamentais da cidade, sem que, no entanto, os narradores deixem de encarnar "eus líricos" profundamente embebidos por ela:

> [...] Em *Sampa* a perturbação que o compositor sente diante de São Paulo tem uma contrapartida – a atração. Tanto quanto estranheza, a letra sugere um caso de sedução pelo grande e o desconhecido, e pela promessa de enriquecimento neles contida. E que, em *Trem das onze*, em paralelo ao drama, transcorre uma comédia, estrelada por um sujeito inseguro, perdido entre seus afetos e lealdades, incapaz de superar obstáculo tão comezinho quanto um horário de trem. Conclusão: São Paulo pode ser perturbadora como em *Sampa* e opressora como em *Trem das onze*, mas também sedutora como em *Sampa* e divertida como em *Trem das onze* (Toledo, 2004, p.19-20).

Ambas as canções têm também um traço acentuadamente narrativo, como que a recompor em sentido mais amplo as vivências isoladas e sem maiores enraizamentos na vida da cidade. O fato de o "cidadão paulistano" (construído pela Rede Globo) as ter escolhido como "espelho" da cidade tem aí seus fundamentos históricos. Comentando traços de permanência nas transformações da canção "paulistana", o historiador José Geraldo Vinci de Moraes identifica uma linhagem de crônicas que atravessa quase todo o século XX, das modinhas recolhidas por Alcântara Machado em 1920 às composições de Adoniran Barbosa e de Paulo Vanzolini (de certo modo, recuperadas por Caetano Veloso). Celebradas desde os anos 1970 como "clássicos da cidade", cumpriram o papel simbólico de "eternizar", na memória coletiva, vivências melodramáticas e cômicas de encontros e desencontros típicos de "cidade grande". Isso se deu em um momento em que o imaginário rural do país começava a se dissolver com a urbanização acelerada e crescente, dando forma a uma nova "identidade" cultural que, então, passou a unir campo e cidade em um "todo urbano".

Parece mesmo que o tom marcadamente narrativo, personalizado, envolvendo temas no mais das vezes urbanos, acabou se tornando característico da música paulistana. Sua permanência, transformada, aponta para a formação de uma certa tradição da cultura urbana paulistana, originária da popular e oral, e pode nos aproximar daquilo que Florestan Fernandes denominou de modo genérico de "folclore urbano" (Moraes, 2000, p.288).[9]

Dos anos 1950 para cá, porém, o urbano se metamorfoseou ainda mais, dando lugar a vivências mais intensas e difíceis de ser elaboradas como experiência coletiva: violência, desigualdade econômica, trânsito, desemprego, miséria urbana, esbanjamento, abandono, desperdício, competição, poluição sonora, visual e ambiental; enfim, um aparente caos metropolitano que, porém, pulsa

---

9 Afirma, ainda, o historiador: "Diferente trajetória teve o samba que podemos chamar de paulistano, pois este não conseguiu assegurar seu espaço de produção e difusão no universo urbano e, sobretudo, nos meios de comunicação em emergência. De maneira geral, as rádios e gravadoras de São Paulo negligenciaram os compositores e instrumentistas do samba paulistano". Ao contrário do que se deu com o samba carioca, que herda o batuque e a ginga baianas, encontra um molejo novo para o corpo, sedimenta um sotaque, inventa a figura do malandro e fala às diferentes temporalidades da antiga capital da república, "a lógica da tradição transformada e móvel [do modo de vida do planalto] não teve condições de realizar-se no universo do samba regional paulista(no)".

Cidade cantada

Adoniran Barbosa em casa em demolição no bairro da Bela Vista, por volta de 1980. Foto: Acervo MIS.

Adoniran Barbosa na padaria São Domingos, na rua São Domingos, no bairro da Bela Vista, por volta de 1980. Foto: Acervo MIS.

Avenida São João, no Centro. Foto: Luigi Stavale, 1990.

Imagem de contraste urbano contemporâneo: grandes torres espelhadas de escritórios ao lado de favela. Na entrada da viela, *trailer* policial. Ao fundo, edifício da loja de luxo Daslu. Rua Funchal, no bairro de Vila Olímpia. Foto: Julia Pinheiro Andrade, 2008.

segundo a lógica e o diapasão socioeconômicos do desenvolvimento desigual e combinado do território (Santos, 1990, 1994).

A superação da barbárie objetiva em que vem se convertendo a vida em São Paulo – "cidade de muros" (Caldeira, 2000) – corresponde à passagem de *vivências* imediatas da crise urbana à elaboração de *experiências* da cidade, mediadas pela reflexão sobre a própria percepção dos processos urbanos.[10] Considerem-se, por um momento, três compositores importantes para São Paulo:

---

10 Alude-se, aqui, aos conceitos de *Erfarung* (Experiência) e *Erlebnis* (Vivência) de Walter Benjamin, que serão abordados no capítulo III.

Adoniran Barbosa e seu samba urbano de sotaque "ítalo-macarrônico", saído de bairros como Brás e Bexiga; Tom Zé, com seu olhar matuto de sertanejo baiano, escolado em vanguardismo europeu na Faculdade de Música da Universidade Federal da Bahia, a compor crônicas musicais sobre a cidade a partir de 1968, quando nela passa a viver; e Racionais MC's, que decanta uma "etnografia épica" sobre as periferias paulistanas sob a forma de *rap* – "ritmo e poesia".

Para apenas enumerar temas, sem ainda considerar propriamente a forma das canções, pode-se indagar da cidade de Adoniran Barbosa, em que se ia caminhando a festas na vizinhança (*No morro da Casa Verde, Fica mais um pouco amor*); em que havia muita solidariedade e reciprocidade na vida das camadas mais pobres dos trabalhadores (*Vide verso meu endereço*), na qual a dor era lembrada em samba passional como forma de esquecimento e assimilação da perda, mas também de respeito pela "ordem superior" dos homens que "estão com a razão" (*Saudosa maloca, Despejo na favela*); em que os temas do amor e da alegria eram amplamente cantados (*Tiro ao Álvaro, Trem das onze, Samba do Ernesto, Vila Esperança*), apesar de acidentes, "apagões" e desencontros (*Iracema, Apaga o fogo Mané, Bom dia tristeza, Luz da Light, Acende o candieiro*); como essa cidade se transformou em algo cuja "mais completa tradução" passou a ser cantada apocalipticamente pela força bruta e "antimelódica" do *rap* do Racionais. Neste, além da fé (sincrética entre candomblé e cristã), o amor praticamente não é narrado, tampouco o vislumbre de um futuro de trabalho formal e de acesso legal a um desejado mundo de consumo. Assim, no *rap*, ganha força o *pathos* de revolta diante da falta de esperança por espaços de inclusão não violenta aos "50 mil manos" de periferias que se espalharam por todo lugar (*Diário de um detento, Periferia é periferia, Capítulo 4, versículo 3*), formando territórios em que o "negro drama", a "vida loka" (do crime) e a morte ganham primeiro plano (*Tô ouvindo alguém me chamar, Fórmula mágica da paz, Rapaz comum*).

Cidade cantada

Morro no bairro do Capão Redondo. Foto: Klaus Mitteldorf.

Parte desse elo histórico foi cifrado através das complexas figuras de montagens cinematográficas, cênicas e radiofônicas expressas nas "descanções"[11] de Tom Zé, que, chegando a São Paulo em 1968, percebeu uma série de pontos cegos no projeto de modernização que a cidade provinciana, de moral católica e conservadora (*Namorinho de portão*), queria adotar como *up-to-date* no avanço das "boas maneiras" de metrópole. A aceleração da economia desenvolvimentista (à base de crescimento endividado) passava a espacializar de uma maneira nova um lugar comum da história urbana paulistana: o lugar periférico dos pobres, dos migrantes, dos negros descendentes de escravos. Ao mesmo tempo, as grandes avenidas passavam a receber as "novas catedrais" da cidade:

---

11 O capítulo IV explica a ideia de "descanção", conceito cunhado pelo próprio Tom Zé para nomear sua forma de composição musical.

Julia Pinheiro Andrade

Menino com bandeira do Brasil em frente à Cohab, bairro do Capão Redondo. Foto: Klaus Mitteldorf.

Racionais MC's e "manos". Foto: Klaus Mitteldorf.

Cidade cantada

"São Paulo sem fim". Foto: Klaus Mitteldorf.

conjuntos empresariais para grandes "chefes de família" que, em nome da tradição, "aguardando o dia do juízo/ por segurança foi-lhes ensinando/ a juntar muito dólar/ dólar, dólar na terra" (*Glória*). Era uma cidade que crescia, namorava e dormia com a indústria automobilística, cujo relógio passava a andar "apressado demais/ correndo atrás de letras/ juros e capitais" (*Não buzine que estou paquerando*), e, nesse ritmo, procurava assimilar o *way of life* sugerido por novas mercadorias, mesmo que para isso o sujeito entrasse no crediário da liquidação e saísse "quase liquidado" (*Sem entrada e sem mais nada*). Longe de representar uma novidade, o trabalho informal e precário dos pobres (*Camelô*), bem como o luxo e a bonança do ladrão grande, diplomado e de gravata (*Profissão ladrão*), apenas ganhavam novos contornos urbanos.

A cidade, como metrópole, passava a ser, então, um parque industrial, não principalmente de indústrias, que, poluídas e poluentes, estavam sempre nas margens inundáveis dos rios Tietê,

Pinheiros e Tamanduateí; tampouco a cidade do trabalho assalariado, da promessa de inclusão no mercado formal de trabalho, dos direitos sociais mínimos e da casa própria; mas o parque de diversões e ilusões movido pela promessa de consumo, que "tem garotas-propaganda/ aeromoças e ternura no cartaz", cujo trabalhador fatigado sente que "basta olhar para a parede/ que num instante minha alegria se refaz", pois o sorriso "já vem pronto e tabelado/ é somente requentar/ e usar/ porque é *made, made, made/ made in Brazil*" (*Parque industrial*). Em contrapartida a essa sedução, no entanto, pagava-se o preço dos anos de chumbo e do arrocho salarial, que estava na base do desenvolvimentismo militar: "é um banco de sangue encadernado/ já vem pronto e tabelado/ é somente folhear/ e usar/ porque é *made, made, made/ made in Brazil*" (*Parque industrial*). Segundo o achado de Caetano Veloso nos anos 1970, a metrópole, agora tentacular, seduzia e devorava "o povo oprimido nas filas, nas vilas, favelas" (*Sampa*). A despeito das promessas de felicidade da modernidade, portanto, a regra social na maior cidade do Brasil se celebrizava por ser, custasse o que custasse, a da "força da grana que ergue e destrói coisas belas" (*Sampa*). Resultado de contradições crescentes, no entanto, nos anos 1990, o *rap* e o movimento *hip-hop* passaram a assumir uma dimensão que talvez confirme outra intuição de Caetano sobre Sampa ser um "possível novo quilombo de Zumbi".

Em pinceladas rápidas, são essas algumas poucas imagens da mudança acelerada que, de 1950 a 1990, fez o contexto socioespacial da cidade moderna transformar-se em cidade global,[12] aparente

---

12 Esse conceito, em princípio apologético, tem sido desmontado pelo urbanismo crítico e analisado justamente como índice do incremento das desigualdades da metrópole moderna. Com os fluxos desiguais da globalização e a refuncionalização do território, as assim chamadas "cidades globais" não se caracterizam por uma formação espacial "homogênea" (induzida pela ideia de cidade). (Ver Santos, op cit.) Pelo contrário, caracterizam-se por uma altamente desigual "dispersão concentrada" de atividades ultrassofisticadas em meio a terri-

Cidade cantada

Tom Zé em *performance* na cidade. Foto: André Conti.

metrópole caótica "pós-moderna". Em uma verdadeira análise de canções, é claro, não importa considerar apenas a mudança nos temas cantados por aqueles que conseguem traduzir a experiência urbana em forma estética – desse modo, alargando-a, em tese, a um espaço de alteridade democrática a todos que os escutam. Antes mesmo do conteúdo épico ou alegórico cifrado nas letras, é preciso analisar a própria mudança no gênero, no pulso do ritmo, na entoação da melodia, na configuração da dicção característica de cada cancionista, na *performance* que criam e inserem no imaginário da cultura. É a definição desse complexo de signos e de significantes da canção que atua como mediação para interpretá-la como índice de "gaia ciência", o que, por sua vez, pode ser posto em correspondência com a dramaticidade da transformação no processo social. É, portanto, das estruturas das canções, de suas organizações tensivas profundas, que se torna necessário depreender as conexões estéticas com a experiência da cidade, desse acontecer entre as palavras e as coisas que escapa ao conceito, mas codifica-se em som, em ritmo, em melodia e em palavra cantada. A análise aqui feita trata, portanto, de captar o(s) sentido(s) desse acontecer sonoro, elaborando sua escuta como apropriação crítica da cultura do tempo.

Da ampla rede de canções sobre a "pauliceia desvairada"[13] pode-se destacar dois momentos contrastantes: a "descanção" de Tom Zé, que parte da experiência tropicalista sobre a cidade de São Paulo (com o LP *Tom Zé, grande liquidação*, de 1968) e a radicaliza em um projeto estético ímpar, sempre renovado em pesquisas de lingua-

---

tórios de pobreza e precariedade social e econômica. (Ver Sassen, 1998) Sobre a caracterização das cidades globais e a discussão das abordagens crítica e apologética do urbanismo que as acompanha no Brasil, ver Fix, 2007; e Ferreira, 2007)

13 Título do livro de poemas sobre a São Paulo dos anos 1920, de Mário de Andrade. (Ver Andrade, 2005)

gem sonora; e o *rap* do Racionais MC's, que transformou o "ritmo do gueto" norte-americano em lírica épica sobre o "negro drama" das periferias brasileiras (desde o álbum independente *Sobrevivendo no inferno*, de 1997). Na análise de ambos, no entanto, os sambas-crônica de Adoniran Barbosa sobre a cidade se tornam contrapontos iluminadores e, portanto, índices das grandes viradas na experiência de modernização da cidade e das formas de linguagem necessárias para narrá-las. A escolha da tônica sobre Tom Zé e Racionais deve-se tanto às inovações que ambos trazem à linguagem da canção quanto ao fato de a terem transformado em uma forma singular de narrar uma experiência da cidade. Analisá-los torna-se, portanto, uma maneira de figurar imagens da cidade em momentos críticos de seu desenvolvimento urbano moderno e, ao mesmo tempo, refletir sobre diferentes experiências estéticas (traduzidas em música) como experiências de formação. Isto é, suas canções funcionam como ritos cotidianos que afirmam e negam o sujeito na cultura tensa e contraditória da metrópole, ritos que formalizam diferentes *performances* que ainda apontam para uma atitude crítica, uma atitude de modernidade problemática e ainda possível – e, por isso mesmo, singular e notável.

Uma vez que a experiência urbana que tomam por matéria e objeto estético é tensa e contraditória, por correspondência, a própria forma narrativa também deve sê-lo, sob pena de não expressar a cidade adequadamente. Assim, de modos diversos, Tom Zé e Racionais MC's tornam-se especialmente interessantes porque cantam de modo a evidenciar e pressionar os limites formais da canção. Antes dos conteúdos cantados, é a contundência da forma estética inovadora que produz a eficácia da experiência de formação que decantam. É esse alcance da forma estética que precisa ser considerado em educação: a abertura de significações que exige atitude crítica, diálogo, conversação, posicionamento e participação política. A análise da forma mostra como Tom Zé e Racionais questionam o "senso musical comum" e as hierarquias artísticas do cânone cultural brasileiro e aponta para resultados de interesse geral: conexões com questões pertinentes à música e à experiência urbana contemporâneas em praticamente o mundo todo. A força de suas *performances* advém, assim, de sua capacidade de compatibilizar, *na forma estética*, técnicas musicais e gestos narrativos fortes, cuja densidade fala tanto às pulsões corporais[14] quanto informa certo conceito sobre o urbano: esclarecem e fazem sentir. Convocam: fazem falar, pensar, expressar, cantar e agir.

---

14 Como afirma Wisnik, autor-chave para a compreensão do aspecto pulsional profundo da música, esta "não refere nem nomeia coisas visíveis, como a linguagem verbal faz, mas aponta com uma força toda sua para o não verbalizável; atravessa certas redes defensivas que a consciência e a linguagem cristalizada opõem à sua ação e toca em pontos de ligação efetivos do mental e do corporal, do intelectual e do afetivo. Por isso mesmo é capaz de provocar as mais apaixonadas adesões e as mais violentas recusas". (Ver Wisnik, 2002, p.28)

Capítulo II
Educação e cultura: em torno da ideia de formação

> Com efeito, a cultura – atividade contínua de traçar
> limites, construir pontes, separar e unir [...] – sempre foi
> e sempre será a atividade de dar respostas confiáveis às
> três perguntas [...] que compõem um grande mistério: se
> é temporária a minha presença no mundo, por que estou
> aqui e com que propósito (se é que existe algum)?
> (Zygmunt Bauman, Em busca da política).

Uma das definições de modernidade é *crise*, ou melhor, o moderno não pode deixar de ser pensado como a combinação *crítica* entre o novo e a tradição, entre o eterno e o fugaz, entre o espaço e o tempo, em que *tudo que é sólido desmancha no ar*, para citar a célebre frase de Karl Marx em seu *Manifesto comunista*, emblematizada por Marshall Berman em seu clássico estudo sobre a *aventura da modernidade*. É sob essa condição *crítica* que justamente define a modernidade como uma nova e singular *atitude* humana[1] diante do mundo subjetivo e objetivo que emerge o ideal de formação integral do homem, expresso pelo conceito alemão de

---
1 Sobre a definição de atitude de modernidade, ver Foucault, 2001. v.1.

Bildung.[2] Ousar tudo saber é também saber sobre as condições de possibilidade do próprio conhecimento e, portanto, de seus limites e de seu alcance. Ousar tudo poder é também lidar com a impotência em face da complexidade do mundo e, portanto, com os dispositivos de poder que tornam assimétricas as relações entre os homens e as instituições. Ousar tudo sentir é também sentir a dor e a loucura das paixões e, portanto, negar o ideal do equilíbrio na educação da sensibilidade. A moderna ideia de formação que passa a ser delineada pelo projeto iluminista se reconhece, então, desde o início, como uma problemática promessa de experiência da totalidade (do eu, do outro, do mundo). Porém, a despeito desse caráter racionalista autocrítico, o projeto das Luzes guarda uma inabalável fé pedagógica no poder da educação em promover a socialização, o esclarecimento e a emancipação de crianças e jovens. Com efeito, uma marca da modernidade é a vontade de universalização: a promessa de ensinar "tudo a todos"[3] e, assim, assegurar a autonomia e a felicidade individuais necessárias para a realização do bem-estar comum.

Em seu texto "Infância e pensamento", Jeanne Marie Gagnebin desenha em um tempo de longa duração duas grandes linhas de pensamento para constelar esse moderno sentido da educação – e ambas, apesar de nascerem em Platão, tomam direções quase opostas.[4] A primeira "atravessa a pedagogia cristã com Santo Agosti-

---

2 Para um detalhamento acerca desse conceito em relação à tradição filosófica e estética do idealismo alemão, ver Bolle, 1997.
3 A "arte de ensinar tudo a todos" é justamente a tese defendida por Comenius, tido como fundador da pedagogia e da didática modernas. (Ver Comenius, 1997)
4 A base comum é a *paideia* platônica: "A educação (*paideia*) é, portanto, a arte que se propõe a este fim, a conversão (*periagoge*) da alma, e que procura os meios mais fáceis e mais eficazes de operá-la; ela não consiste em dar vista ao órgão da alma, pois que este já a possui; mas como ele está mal disposto e não olha para onde deveria, a educação se esforça por levá-lo à boa direção". (Ver Platão, 1965, p.518d, apud Gagnebin, 2005, p.168)

nho, por exemplo, e chega até nós através do racionalismo cartesiano, diz-nos que a infância é um mal necessário, uma condição próxima do estágio animalesco e primitivo" (Gagnebin, 1997, p.170). Nessa linha de raciocínio, cabe à educação "corrigir as tendências selvagens", irrefletidas e egoístas das crianças a fim de garantir jovens maduros, dotados de razão e discurso articulado, capazes de sacrificar paixões imediatas e destrutivas e, desse modo, tornarem-se homens habilitados à construção política da cidade humana. "Freud e a necessidade da repressão para chegar à sublimação criadora de valores culturais já estão em germe nessa pedagogia de origem platônica" (Gagnebin, 1997, p.169). Pode-se dizer, também, que a filosofia positivista de Durkheim e a sociologia da educação a que dá origem situam-se nessa linha, abrindo um grande flanco de doutrinas e metodologias que fundam a moderna "ilusão pedagógica", segundo a qual "a educação é algo que flui do educador para o educando, envolvendo-o pela ação tutelar de princípios e valores sancionados pela experiência da coletividade" (Candido, 1977, p.13). Já a segunda linha de pensamento nasce em Platão, atravessa o renascimento com Montaigne e alcança "nossas escolas ditas alternativas através do romantismo de Rousseau", mas também por meio do senso prático do pragmatismo de Dewey e do construtivismo de Piaget. Aqui, a ideia de experiência e interação de professores e alunos entre si e com o conhecimento torna-se o norte do processo educativo.

> Ela nos assegura que não serve de nada querer encher as crianças de ensinamentos, de regras, de normas, de conteúdos, mas que a verdadeira educação consiste muito mais num preparo adequado de suas almas para que nelas, por impulso próprio e *natural*, possa crescer e se desenvolver a inteligência de cada criança, no respeito do ritmo e dos interesses próprios de cada criança particular (Gagnebin, 1997, p.170).

Ambas as linhas de pensamento, no entanto, acabam convergindo quanto à necessidade de uma instituição que centralize a função educativa das crianças e dos jovens e resguarde seu processo de maturação a certa distância do mundo adulto da cidade e da política. Se, de um lado, a família moderna cuida do florescimento das bases afetivas da infância e de valores fundamentais da formação subjetiva, de outro a escola torna-se a instituição que, de forma sistemática, organiza ritos e comportamentos que garantem o ensino de conhecimentos, linguagens e habilidades socialmente desejáveis. Phillipe Ariès nota, assim, que, ao mesmo tempo que as escolas se formam e passam a desempenhar um importante papel na formação de crianças e jovens, também a família se transforma, ampliando e centralizando seu papel educativo. Urbanização, escolarização e moderna definição da infância e da família são processos que se desenvolvem *pari passu*. Daí Ariès afirmar que:

> A família estendeu-se à medida que a sociabilidade se retraiu. [...] [Do século XVIII em diante] um movimento visceral destruiria as antigas relações entre senhores e criados, grandes e pequenos, amigos ou clientes. Esse movimento foi retardado em certos casos pelas inércias do isolamento geográfico ou social. Ele seria mais rápido em Paris do que em outras cidades, mais rápido entre as burguesias do que nas classes populares. Em toda parte ele reforçaria a intimidade da vida privada em detrimento das relações de vizinhança, de amizades ou de tradições. A história de nossos costumes reduz-se em parte a esse longo esforço do homem para se separar dos outros. [...] A casa perdeu o caráter de lugar público que possuía em certos casos no século XVII, em favor do clube, do café, que, por sua vez, se tornaram cada vez menos frequentados. A vida profissional e a vida familiar abafaram essa outra atividade que, outrora, invadia toda a vida: a atividade das relações sociais (Ariès, 1978, p.274).

É, então, justamente, a transformação estrutural do mundo do trabalho e das profissões, trazida pelo assalariamento e pela industrialização, que confere a moderna centralidade da educação à escola. Esta ocupa um lugar social estratégico, muitas vezes mantido por uma ordem religiosa, mas situado em um terreno intermediário entre o mundo privado da família e o mundo público da cidade. É desse lugar estratégico que posteriormente o Estado laico pós-Revolução Francesa se utiliza para difundir e uniformizar a sociabilidade exigida para o moderno mundo urbano. Daí Carlota Boto afirmar, valendo-se da reflexão de Richard Sennett:

> [...] A educação moderna é pensada para formar a criança civilizada. Sob tal aspecto, seria pertinente conceber a ânsia pela civilidade como requisito básico para a formação, a partir desse final do século XVIII, de um dado espírito de cidadania. A propósito do tema, Richard Sennett dirá que "cidade e civilidade têm uma raiz etimológica comum. Civilidade é tratar os outros como se fossem estranhos que forjam um laço social sobre essa distância social. A cidade é esse estabelecimento humano no qual os estranhos devem provavelmente se encontrar. A geografia pública de uma cidade é a institucionalização da civilidade" (Sennett, apud Boto, 2002).

1. Educação e sociedade disciplinar

A escola torna-se a instituição central da formação da civilidade, o espaço em que o tempo é regrado e o conhecimento é compartimentalizado e transmitido segundo certa didática. Fundamentalmente, porém, é o disciplinamento das mentes e dos corpos jovens, promovido pelo meio escolar, que garante a padronização de comportamentos requeridos pela nova vida citadina e social. A palavra-chave do mundo escolar é, portanto, disciplina. Nas palavras de Comenius:

> Escola sem disciplina é como moinho sem água. Assim como o moinho para quando lhe tiram a água, também a escola procede com

lentidão se lhe for retirada a disciplina. [...] No entanto, isso não significa que a escola deva ser cheia de gritos, pancadas, cóleras, mas sim de vigilância e atenção contínua dos docentes e dos alunos. Que outra coisa é a disciplina senão um método seguro para fazer que os alunos sejam realmente alunos? (Comenius, 1997, p.311)

A sociedade disciplinar que a escola ajuda a produzir e a manter é também a sociedade que aspira a instituir uma ordem nacional pública, laica e culta. A instituição escolar (em todos os seus níveis) torna-se peça-chave na articulação que cada estado nacional moderno deve estabelecer entre o desenvolvimento econômico, a segurança militar, a pesquisa técnico-científica e a manutenção de laços simbólicos e de tradições culturais próprios (os regionalismos que nutrem o nacionalismo). A escola institui nacionalidade, conecta os desígnios abstratos e gerais do Estado aos hábitos e linguagens cotidianas de crianças, jovens e adultos. Mediante a função reprodutora da escola, ao mesmo tempo que a ordem social se divide segundo relações de dominação, de hegemonia e contra-hegemonia na luta de classes, toda população ("dominadores e dominados") interioriza valores, práticas e dispositivos de poder e de micropoder. Estruturas de pensamento, gestos corporais e mesmo objetos de desejos e de aspirações subjetivas surgem em função da *disciplinarização* de todos e de cada um, ou seja, da interiorização do que Foucault nomeia como "métodos [de] controle minucioso das operações do corpo", que as sujeitam às forças e lhe impõem produtividade (Foucault, 2000, p.126). Pelas diferentes formas de disciplina, a escola espelha a fábrica, que, por sua vez, é espelhada pelo Exército, cujas estratégias são incorporadas pelos hospitais e assim por diante, em múltiplos dispositivos que penetram e se objetivam nas instituições, configurando uma vida cotidiana produtiva, otimizada, dividida, subdividida, hierarquizada e organizada. A sistemática organização urbana do tempo e do espaço das instituições modernas extrai da mente e do corpo operário, estudantil, recruta, comerciante e trabalhador a maior eficiência social possível, transformando até mesmo desejos dispersos e desorganizados em energia direcionada, útil, dócil e contida.

A moderna ordem disciplinar, no entanto, só se tornou evidente quando começou a ruir; quando, ironicamente, passou a revelar a face urbana de uma desordem violenta, caótica e desgovernada da modernidade – o pós-disciplinar, o pós-salarial, o pós-industrial. Ironias da história... Já ao analisar as grandes narrativas modernas de Goethe, Marx, Baudelaire e Dostoievski, Marshall Berman mostrou que a contradição e a ironia estão no cerne mesmo da experiência do moderno, uma "experiência vital [...] de tempo e espaço, de si mesmo e dos outros, das possibilidades e perigos da vida [...] compartilhada por homens e mulheres em todo mundo" (Berman, 1995, p.15).

Com efeito, a ironia é a forma fundamental de vivenciar com saudável distanciamento, mas necessária seriedade, tempos marcadamente desiguais, cujas promessas de emancipação, liberdade e inclusão são diuturnamente desmentidas em interdições subjetivas, sociais, culturais, econômicas e políticas mediadas pelas assimetrias de poder e pelos antagonismos e conflitos de classe. Talvez a ironia maior dos tempos modernos (e pós) tenha se materializado no próprio corpo das cidades. Nelas, ao mesmo tempo que o desenvolvimento urbano desigual propicia o florescimento de uma civilidade cosmopolita (mistura de populações, línguas, costumes; proliferação de cafés, restaurantes, livrarias, teatros, cinemas, museus, escolas, universidades, centros culturais, empresas e associações de todos os tipos), força os indivíduos a um convívio massificante, apaziguador, entediado e indiferente às mais abomináveis formas de desigualdade. A justaposição de miséria, luxo, cultura, ignorância, requinte, vulgaridade, pobreza, violência, corrupção, fanatismo, esclarecimento e cinismo (como forma social resultante do desenvolvimento objetivo da indiferença, da ironia e da impotência) é, hoje, experimentada por todos como um choque, embora já elementar, na vivência do cotidiano apressado das grandes cidades. No começo do século XXI, a urbanização e a vida urbana, símbolos maiores de modernidade, pela primeira vez na história se sobrepõem ao mundo rural e generalizam-se a toda a humanidade, porém,

> as cidades do futuro, em vez de feitas de vidro e aço, como fora previsto por gerações anteriores de urbanistas, serão construídas em grande parte de tijolo aparente, palha, plástico reciclado, blocos de cimento e restos de madeira. Em vez de cidades de luz arrojando-se aos céus, boa parte do mundo urbano do século XXI instala-se na miséria, cercada de poluição, excrementos e deterioração. Na verdade, o bilhão de habitantes urbanos que moram nas favelas pós-modernas pode mesmo olhar com inveja as ruínas das robustas casas de barro de Çatal Hüyük, na Anatólia, construídas no alvorecer da vida urbana há 9 mil anos (Davis, 2006, p.29).

2. Revolução urbana e mal-estar na cultura

Para entender a lógica desse irônico processo de modernização em uma história de longa duração, Henri Lefebvre conceituou-o sob o nome de uma virtual e inexorável "revolução urbana", pela qual o urbano difunde-se de tal maneira por todo o espaço habitado que subjuga, ressignifica e reterritorializa o território rural mais longínquo, impondo a tudo e a todos sua lógica mercantil e simbólica. A explicação de Lefebvre lança mão de um eixo temporal, que tem início na cidade política ateniense, para tentar dar conta do processo que culmina, no contemporâneo, no estabelecimento do que ele chama de "sociedade urbana". Nesse processo, o princípio público da cidade política vai, aos poucos, transformando-se no seu contrário, assimilado à prevalência das trocas econômicas privadas que caracterizam a cidade mercantil.

Se de início, na *pólis* grega, o mercado estava absolutamente fora da dimensão política da cidade, pois pertencia ao *oikós* doméstico, privado, no final da Idade Média, "a mercadoria, o mercado e os mercadores penetraram triunfalmente na cidade" (Lefebvre, 1999, p.22). O que antes era função doméstica, privada, socializa--se e toma o espaço público como *função* urbana. Essa generalização do urbano como espaço de encontros e de troca de mercadorias cria, então, a acumulação primitiva de capital que permite a industrialização e a nova transformação da cidade mercantil em cidade industrial. O papel do Estado e do poder público na modernização é fundamental, a ponto de Lefebvre falar nas modernas sociedades como "sociedades burocráticas de consumo dirigido", em que o papel do sistema estatal é canalizar investimentos, regular mercados e, por conseguinte, criar potencialidades de consumo para certos setores sociais e para certas atividades econômicas. Sempre sob intervenções estatais, portanto, a fisionomia fabril e a introdução do automóvel redesenham o espaço urbano das médias e grandes cidades até o final do século XX, quando, então, mais uma virada de modernização redimensiona as hierarquias da urbanização: tem início um processo econômico-territorial caracterizado pela hegemonia dos setores de serviços avançados que, por sua vez, implicam a desindustrialização das metrópoles, a reindustrialização das cidades médias e um redimensionamento tecnológico dos processos produtivos no campo. O cume contemporâneo desse complexo, contraditório e desigual processo de urbanização total da sociedade (sobretudo nos países periféricos no sistema mundial) é a explosão populacional e a implosão política dos municípios e das cidades em imensas regiões metropolitanas. Estas crescem, assim, como conurbações de várias cidades vizinhas e passam a configurar megacidades (com mais de oito milhões de habitantes) e mesmo hipercidades (com mais de vinte milhões de habitantes). As soluções técnicas e os maiores investimentos concentram-se em centralidades urbanas de ponta, ao passo que os problemas ambientais e sociais urbanos assumem escalas metropolitanas cada vez mais amplas e complexas. No entanto, a convivência com tais forças contraditórias da modernização e da urbanização fez com que, para todos nós, modernismo e colapso se tornassem sinônimos de "realismo" (Berman, 1995, p.14),[5] de onde decorre muito do cinismo contemporâneo.

As consequências humanas da intensa modernização produzida pelos séculos XIX e XX são bem conhecidas por todos. Crise, ambivalência (sobretudo nos rumos da coletividade), desamparo e busca por alguma ordem (sobretudo por parte do indivíduo) são faces distintas da dissolução da experiência de um tempo e de um espaço marcadamente coletivo, espiritualizado, ritualizado e tradicional. Tomada em uma escala de longa duração, a perda gradual da "coletividade-memória", que se dá com o declínio do mundo do campesinato, coincide com a emergência da memória individual e com o mundo urbano produzido com a industrialização. A percepção desse processo, porém, é diluída com a interiorização dos valores da cultura urbana de massas, que substitui as antigas formas de experiência por vivências individualizantes de acentuado apelo ao corpo e aos sentidos. Segundo Zygmunt Bauman, são essas "as duas faces da mesma cisão" do que chamamos modernidade, o começo de um processo de crise que "explode hoje": os efeitos da "experiência total" da modernidade só puderam ser sentidos quando ela já estava finalmente realizada no final do século XIX, revelando uma cultura que, já havia algum tempo, cedera lugar ao indivíduo como valor central e que, por isso mesmo, levou esse mesmo indivíduo a um sentimento de desamparo em um mundo onde não havia mais lugar para as certezas que um mundo tradicional e coletivo parecia proporcionar. Por isso, afirma Bauman, "a marca da modernidade é a ambivalência, ao mesmo tempo em que sua grande tarefa foi des-

---

5 Para uma versão contemporânea da história econômico-política dessa contradição, ver Kurtz, 1996.

de sempre a busca da ordem" (Bauman, 2001, p.25). No plano individual, físico e simbólico, abre-se espaço (cada vez maior e mais profundo) à angústia perante um vazio "existencial". Num mundo em que não se perguntava sobre o sentido da vida, porque este já estava dado numa ordem transcendente (nada viria a ser, pois tudo "apenas era"), a finitude do corpo não trazia qualquer angústia nem exigia maiores significações. Num mundo sem sentido dado *a priori*, todo sentido de permanência deve ser construído e elaborado culturalmente, mas concretizado e vivido na imanência de cada vida e de cada corpo individual que, assim, passa a ser, como nunca antes, valorizado e investido simbolicamente.

> A experiência do desamparo pode ser pensada, historicamente, a partir da própria passagem de um mundo ordenado para um mundo ambivalente, no qual não havia mais lugares garantidos, levando-nos a crer que a relação com a finitude, que é estrutural ao corpo, é algo mediado pela cultura, pelas ferramentas que esta oferece para que nossos corpos possam ser vividos e pensados e, a partir daí, possamos nos constituir como sujeitos (Bauman, 2001, p.25).

Como que às costas da consciência dos sujeitos, o vazio trazido com a secularidade moderna transforma-se em angústia e em constante desejo de prazer e estímulo sensorial para o corpo. No cotidiano moderno, portanto, esse vazio pode ser sentido, isto é, sofrido como uma vivência (*Erlebnis*), mas deixa de ser elaborado e refletido em ritos coletivos duradouros, como uma experiência (*Erfarung*). Assim, o "mal-estar" contemporâneo está "ancorado paradoxalmente em sua própria negação, em uma recusa em deixar-se apreender como 'mal-estar' na cultura" (Drawin, apud Fontenelle, 2002, p.25). Os sintomas desse paradoxo, no entanto, estão por toda parte. Pode-se notá-los nos temas frequentes na mídia, na música popular, no cinema e na literatura a partir da década de 1990: sensualidade, angústia, violência, desigualdade, terror, criminalidade, medo. No Brasil, toda a cultura urbana tem-se deparado com essas questões. Talvez porque a "modernidade líquida" do mundo contemporâneo veio de encontro à modernidade difícil da sociedade brasileira, encontro cuja reflexão aponta para as raízes, as permanências e as atualizações da "tradição de violência" e de desigualdade não apenas brasileiras, mas, hoje, mundiais.

Nessa cultura cambiante, no entanto, a escola ainda representa um espaço institucional de preservação de conhecimentos, de linguagens, de costumes e de disciplinamento do corpo. Como afirma Hannah Arendt, a educação escolar cumpre o indispensável papel conservador de garantir a introdução dos novos [crianças e adolescentes] nos campos de tradições culturais que ainda nos definem como humanos, como povo, como nação (Arendt, 2000). Sem conservação não pode haver critérios e valores para a manutenção de um mundo comum, coletivo, civil, civilizado, público. Este é, com efeito, um paradoxo da escola e da educação modernas: destinam-se a preservar os meios necessários à sustentação de um mundo coletivo e político comum, por definição democrático e igualitário, mas, ao fazê-lo, reproduzem as desigualdades e assimetrias da sociedade, mantendo o *status quo* (Bourdieu; Passeron, 1975). E, no entanto, em um país como o Brasil, apenas a educação pública parece ainda permitir que os fundamentais processos de socialização, de reciprocidade e de elaboração de conflitos se realizem de forma pública, ou seja, por meio da razão, da experiência e da prática do diálogo. Antes da universalização democrática do acesso ao ensino (que correspondeu ao intenso processo de massificação desde os anos 1960),[6] apenas a música e os

---

6 O único equipamento público que se tornou universalmente oferecido às crianças e adolescentes de nossas cidades é a escola. Segundo dados do MEC, em 2002, 96,5% das crianças em idade escolar obrigatória estavam matriculadas no sistema de ensino. Da escola aristocrática, que oferecia muito saber a pou-

espaços de sociabilidade das festas populares puderam desempenhar um papel dialógico no Brasil (Zaluar, 2000; Paoli, 2004), um papel de gaia ciência fundamentalmente oral, embora ressoando "rede de recados" entre a literatura e a música (Wisnik, 2004).

Conservação e conversação são, portanto, categorias pertinentes à educação no Brasil, embora a primeira tenha historicamente predominado e negado espaço à segunda: uma como projeto civilizador incorporado de ultramar; outra como "educação informal", tradição cultural distintiva e singular da formação social brasileira. A crise do projeto moderno e a necessidade de pensar uma educação "pós-*Bildung*" talvez permita pensar, finalmente, em uma convergência entre conservação e conversação de cultura de forma que ambas possam fortalecer a cultura do Brasil e a cultura no Brasil.

3. Educação, modernidade, canção

A crise do projeto moderno muitas vezes aparece entre nós não como algo novo ou uma ruptura, mas, antes, como uma grande continuidade. Os postulados universalizantes da formação de um sujeito autônomo, emancipado de sua "menoridade crítica" para o campo de liberdade da esfera pública, como propôs o projeto kantiano (Kant, 1995), sempre foram abstrações teóricas desmentidas pela realidade social brasileira. Com o avanço da urbanização, da massificação, dos regimes autoritários e da indústria cultural, porém, mesmo aos países europeus foi se tornando duvidosa a continuidade de um projeto universal de formação igualitária de

---

cos, passamos à hegemonia da escola contábil, que oferece pouco saber a muitos. Nesse caso, porém, os movimentos sociais afirmam seu direito à cidade e, com isso, forçam a negação da apropriação privada (elitista) de escolas, do saber e das infraestruturas urbanas necessárias à sua socialização. (Ver Sposito, 1992; Bomeny, 2001 (Coleção Descobrindo o Brasil); Andrade, 2002)

indivíduos autônomos, independentes, capazes de julgar e decidir conscientemente. Nesse contexto, o sentido unitário e quase unívoco da educação entra em crise, multiplicando-se segundo as diferentes concepções teóricas a respeito do projeto moderno, vendo-o ora como inacabado (Habermas, 1992), ora como esgotado ou fechado (Lyotard, 1987), ora como recalcado e estilhaçado em cacos (Foucault, 2001, p.344-5). Em todos os casos, com as tensões que passaram a atravessar o campo da educação, esta viu-se forçada, para manter seu papel de "conservar a cultura" e legitimar um sentido de formação, a abrir-se aos temas da vida cotidiana, à pluralidade de pontos de vista propostos pelo multiculturalismo, ao acolhimento da sociabilidade juvenil extraescolar (promovida pelas mídias, pela cultura "popular" de massa, pelas experiências estéticas da atualidade) etc. Nessa abertura "pós-moderna" houve ganhos importantes, como mostra, por exemplo, a avaliação de Henri Giroux:

> Talvez o elemento mais importante do pós-modernismo seja sua ênfase na centralidade da linguagem e da subjetividade como novas frentes a partir das quais se podem repensar as questões do significado, da identidade e da política. O discurso pós-moderno redefiniu a natureza da linguagem como um sistema de signos estruturados no jogo infinito da diferença e enfraqueceu a noção dominante, positivista da linguagem, seja como um código genético estruturado de forma permanente, seja simplesmente como meio linguístico transparente, para transmitir ideias e significados. Ao constituir os objetos culturais como linguagem, tornou-se possível questionar radicalmente a visão hegemônica de representação que argumenta que o conhecimento, a verdade e a razão são governados por códigos e relações linguísticas que são essencialmente neutros e apolíticos (Giroux, 1993, p.58).

Porém, a "virada linguística" e culturalista do assim chamado pós-modernismo trouxe também uma série de armadilhas. Uirá

Fernandez chama a atenção, por exemplo, para a reverberação, nas escolas, do conflito entre cultura acadêmica e cultura cotidiana decorrente da reconfiguração do papel e função do saber nas sociedades contemporâneas:

> Se investirmos na tese lyotardiana, na qual as bases de produção do conhecimento estariam sendo deslocadas por conta da força dos meios de comunicação e do desenvolvimento da informática, corre-se o perigoso risco de minar o potencial informativo e, sobretudo, formativo antes atribuído à escola. Não por acaso, há correntes tidas como pós-modernas que pregam o próprio fim da escola (Fernandez, 2007, p.17).

Para enfrentar armadilhas como essa, Tomás Tadeu da Silva propõe que a educação receba os tempos pós-modernos e pense com suas novas categorias, mas no sentido de interpelar criticamente a modernidade e de recolocar, em novas bases, o compromisso social e político que esta estabeleceu com a liberdade:

> O pós-modernismo pode ser útil para um projeto educacional crítico na medida em que nos torna conscientes a respeito dos efeitos de verdade de todos os discursos, mas pode ter também consequências regressivas e conservadoras quando essa desconfiança em relação aos discursos e ao caráter ilusório de todos os discursos nos impede de fazer uma crítica de estruturas sociais que são bem reais e concretas e que têm efeitos bem reais sobre as vidas de pessoas e de grupos. Temos de ter uma forma de reconhecer, nomear e criticar essas estruturas (Silva, 1993, p.135).

O pós-estruturalismo de Foucault apresenta uma chave analítica que vai ao encontro da crítica benjaminiana da cultura, permitindo pensar a arte e a estética como índices preciosos para o aprofundamento da atitude crítica na pós-modernidade. No célebre texto "O que são as Luzes?", Foucault recoloca as perguntas fundamentais do projeto do Esclarecimento kantiano para então definir a modernidade e o *ethos* a ela associado. Identifica-a como um momento conceitual e uma mudança na experiência em que se configura uma nova *atitude filosófica* diante do presente e da própria atualidade do pensamento. Perante os desafios práticos e as novas condições históricas, o homem moderno torna-se aquele que constantemente se interroga a respeito do "que se pode conhecer, o que é preciso fazer e o que é permitido esperar" (Foucault, 2001, p.340). Segundo Foucault, quando Kant responde à pergunta *"O que é a Aufklärung?"*, o filósofo está evidenciando, talvez pela primeira vez, que a modernidade se pôs cotidianamente uma dupla tarefa: delinear uma consciência (de si) e uma configuração (para si) de seu próprio momento complexo. Tarefa, portanto, inesgotável e constante, cujo sentido é universalizar-se na experiência, mas segundo as vivências singulares de cada um.

> [...] o direito, a ciência; a escrita, a natureza; a relação consigo mesmo; o magistério religioso, a lei, a autoridade do dogmatismo. Vemos como o jogo da governamentalização e da crítica, uma em relação à outra, deu lugar aos fenômenos que são capitais na história da cultura ocidental [...] Mas, sobretudo, se vê que o foco da crítica é essencialmente o grupo de relações que amarram um ao outro, ou uns aos outros, o poder, a verdade e os sujeitos. E se a governamentalização for realmente o movimento pelo qual se trata, na realidade mesma de uma prática social, de sujeitar os indivíduos pelos mecanismos de poder que invocam para si uma verdade, então, diria que *a crítica é o movimento pelo qual o sujeito se dá o direito de interrogar a verdade sobre seus efeitos de poder e o poder sobre seus discursos de verdade; a crítica será a arte de não servidão voluntária, da indocilidade refletida. A crítica teria essencialmente por função o desassujeitamento no jogo que poderia ser denominado, em uma palavra, de política da verdade* (Foucault, 2000, p.173 – destaques nossos).

Nesse sentido, enfatiza Foucault, a dimensão ética da crítica em geral (como uma virtude almejada pelo homem moderno) é indicada pelo imperativo do *"sapere aude"*, de um *ethos* corajoso que "ousa saber" tudo. Porém, desde o projeto kantiano, a crítica radical consiste menos no que "empreendemos, com mais ou menos coragem, do que na ideia que fazemos de nosso conhecimento e de seus limites", pois disso "trata-se [...] nossa liberdade" (Foucault, 2000, p.175). O maior desafio do projeto moderno e da crítica que o define está, portanto, na formação de um sujeito que tenha de seu próprio conhecimento uma "ideia justa", e que, no campo do exercício público da razão, "poderá descobrir o princípio de autonomia". Desse modo, "não terá mais que ouvir 'obedeça'; ou melhor, o 'obedeça' estará fundado sobre a autonomia, ela mesma" (Foucault, 2000, p.175). Foucault parte da teoria kantiana, porém, é no poeta Charles Baudelaire que encontra a figura que efetivamente encarnou essa atitude crítica, transformando em narrativa e em experiência estética a atitude de modernidade.

> Por atitude, quero dizer um modo de relação que concerne à atualidade; uma escolha voluntária que é feita por alguns, enfim, uma maneira de pensar e de sentir, uma maneira também de agir e de se conduzir que, tudo ao mesmo tempo, marca uma pertinência e se apresenta como uma tarefa. Um pouco, sem dúvida, como aquilo que os gregos chamavam de *êthos*. [...] Tomarei um exemplo obrigatório: trata-se de Baudelaire, já que em geral se reconhece nele uma das consciências mais agudas da modernidade do século XIX [...] ele define a modernidade como "o transitório, o fugidio, o contingente". Mas, para ele, ser moderno não é reconhecer e aceitar esse movimento perpétuo; é, ao contrário, assumir uma determinada [...] atitude voluntária, difícil, [que] consiste em recuperar alguma coisa de eterno que não está além do instante presente, nem por trás dele, mas nele [...] é uma vontade de "heroificar" o presente. [Porém] essa heroificação é irônica, bem entendido [...] Para a atitude de modernidade, o alto valor do presente é indissociável da obstinação de imaginar, imaginar de modo diferente do que ele não é, e transformá-lo não o destruindo, mas captando-o no que ele é. A modernidade baudelariana é um exercício em que a extrema atenção para com o

real é confrontada com a prática de uma liberdade que, simultaneamente, respeita esse real e o viola (Foucault, 2001, p.342).

Assim, na experiência estética da poesia de Baudelaire, a modernidade é, a um só tempo, uma atitude para com o presente e uma atitude para consigo mesmo. O homem moderno não é aquele que "se descobre" ou "revela sua essência" como uma verdade escondida, mas aquele que se inventa de modo ambicioso, ascético, apaixonado, por vezes violento, despótico, revoltado, mas sempre num cuidadoso trabalho de elaboração de si. Nesse sentido, o homem moderno não encontra liberdade em seu "ser", mas em seu constante tornar-se, daí a ênfase de Baudelaire nas figuras performáticas do *dândi* e do *flaneur*, que resistem à padronização e à disciplina da vida urbano-industrial e se vestem, se alimentam e elaboram cada gesto de seus corpos como um gesto artístico, como expressão e alegoria de uma vida que se quer "mais que bela". Foucault ressalta, no entanto, que:

> Essa heroificação irônica do presente, esse jogo de liberdade com o real para sua transfiguração, essa elaboração ascética de si, Baudelaire não concebe que possam ocorrer na própria sociedade ou no corpo político. Eles só podem produzir-se em um lugar outro que Baudelaire chama de arte (Foucault, 2001, p.344).

Por sua conexão sensível com a experiência, a estética permite a elaboração crítica de vivências isoladas, articulando-as a um possível sentido coletivo sem, no entanto, propor-se a representá-lo, a resolvê-lo e a ordená-lo em uma metanarrativa. A cidade cantada por Tom Zé e pelo Racionais MC's não pretende ter valor representativo e ilustrativo. Antes, expressa um sentido existencial e vivido que parte do referente social real para ganhar vida própria e autônoma ao transfigurar-se em estética. É justamente nesse plano da *forma estética* que ganha valor formativo universalizante, plano acessível apenas pela mediação da experiência condensada nas obras musicais. Como na poesia de Baudelaire, as canções respeitam e violam a realidade da cidade, abrindo para todos os que as "experienciam", atitudes e espaços de liberdade – invenção, ironia, imaginação, revolta, emoção, desejo –, estratégias de subjetivação e de formação de sua forma estética "conversada".

Por estarem "no limite" na forma canção tal como o século XX a configurou, a "descanção" de Tom Zé e o *rap* do Racionais sinalizam as possibilidades de conversação e de formação em espaços e tempos "limite" da experiência urbana moderna: momentos de decantação da cidade, da cidadania, do humor, do diálogo, da fratria, da lei do cão, da lei da selva, da guerra e da ambivalência. Em uma escuta atenta, a canção pode permitir, assim, ampliar e atualizar as possibilidades de educação da sensibilidade e de formação da personalidade para tempos de crise e mudança acelerada, como o nosso tempo, entre o moderno e o contemporâneo.

Capítulo III
Canção: narratividade, experiência, escuta

Quer ver? Escuta.
Francisco Alvim, *Elefante*.

Uma narrativa põe em relação pelo menos dois sujeitos: aquele que narra e aquele que escuta. A ideia de narração refere-se à ação ou ao processo de narrar, de criar narrativa, como uma exposição escrita ou oral de um acontecimento ou de uma série de acontecimentos mais ou menos sequenciados. Uma exposição continuada no tempo, embora em forma não necessariamente linear, é, portanto, definidora de uma narrativa. O verbo narrar, por sua vez, veio do latim *narro*, que quer dizer "contar, expor narrando, narrar, dar a saber", posto derivar-se de *gnárus*, "que conhece, que sabe". Narração, conhecimento e sabedoria são palavras que estão, portanto, ligadas pela raiz de significação da primeira. Organizam, assim, conjuntamente, as formas mais tradicionais de transmissão de saberes que, advindos de vivências isoladas, se condensam como uma experiência comum e partilhável entre muitos: os mitos, as fábulas, os poemas épicos, as histórias e dramatizações rituais nascidos com as primeiras civilizações e, até hoje, constantemente atualizados, renovados ou reforçados em todas as sociedades. Como já observou Paul Ricoeur: "a função narrativa pode se metamorfosear, mas não morrer. Pois não temos qualquer ideia do que seria uma cultura em que não se soubesse o que significa narrar" (Ricoeur, apud Piletti, 1999, p.18). Cultura e formas de narrar ou partilhar experiências, portanto, são inseparáveis.

Transpondo uma paráfrase de Antonio Candido sobre o conceito de mito em Otto Ranke, podemos dizer que a música, tal como a literatura, é o sonho acordado das civilizações. Assim como não há equilíbrio psíquico sem o sonho durante o sono, talvez não seja possível haver equilíbrio social sem música e literatura e, mais modernamente, sem canção – o encontro híbrido de música e literatura, posto ser, no mínimo e simultaneamente, melodia, voz e letra. Como formas de imaginação criadora, essas linguagens operam como fatores indispensáveis de humanização, pois confirmam o homem na sua humanidade. Inclusive porque, em sua dimensão de linguagem, atuam, em grande parte, inconscientemente. Em momentos marcantes dos anos 1960, a canção mostrou-se como forma de confirmar e negar, propor e denunciar, apoiar e combater, fortalecendo a possibilidade de viver de forma dialética os problemas da vida social. Ao longo de todo o século XX, porém, a canção assumiu uma ampla função de formação da sensibilidade entre as mais diversas classes sociais e regiões geográficas do Brasil. Esse poder formador que a canção exerce no Brasil é complexo e tem a ver, entre outras questões, com os efeitos de sua forma estética sobre a personalidade. A esse respeito, Antonio Candido esclarece que o poder de formação das linguagens e formas artísticas não se deve a convenções ou regras formais, mas, "antes [...] à força indiscriminada e poderosa da própria realidade", tal como esta se expressa, traduzida, codificada e sedimentada em forma estética. Literatura, música, canção, como todas as formas artísticas, narram a realidade e a subvertem no plano de autonomia de sua linguagem.

Em palavras usuais: o conteúdo só atua por causa da forma, e a forma traz em si, virtualmente, uma capacidade de humanizar devido à coerência mental que pressupõe e que sugere. O caos originário, isto é, o material bruto a partir do qual o produtor escolheu uma forma, se torna ordem; por isso, o meu caos interior também se ordena e a mensagem pode atuar. [...] Ela não corrompe nem edifica, portanto; mas, trazendo livremente em si o que chamamos o bem e o que chamamos o mal, humaniza em sentido profundo, porque faz viver (Candido, 1995, p.242-4).

Como narrativa, a música é uma arte do tempo: sua corporeidade é a vibração de sons no transcurso de uma interpretação (gravada ou ao vivo). Sob essa perspectiva, à sua maneira, a própria linguagem musical é, portanto, narração: uma determinada combinação sequenciada de sons e de silêncios processados no tempo. Sob a forma híbrida da canção, música e literatura se compõem em algo único mediante a combinação de cinco elementos fundamentais: a *dicção*, que compatibiliza numa mesma voz letra e canto, fala e melodia; o *percurso narrativo* que esta última propõe e desenvolve musicalmente; a *regularidade* proposta pelo pulso e organizada como ritmo; o contexto e o desenho musical que a *harmonia* tece entre todos os sons (segundo uma escala, um modo, uma tonalidade); e a *performance* do artista no corpo a corpo com os instrumentos musicais (inclusive a voz), que "presentifica" a narratividade da canção e a encarna em uma interpretação e em um arranjo próprios (singular, tátil, corpóreo), únicos no tempo e específicos no espaço.

O modo pelo qual esses elementos se combinam especifica e caracteriza a forma da canção, a qual, por sua vez, necessariamente estabelece para si uma posição e uma relação com a tradição musical, confirmando-se em algum gênero preexistente ou inaugurando um novo, reforçando traços de algum estilo conhecido ou estabelecendo variações de repertório. Portanto, a forma condensa e decanta elementos especificamente estéticos, próprios de cada obra, porém referidos de modo intrínseco a certo contexto histórico e a uma dada ambiência social e cultural. A forma estética é, assim, estética e social e, nessa medida, cifra e nomeia uma experiência histórica como experiência estética.

Porém, longe de ser uma reflexão mecânica do social, cada obra constela elementos de época segundo a combinação própria e singular de seus elementos estéticos. Sedimentando e ordenando uma experiência (estética) de seu tempo,[1] a forma estética pode ser tomada, justamente, como decifração ou sintoma da cultura deste tempo: ela o transfigura e o interioriza, condensando-o. Na dialética entre o tempo dilatado da história da música e o espaço condensado dos gêneros e estilos, a canção decanta experiências, singularizando modos de sentir, de comunicar, de expressar, de pensar e de agir.

Considerem-se, por exemplo, duas canções brasileiras bastante conhecidas, mas também bastante contrastantes em termos de composição: *Carinhoso* (1917), de Pixinguinha e João de Barro, e *Samba de uma nota só* (1959), de Tom Jobim e Newton Mendonça. Desconsiderando qualquer gravação específica e, portanto, minimizando o aspecto performático e timbrístico (fundamentais para a avaliação do sentido da canção), têm-se duas experiências estéticas muito distintas. *Carinhoso* é um choro-canção composto por Pixinguinha com uma introdução e duas partes (em um tempo em que o choro era sempre composto em três partes) e para ser tocado como rondó (volta à primeira parte após tocar a segunda e a terceira – ABAC ou ABAB). Sua letra (composta posteriormente por João de Barro) apresenta uma narrativa passional, um processo pelo qual um sujeito se apercebe de seus sentimentos afetivos por outro e, aos poucos, passa a descrever-se e a nomear suas qualidades de amante, até culminar na plena declaração de seu estado de paixão e na necessidade radical que sente de ter o outro ao seu

---

[1] No sentido de "tempo do agora" (*Jetztzeit*), de Walter Benjamin.

lado para poder sentir-se feliz. Apesar de diretamente descrito pela letra, o percurso dessa narrativa é fundamentalmente comunicado pelas durações alongadas, pelas gradações e pelos saltos nas alturas das notas desenvolvidas pelo desenho melódico. A letra "captou" e reforçou o sentido lírico já contido na melodia. Assim, *Carinhoso* expressa e singulariza a voz melódica de um ser sensível em direção a outro – e ambos, por definição, únicos. Trata-se de uma canção que perfaz uma experiência passional: a melodia "fisga" uma vivência afetiva (de início não verbal, mas, mais tarde, reforçada pela letra) e a expõe como um "solo" (tradicionalmente, no choro, encenado pela flauta). Todos os demais elementos da música colocam-se a serviço desse solo, como que acentuando seu foco, sua luz, sua cena. A melodia é, portanto, o elemento central e estrutural dessa canção: desenvolve um caminho, uma procura, um encontro e, com ele, o ápice de uma tensão e o momento em que esta se consuma, se realiza e se desfaz. Da melodia decorre o sistema tonal e harmônico do choro, que, na maior parte das gravações, colore e emoldura a canção com as cadências características do cavaquinho, do bandolim e do violão sob a marcação rítmica do pandeiro, cujo aspecto gingado decorre da presença da síncope, por sua vez incorporada ao choro em parte vinda do maxixe, em parte vinda dos primeiros sambas de roda. Nesse sentido, esse choro-canção sintetiza e expressa um momento brasileiríssimo do encontro entre a tradição tonal (melódico-harmônica) europeia e o batuque requebrado africano. A canção decanta um momento forte do choro brasileiro como gênero musical: quando este se encontra com a canção – a forma de compatibilizar em um sentido só, único e indissociável, melodia e poesia, música, voz e letra. Esses elementos, autônomos entre si e, antes, de naturezas distintas, tornam-se hibridizados e interpenetrados na forma canção. *Carinhoso* é, assim, um choro-canção gracioso, sofisticado e singelo. Não é à toa que se tornou tão conhecido e uma canção obrigatória do "imaginário sonoro" e afetivo brasileiro.

Samba de uma nota só certamente também tem seu lugar cativo na paisagem sonora brasileira, mas como expressão plena de outro momento da canção: a modernização do samba em seu encontro com o *jazz*, resultando daí a bossa-nova, síntese de uma nova batida (sobretudo para o violão), de uma nova harmonia (cheia de dissonâncias e acordes aumentados) e de uma nova maneira de impostar a voz na canção (cantando em tom quase falado, no encontro de seu "grão"[2] mínimo, sem malabarismos e virtuosismos). *Samba de uma nota só* é uma canção que fala de si mesma: descreve os achados de sua composição harmônico-melódica e joga, no plano da letra, com o duplo sentido que a narrativa figura entre a escolha das notas musicais (a novidade do estilo bossa-nova) e as escolhas afetivas (o "tradicional" elogio à fidelidade). Desenvolve-se em três partes, em torno de três estrofes, das quais as duas primeiras são musicalmente iguais (exceto pela coda, ao final da terceira, que encerra a canção) e a segunda é a variação (ABA). Na primeira e na terceira partes, a melodia "fica numa nota só" por muito tempo (embora primeiro em Mi, depois em Lá), enquanto todo o movimento e variação da música ocorrem na harmonia (cheia de "bossa"). Com efeito, não se tem a sensação de "mesmice", pois a voz melódica que canta "em uma nota só" tem seu "enquadramento" modificado diversas vezes pelos acordes que se sucedem nas cadências de bossa-nova. Já na segunda parte, a melodia toma a dianteira, "enche-se de notas", movimenta-se amplamente pela tessitura (originalmente de piano), enquanto a densidade e a variedade de acordes diminuem, em uma estrutura mais semelhante à do choro-canção. Essa variação de ênfase no desenvolvimento musical – primeiro na variação harmônica, depois na melódica e, por fim, de volta à harmônica – coincide com o percurso narrado pela letra: primeiro a tematização do que é a base de

---

2 O conceito é de Barthes. (Ver Barthes, 2004)

um samba de uma nota só, depois, inversamente, a procura de notas por toda a escala (que "fala tanto e não diz nada/ ou quase nada"), para, por fim, reafirmar a qualidade superior do amor por uma nota só (e a um[a] amante só). Simples, bem-humorada e sofisticada em seu achado temático-musical, *Samba de uma nota só* é uma das canções mais conhecidas da bossa-nova (ao lado de *Garota de Ipanema*, *Chega de saudade* e *Corcovado*). Índice da modernidade cultural e da modernização acelerada do país, essa canção constela, assim, um momento em que o Brasil parecia "dar certo", encontrando um jeito de ser moderno (requintado, culto, de qualidade internacional) sem deixar de ser brasileiro (único, popular, descontraído, afetivo, praieiro). Nesse sentido, a canção da bossa-nova foi, talvez, a figura maior de uma "promessa de felicidade" (Wisnik, 2004; Mammí, 1992, p.63-70) que se realizou entre nós, porém como música, não como realidade socioeconômica.

Carinhoso e *Samba de uma nota só* condensam e narram vivências musicais e afetivas particulares, que, no entanto, indicam um sentido maior: elaborar uma experiência estética de seu tempo (por definição, singular e destinada à dimensão universalizável de valores coletivos). Por esse motivo, foram assimiladas pelo imaginário do país tanto como sabedoria poética extraída da vida cotidiana quanto como índices de momentos definidores da história de sua música. Portanto, a considerar a especificidade do discurso musical e o modo singular pelo qual este é compatibilizado com a letra sob a forma canção, pode-se desenvolver uma "escuta da cultura" e das formas narrativas pelas quais são decantadas experiências de geração em geração (fixando traços, figuras, fisionomias, relações, pontos de vista, sentidos, valores, enfim, modos de sentir, de pensar e de expressar).

Compreender os modos específicos pelos quais a forma estética se estrutura é, por assim dizer, descobrir como sua matéria tensiva, narrativa e discursiva "exige" uma forma para dar-se a conhecer. Por um lado, isso implica perceber a relação entre matéria e forma em sua historicidade, em relação à cultura e à sociedade de seu tempo. Por outro, na medida em que a decantação ou sedimentação das matérias em formas tem também uma história de longa duração, podemos considerar estilos e gêneros mais ou menos estáveis dentro dos quais as formas se definem. Nesse sentido, pensar a forma como a imaginação estética pode expressar, nomear e comunicar o que o homem vivencia conduz a uma reflexão sobre os gêneros. Estes, por sua vez, devem ser entendidos como resultado de uma atitude reflexiva sobre a própria experiência de humanização da linguagem, o que, no limite, significa pensar a própria produção de linguagem, de narração, de narratividade (como arte de inscrever-se nas múltiplas dimensões da vida, narrando-as, inclusive, como música ou gestos corporais). Anatol Rosenfeld propõe pensar em apenas três gêneros: lírico, dramático e épico, seja no que diz respeito à estrutura narrativa, seja no que diz respeito à caracterização de estilos. Não haveria grandes dificuldades nessa classificação, posto referir-se à estrutura narrativa do gênero, independentemente do assunto e da maneira específica como a obra o configura: à lírica pertencerá a obra dedicada ao extravasamento de um "eu", normalmente um poema ou canção relativamente curtos e sem grandes recursos a personagens; à dramática pertencerá a obra dialogada em que os personagens atuam sem o intermédio de um narrador distanciado; e da épica fará parte a obra de extensão maior, em prosa ou poesia, em que um narrador apresenta, com certa distância, eventos e situações envolvendo diversos personagens (Rosenfeld, 2006). Em termos de estrutura narrativa, as canções quase sempre pertencem ao gênero lírico; porém, do ponto de vista estilístico, podem ser acentuadamente épicas (quando temáticas e mesmo figurativas, na classificação de Tatit), outras vezes dramáticas (nos exemplos de canções figurativas sob a forma de diálogos), e com bastante frequência líricas (no amplo leque de canções passionais que predominam nos meios de comunicação de massa em praticamente todas as épocas). Nessa perspectiva, para além do que se costuma entender por gênero em música popular (*rock*, *jazz*, samba, bossa-nova, *blues* etc., definidos a partir de um critério confuso, ora rítmico, ora harmônico, mas também, em parte, timbrístico), a canção pode ser pensada como forma híbrida (música e literatura) que se presta a todos os gêneros narrativos. Sua materialidade, então, confere-lhe uma narratividade múltipla, aberta à mistura, a mesclas e, portanto, propícia a captar índices e signos de um mundo igualmente cambiante, ambivalente, novidadeiro, como o espaço urbano moderno.

1. *Som, ruído,* performance

Antes de transformar-se em canção, a matéria narrativa da música é o próprio movimento: são "forias" sugeridas e configuradas pelo jogo entre som e ruído, segundo a combinação dos cinco parâmetros da linguagem musical – timbre, intensidade, altura, duração e ritmo.

Menos que uma palavra autônoma, o elemento compositivo "foria" vem do verbo grego *phéró*, que significa "levar", de sorte que *phorós* designa o "que leva adiante, que impele, que produz". Luiz Tatit utiliza o termo para interpretar o fluxo de sentido que atravessa toda música e que, na canção, segundo sua teoria, aparece sintetizado na estrutura de seu perfil melódico. Como que por debaixo das letras das canções, do timbre dos instrumentos e mesmo do ritmo da música, a foria informa o sentido profundo da obra musical, o qual, por sua vez, rebate e alimenta a forma daqueles elementos de superfície. Se entendermos, então, o elemento semântico "fórico" como equivalente às acepções "sentido", "fluxo" e "andamento", a própria formação de algumas palavras que, como adjetivos, qualificam uma música ou canção podem indicar a direção de seu movimento fundamental (na maior parte das vezes, em correspondência com os percursos emocional e afetivo descritos pela letra e pela melodia): eu-fórico (bom, fácil de carregar), dis-fórico (perturbado, difícil), meta-fórico (transposto, mudado), ana-fórico (repetido, mesmo) e assim por diante.[3]

Pensando nos princípios que regem o desenvolvimento da música, Jacques Attali, em *Bruits: essai sur l'économie politique de la musique*, José Miguel Wisnik, em *O som e o sentido: uma outra história das músicas*, e Luiz Tatit, em *Musicando a semiótica: ensaios*, chegaram a um ponto comum: a concepção de que as músicas se desenvolvem nas diferentes culturas e em diferentes gêneros mediante as mais diversas formas de combinação entre o que é aceito como som, sonoridade, musicalidade (certo repertório de ordenação sonora), e o que é tido como ruído, estranhamento sonoro, barulho (desordem sonora). Resumindo o debate, Tatit propõe o conceito de andamento como noção-síntese para a análise musical, na medida em que abarca tanto a ideia de materialidade fórica quanto sua combinação sob diferentes formas na história da música, segundo a dialética entre som e ruído:

> Trabalhos recentes na área musical vêm operando com noções que podem ser, em última instância, identificadas com o parâmetro andamento na acepção ora adotada.[4] Destacamos a oposição som/

---

[3] Devemos essas associações de pesquisa etimológica a Luiz Tatit, na arguição (14/5/2005) de Machado Neto, 2005. (Ver também Instituto Antônio Houaiss, 2001.)

[4] Baseado em Paul Valéry, Tatit encontra na ideia musical de andamento a referência para compatibilizar a dimensão enunciativa, falada e comunicante representada pela letra da canção, com a dimensão estética, formal, estabilizadora da expressão representada pela melodia: "Se a presença da fala é a marca de rapidez, imediatismo e eficácia do instante enunciativo e, por outro lado, a presença da música significa estabilização da matéria sonora, ritualização e conservação estética, podemos intuir a categoria andamento como parâmetro temporal de análise e dela depreender uma tensão entre aceleração e desaceleração respondendo, respectivamente, pelos valores descontínuos e pelos valores contínuos". (Ver Tatit, 1998, p.90)

ruído tratada sucessivamente por J. Attali e J. M. Wisnik. O som musical, para esses autores, é um produto selecionado e depurado para atender às necessidades auditivas das mais diferentes culturas do planeta [...] Attali chega a afirmar que a música executa, em cada comunidade, um ritual de sacrifício canalizando o ruído por meio de leis de ordenação. De acordo com sua visão narrativa e polemológica, o ruído é um representante das forças antagonistas contra as quais a música se investe exibindo suas formas de ordenação e integração [...] Munida de suas forças coesivas, a música tende sempre a reconstituir os elos de continuidade, renovando a cada obra os laços que ligam o sujeito aos seus valores culturais (Tatit, 1998, p.90).

Para conseguir ser ouvida, sobretudo quando se propõe a inovar, toda música precisa conectar-se minimamente com certo campo de experiências sonoras que confirmem o sujeito em sua cultura (em sua comunidade de ouvintes e em seus valores estéticos), ainda que para negá-la ou contradizê-la. Caso contrário, se a sonoridade se apresenta desvinculada de qualquer tradição ou sentido reconhecível, o ouvinte tem simplesmente a sensação de desconforto, de não identidade, de alheamento total diante de um barulho que nem sequer como ruído se faz reconhecer. Jogar com as tensões e dinâmicas entre som, silêncio e ruído de maneira hábil é transformá-los em música. Tatit se apropria das reflexões de Wisnik e de Attali a fim de desenvolver parâmetros musicais específicos para a compreensão da canção como forma narrativa: andamento e "tensividade fórica".

A espera consiste numa desaceleração das etapas temporais em nome de uma previsibilidade de percurso narrativo. O ruído provoca rupturas no programa do sujeito, exigindo condutas de salto repentino que aceleram bruscamente o percurso. Nesse sentido, o ruído equivale à descontinuidade e produz, no plano do sujeito, uma sensação disfórica, ou seja, de interrupção do fluxo fórico. O som, por sua vez, corresponde à retomada da continuidade e à produção subjetiva da sensação eufórica (reintegração ao fluxo). Wisnik examina a assimilação desses conflitos na história "das músicas", articulando a categoria do tom em consonância/dissonância e a categoria do pulso em fase/defasagem. Desde o período conhecido como modalismo até a fase contemporânea das simultaneidades sonoras, o que impera é a necessidade de contenção da velocidade imposta pela penetração dos ruídos (o que é considerado som numa cultura pode ser considerado ruído em outra), que se tornam, ao longo da história, cada vez mais presentes. Daí a noção de hábitos musicais ou de verdadeiras gramáticas (modalismo, tonalismo, dodecafonismo etc.) para ritualizar de algum modo as produções sonoras da cultura [...] Nessa linha de verificação, Wisnik analisa a assimilação do trítono na música europeia, a troca de influências, sobretudo, entre Europa (universo do tom) e África (universo do pulso), o sincretismo das duas tendências na música popular norte-americana, a contenção refinada da sonoridade que deu origem à gramática da canção e, por fim, as novas técnicas de ordenação e reprodução da previsibilidade, generalizadas pelo avanço eletrônico e pelas necessidades de padronização do mercado cultural. Tudo isso retrata os esforços de absorção do ruído como condição para o encontro do andamento ideal das criações musicais nas diversas culturas em cada época. Se a aceleração é mais acentuada nos períodos de inovação estética, a desaceleração é típica das fases de consolidação de um sistema musical. Mas a questão do confronto e da convivência do som com o ruído constitui um desafio inerente às obras musicais de todas as épocas e de todos os povos (Tatit, 1998, p.91-2).

Tatit desenvolveu toda uma teoria semiótica com o intuito de definir parâmetros rigorosos específicos para a análise de canções. Para isso, estabelece categorias e conceitos que possam ser necessária e simultaneamente partilhados por suas duas dimensões constitutivas mínimas: a musical (melodia) e a literária (letra). Segundo Tatit, "retratar bem uma experiência significa, para o cancionista, fisgá-la com a melodia" (Tatit, 2002, p.19). Dar conta da canção é, portanto, apreender a formação do sentido na construção da palavra duplamente expressiva, posto que alimentada pela dimensão da fala e pela dimensão do canto, pela capacidade de *lógos* e pela penetração de *mélos*. Seguindo a trilha analítica de Tatit, Carmo Jr. explica que "o sujeito que tem a voz pode ocultar ou revelar a música ou o verbo, alternando a ênfase como desejar. Falar é o mesmo que virtualizar o *mélos* e atualizar o *lógos*; cantarolar é o mesmo que virtualizar o *lógos* e atualizar o *mélos*" (Carmo Jr., 2004, p.225). Esse jogo auditivo permite que, na mesma voz, ora a dimensão que canta ocupe a posição de destaque, como figura, enquanto a "voz que fala" se torna fundo; ora que a situação se inverta e a dimensão falante da voz tome a frente para deixar sua dimensão cantante em segundo plano. Assim, a semiótica da canção deve propor conceitos e esquemas analíticos que consigam processar diversos planos e níveis do sentido: os planos da expressão e do conteúdo (na letra e na melodia) referidos aos níveis:

1. *Discursivo*: relativo ao plano de enunciação do narrador ou dos personagens;
2. *Narrativo*: relativo ao percurso imaginário que põe em relação sujeito e objeto;
3. *Tensivo*: o mais profundo, referente aos valores *fóricos* subjacentes às escolhas enunciativas e narrativas e, portanto, pressuposto pelos dois primeiros níveis.

As relações de distância, proximidade, conjunção ou dissociação entre sujeito e objeto em uma narrativa podem, assim, ser percebidas musicalmente segundo os recursos que os diversos cancionistas utilizam para criar canções mais ou menos faladas ou cantadas, isto é, aceleradas (temáticas, reiterativas, ancoradas no uso do refrão ou de gradações "esperadas" pelo ouvido) ou desaceleradas (passionais, com ênfase em saltos intervalares e em alongamentos de vogais que evidenciam mais as sinuosidades do percurso melódico que sua reiteração em algum padrão). Assim, em Tatit (2002), o autor sintetiza os diferentes projetos narrativos da canção sob a ideia de "gestualidade oral", localizando-os em torno da enunciação de três predicados: objetos, paixões e ações. De sua análise segundo parâmetros "tensivos" (fóricos) e "narrativos" (enunciativos) Tatit chega, então, à classificação triangular das três formas fundamentais da canção:

1. *Temática*: voltada para a fixação de uma ideia, tema ou ícone, modalizando estados do /fazer/, em que se tematiza a presença de um objeto, normalmente com ataques consonantais, gradações e reiterações claras: por exemplo, em sambas ligeiros e reiterativos, como *O que é que a baiana tem?*, de Dorival Caymmi, ou em *Águas de março*, de Tom Jobim; a dinâmica fórica predominante aqui é a da aceleração, da continuidade e da conjunção entre sujeito e objeto no plano narrativo.
2. *Passional*: que canta estados de paixão, frequentemente na distância e na separação entre sujeito e objeto, modalizando estados passivos do /ser/ com frequentes segmentações, durações vocálicas, alongamentos de vogais e saltos intervalares no percurso melódico. Como exemplos, um samba-canção como *As rosas não falam*, de Cartola, e *No rancho fundo*, de Ary Barroso; a dinâmica fórica aqui é predominantemente a desaceleração, a qual evidencia os valores descontínuos e a dissociação narrativa entre sujeito e objeto.
3. *Figurativa*: em que captamos "a voz que fala no interior da voz que canta" (Tatit, 2002, p.21), ou seja, quando a enunciação é mais coloquial, prosódica, ocorrendo uma "redução" da entoação da melodia à tangente da fala, presentificando-a. Por exemplo, um samba-carta, como *Vide verso meu endereço*, de Adoniran Barbosa; ou um samba-diálogo, como *Conversa de botequim*, de Noel Rosa, ou *Sinal fechado*, de Paulinho da Viola. Aqui, a dinâmica fórica é um composto das duas anteriores, cuja combinação varia de acordo com a natureza dos valores narrados e enunciados pela "voz que fala".

Cada canção é sempre uma combinação dessas três grandes modalidades entoativas, cada uma delas ora predominante, ora secundária, ora residual etc., conforme relações de tensão e de complementaridade. A partir da semiótica da canção de Tatit e de seu método de análise do perfil melódico, tornou-se finalmente possível considerar a forma canção em sua complexidade fundamental, sem cindi-la na análise ora da letra, ora da música. Pensar o perfil melódico como modo de compatibilizar ritmo, melodia e fala permite analisar, a um só tempo, as inflexões, durações e padrões melódicos, bem como a compatibilidade destes com a narrativa e o discurso expressos pela letra das canções, de modo a desenvolver tanto a análise vertical de cada compositor quanto a análise comparativa entre suas dicções características.

Porém, exatamente por conta das complexas relações entre som, ruído e sentido, também a *performance* do cantor, a interpretação de voz e de corpo que acompanha toda apresentação musical é essencial para a apreensão do sentido social, cultural e estético da canção. Assim, embora a semiótica de Tatit seja uma grande contribuição para a interpretação rigorosa de canções, Arnaldo Antunes tem razão quando afirma que pensar apenas a compatibilidade entre melodia e letra não dá conta da experiência estética promovida contemporaneamente pela canção:

> A incorporação do berro e da fala ao canto; o estabelecimento de novas relações entre melodia e harmonia; o reprocessamento e colagem de sons já gravados; os ruídos, sujeira, microfonias; as novas concepções de mixagem, onde o canto nem sempre é posto em primeiro plano, tornando-se em alguns casos apenas parcialmente compreensível; a própria mesa de mixagem passando a ser usada quase como um instrumento a ser tocado. Tudo isso altera a concepção de uma letra entoada por uma melodia, sustentada por uma cama rítmica-harmônica. O sentido das letras depende cada vez mais do contexto sonoro (Antunes, apud Napolitano, 2002, p.97).

Nesse mesmo sentido, ao analisar minuciosamente as dimensões de sentido envolvidas nas várias formas poéticas de oralidade, Paul Zumthor contribuiu ainda mais para o entendimento da importância da *performance* na canção. Segundo o autor, na canção, voz, melodia e letra tornam-se indissociáveis, unidas no corpo do intérprete, que, por sua vez, atua recebendo os estímulos do espetáculo e do público. Com essa presença do espaço-tempo da apresentação, a canção pode ganhar um sentido completamente diverso daquele proposto pelo compositor ou imaginado pelo intérprete. Essa dependência da construção do sentido da canção em relação ao gesto e às vozes dos instrumentos que a encarnam, conferindo-lhe materialidade e presença, transforma-a em um objeto artístico móvel, de sentido aberto e, portanto, fundamentalmente dinâmico. Daí Zumthor falar em "escritura e nomadismo", evidenciando que, para além do que a escrita (poética e musical) formaliza e propõe narrar, são a *performance* e sua dinâmica gestual que transformam o projeto narrativo em signos e significados renováveis a cada interpretação. O sentido da canção é, assim, "movente", nômade; segue as demandas da oralidade e dos gestos que participam de sua encenação.

> Como o faz a voz, o gesto projeta o corpo no espaço da performance [...] A palavra pronunciada não existe em um contexto puramente verbal: ela participa necessariamente de um processo geral, operando numa situação existencial que ela altera de alguma forma e cuja tonalidade engaja os corpos dos participantes [...] De onde um desdobramento: este discurso ao mesmo tempo se faz narrativa e, pelo som da voz e o movimento do corpo, comentário dessa narrativa: narração e glosa (Zumthor, 2001, p.148).

2. Experiência estética e modernidade

Como *performance* e jogo tátil, a narração instaura acontecimentos, cria ambiência, manipula tempos, produz espaço, cria um lugar. Pensar sua forma estética e seu trabalho crítico equivale a pensar em um processo de decantação de índices da experiência, em sintomas do tempo histórico. Não foi por acaso que Walter Benjamin e Theodor Adorno consideraram em inúmeros estudos a literatura, a música, o teatro e o cinema matéria de reflexão filosófica. Os críticos alemães interessaram-se justamente pela correspondência entre as mudanças nas formas narrativas e a transformação estrutural da experiência que ajudou a configurar a Modernidade. A teoria crítica de Benjamin e de Adorno considera a análise das modernas mudanças sofridas pela percepção como uma questão-chave para pensar a formação da subjetividade e o estatuto da arte na sociedade urbana de massas. Entre vários aspectos, esses autores localizaram a crise do projeto moderno na passagem crítica de uma cultura da percepção (concentrada, reflexiva, "culta", referida como individualidade burguesa e ao sistema da Arte) para uma cultura tátil (distraída, ligeira, "superficial", referida como "individualidade atomizada" e cultura de massas). A ideia de recepção ou de percepção tátil é complexa e sinestésica, e o próprio Benjamin, que a vê plenamente realizada no cinema, explica-a por analogia à arquitetura do seguinte modo:

> Os edifícios comportam uma dupla forma de recepção: pelo uso e pela percepção. Em outras palavras: por meios táteis e por meios ópticos. Não podemos compreender a especificidade dessa recepção se a imaginarmos segundo o modelo do recolhimento, atitude habitual do viajante diante de edifícios célebres [...] A recepção tátil se efetua menos pela atenção do que pelo hábito [...] Através da distração, como ela nos é oferecida pela arte, podemos avaliar, indiretamente, até que ponto nossa percepção está apta a responder a novas tarefas. E, como os indivíduos se sentem tentados a se esquivar a tais

tarefas, a arte conseguirá resolver as mais difíceis e importantes sempre que possa mobilizar as massas [...] A recepção através da distração, que se observa hoje em todos os domínios da arte e constitui o sintoma de transformações profundas nas estruturas perceptivas, tem no cinema seu cenário privilegiado (Benjamin, 1996a, p.193-4).

Sem negar que o cinema pudesse de fato realizar novas tarefas políticas (porque estéticas) na sociedade de massas, Adorno desenvolve a tese de que a percepção tátil e distraída em música opera uma regressão da audição e torna toda forma de música um fetiche, uma pseudolinguagem e um pseudoprazer a substituir e negar as potenciais possibilidades emancipatórias da "verdadeira arte". Do embate entre esse momento otimista no pensamento de Benjamin[5] e a posição negativa de Adorno sobre o assunto, pode-se extrair consequências importantes para o estudo da canção popular como forma de narração da experiência. Ao continuarem a tradição do pensamento filosófico alemão, esses filósofos repõem o problema da emancipação e das condições de possibilidade para a experiência da liberdade. Porém, seu ponto de partida são as condições materiais e objetivas que redimensionam e, por assim dizer, "rebaixam" essa experiência.

O conceito de experiência (*Erfarung*) em Benjamin é complexo, pois opera por oposição à ideia de vivência (*Erlebnis*). Enquanto *Erlebnis* refere-se às experimentações e ao viver concreto do indivíduo particular, *Erfarung* constela valores e formas de saber de uma coletividade. "Lembremos que a palavra *Erfarung* vem do radical *fahr* – usado ainda no antigo alemão no seu sentido literal de percorrer, de atravessar uma região durante uma viagem" (Gagnebin, 1999, p.58). Assim, pode-se pensar essa viagem como

---

5 Ao analisar as várias acepções do conceito de aura em Walter Benjamin, Taissa Palhares evidencia sua ambiguidade intrínseca e sua valoração diferencial nas várias fases da obra benjaminiana. (Ver Palhares, 2006)

Cidade cantada

o percurso que a linguagem e as formas artístico-culturais têm de fazer na passagem de uma geração para outra – a experiência como o tesouro de uma herança cultural e de uma forma de "coletividade-memória"[6] que cria um sentido de pertencimento, de comunidade de valores e de ritos sociais e estéticos em comum. Mas pode-se também imaginar a escuta das formas e dos movimentos fóricos que compõem uma peça musical como um percurso ou uma travessia por uma região lírica, épica ou dramática durante a viagem proposta no interior da experiência estética. Nessa experiência, a vivência individual (real ou imaginária) do narrador torna-se comunicável e memorável, uma vez que é transformada em *poiésis*, isto é, em fazer poético.[7] Se *fahr* designa o percurso ou a travessia, o verbo *erfahren* significa "chegar a saber" (Piletti, 1999, p.44), semelhante, como se viu anteriormente, ao significado latino da palavra narrar: fazer conhecer, dar a saber. "Na fonte da verdadeira transmissão da experiência, na fonte da narração tradicional há, portanto, essa autoridade que não é devida a uma sabedoria particular [mas coletiva]" (Gagnebin, 1999, p.58).[8]

---

6 Tomamos de empréstimo as expressões "coletividade-memória" e "coletividade-história" de Nora, apud Fontenelle, 2002, p.301.
7 Segundo Antonio Candido, quando o pensamento vive poeticamente, "se transpõe em experiência", porque se traduz "em palavras que exprimem uma forte capacidade de visualizar, ou de ouvir, ou de imaginar, que objetiva a vida interior". Isto é, como experiência estética, o pensamento ganha realidade palpável através da operação dos sentidos – a percepção –, e, assim, "cria" um mundo seu, apropriando-se poeticamente das coisas do mundo. "Por isso é que a analogia está na base da linguagem poética, pela sua função de vincular os opostos, as coisas diferentes e refazer o mundo pela imagem." (Ver Candido, 1996, p.67)
8 Inversamente, portanto, a experiência dessa sabedoria está condensada e decantada nas formas narrativas, tanto no sentido de se tornarem gêneros que organizam a imaginação em uma cultura, quanto no sentido se serem o meio pelo qual se dão a percepção e a experimentação estética vivenciadas pelos sujeitos nessa cultura.

Nos dois ensaios em que a questão da perda da experiência é considerada mais de perto, como em "Experiência e pobreza" (1933) e "O narrador" (1936), Walter Benjamin estabelece um jogo entre conceitos, parábolas e imagens para delinear a correspondência entre o declínio da arte de narrar e a nova fisionomia de um mundo não mais compartilhado como "coletividade-história". Em ambos os escritos, Benjamin constrói uma imagem literária para dar conta desse declínio sob um triplo ponto de vista: a um tempo, de sua concepção (ou representação, no sentido de *Darstellung*), de sua percepção (no sentido do verbo *vernehmen*) e de sua vivência (ou experiência puramente vivida na dimensão individual, *Erlebnis*).

> As ações da experiência estão em baixa, e tudo indica que continuarão caindo até que seu valor desapareça de todo. Basta olharmos um jornal para percebermos que seu nível está mais baixo do que nunca e que, da noite para o dia, não somente a imagem do mundo exterior, mas também do mundo ético, sofreu transformações que antes não julgaríamos possíveis. Com a guerra mundial tornou-se manifesto um processo que continua até hoje. No final da guerra, observou-se que os combatentes voltavam mudos do campo de batalha, não mais ricos e sim mais pobres em experiência comunicável [...] Não havia nada de anormal nisso. Porque nunca houve experiências mais radicalmente desmoralizadas que a experiência estratégica pela guerra de trincheiras, a experiência econômica pela inflação, a experiência do corpo pela fome, a experiência moral pelos governantes. Uma geração que ainda fora à escola num bonde puxado por cavalos viu-se abandonada, sem teto, numa paisagem diferente em tudo, exceto nas nuvens, e em cujo centro, num campo de forças de correntes e explosões destruidoras, estava o frágil e minúsculo corpo humano (Benjamin, 1996b, p.198).

No texto-imagem de Benjamin temos, portanto, uma descrição de um novo desamparo humano. Um desamparo situado, por assim dizer, aquém das significações da cultura, e por conta mesmo do desenvolvimento técnico e social dessa cultura, em que o homem se vê "regredido" à condição de um corpo exposto e desprotegido. Benjamin procura narrar esse processo como uma redução da condição humana a vivências bárbaras, com a citação do horror materialmente objetivo, com a perda da dimensão constitutiva da experiência (*Erfarung*), a problematização de sua aparência objetiva, com a perda do que seja a própria noção de experiência e, portanto, da forma de enunciá-la ou transmiti-la como tal. A nova forma narrativa que surge para acompanhar e expressar essa mutação são as formas distanciadas e intencionalmente desprovidas de "interioridade" da linguagem jornalística, em que os rastros do autor e das tradições locais devem desaparecer para emergir uma suposta imparcialidade universal, configurada pela "verdade" dos números, das estatísticas, das reportagens "realistas" e das "fontes fidedignas".

Quando a imagem de Benjamin perfaz um arco de referência que parte de meninos indo à escola em um bonde puxado por animais e chega a um "frágil e minúsculo corpo humano" abandonado sob bombas e explosões, alude a um tempo de avanço técnico-científico e de modernização acelerada com o qual sonhara o homem do século XIX, mas que se realiza no século XX justamente por conta da ascensão da barbárie do fascismo, de duas guerras mundiais e de inúmeros conflitos regionais. É a imagem do resultado do progresso não como emancipação, mas como resultado de um conceito de homem e de um mundo humanístico e espiritual em ruínas. O Espírito do Tempo (*Zeitgeist*) deixa de estar na Religião, na Ciência ou na promessa de uma Grande Arte que forme e emancipe o indivíduo como um sujeito autônomo mediante uma dialética da imanência-transcendência (do Espírito, da Razão, do Belo) para reduzir-se à imanência da secularidade de uma cultura material explicitamente econômica.

Para dar conta disso, Benjamin reelaborou criticamente a teoria literária de Georg Lukács e procurou analisar as formas artísticas e o fenômeno cultural em sua vinculação genética à cultura ou à vida material, isto é, em relação ao processo social (e econômico) do qual se originam e em relação ao qual se autonomizam como produção simbólica e imaginária (cultural – o que delineia o complexo conceito de fetiche em Benjamin).

A separação entre fenômeno e essência é uma necessidade central à estética de Lukács. A crítica de Benjamin, que parte do fenômeno para dialetizá-lo, afirma que ele não é mera aparência para ser descartada. Benjamin considera a impossibilidade da representação realista resultado de uma mudança estrutural na experiência – sua transformação em vivência –, não resultado de uma "deformação da experiência no terreno da realidade social do capitalismo tardio", como acredita Lukács. A ideologia, no entendimento de Benjamin, não é um véu que possa ser levantado a partir da reconstrução da totalidade, mas, por ser algo justamente que informa a vivência, deve ser desvendada a partir justamente do fenômeno ilusório, como ele se dá na literatura. Essa é a única maneira de se escapar do ciclo eterno da reificação no capitalismo. Não é por uma restauração da experiência, nem por uma insistência na vivência como seu substituto. Esse fenômeno ilusório precisa ser enxergado em sua ambiguidade, e não antecipadamente descartado como simples falsa consciência. É preciso partir de dentro da estrutura do fenômeno cultural para desvendar seu conteúdo de verdade em meio à sua ambiguidade (Pitta, 1999, p.103).

Nesse sentido, Benjamin procurou corresponder à reflexão estética sobre as formas narrativas e o estatuto da arte por meio de um amplo questionamento crítico sobre as ambiguidades da cultura em seus processos de mercantilização e de massificação. Segundo a análise benjaminiana, na "era de sua reprodutibilidade técnica", a arte emancipa-se de sua dimensão aristocrática de culto (de função quase religiosa) e democratiza-se em novas formas de exposição cultural através de sua crescente mercantilização. Tais formas surgem fortemente vinculadas à função de diversão e de entretenimento das massas de trabalhadores, cujo "tempo livre" também passa a ser empregado e investido pela lógica industrial. Ao ganhar formas de reprodução e de circulação de massa, inserindo-se na lógica de produção de modelos e de séries de objetos industriais consumíveis, a arte converte-se em cultura. Deixa de ser algo definido pela fruição individual e interiorizada da "aura" de um objeto, cujo valor reside no culto de seu fazer, de sua "autenticidade" e singularidade, e passa a ser algo cada vez mais exposto e circulante, cujo valor estará no reconhecimento trazido no plano da troca mercantil. Na síntese de Benjamin: emancipando-se de seu valor de culto, a arte converte-se cada vez mais em seu valor de exposição, isto é, em valor de troca na cultura. Os objetos antes chamados artísticos, por sua singularidade autêntica, tornam-se cada vez mais séries de imagens reprodutíveis desse mesmo objeto artístico – réplicas, decalques, *design*, logos, mesclas, montagens, colagens, fragmentos, trechos, citações etc. –, cujo sistema de significação difere daquele anteriormente chamado de arte (que supunha um momento de totalização e transcendência em relação aos objetos parciais), mas que, assim mesmo, vem-lhe tomar e ocupar o mesmo lugar simbólico.

A despeito da antevisão da teoria benjaminiana, no entanto, essa mudança no sentido da função e do imaginário gerado pela arte tornou-se explícita somente no mundo contemporâneo (sobretudo do final dos anos 1960 para cá), quando a difusão em massa dos mecanismos da propaganda provocou um "alastramento" da imagem e do valor publicitário para todos os campos da cultura.[9]

---

9 "O espetáculo é o capital em tal grau de acumulação que se torna imagem." (Ver Debord, G., p.32 – tradução nossa.) Essa seria "a lógica cultural do capitalismo tardio", para utilizar o subtítulo do livro de Frederic Jameson sobre o assunto. O autor indica que, ao fundirem-se um no outro, "o econômico" e "o cultural" passam a significar a mesma coisa, como que eclipsando a antiga distinção entre "base e superestrutura". (Ver Jameson, 1996) Porém, a funcio-

Recompondo a gênese material e simbólica dessa forma publicitária, Isleide Fontenelle evidencia um processo de longa duração: as imagens de modelos de beleza e de objetos desejáveis que hoje inflacionam o olhar e formam o imaginário do cidadão que circula pela cidade...

> [...] pretendem ser consumistas, não sendo mais, portanto, objetos de contemplação e de reflexão. Mas isso não é, de nenhuma maneira, uma novidade deste final de século. Como deixou bem claro Wolfgang Haug, desde as análises de Walter Benjamin, não poderíamos mais nos iludir a respeito do fato de que a arte existe historicamente graças à forma mercadoria. "Antes disso tínhamos o culto, que não era arte; o artesão não era artista." No entanto, durante todo o século XIX, o sujeito burguês que se debruçava sobre a obra de arte e a contemplava ainda era parte integrante de um imaginário social no qual se sustentava a ilusão de uma separação entre arte e mercado; melhor dizendo, entre cultura e mercado (Fontenelle, 2002, p.20).

Fontenelle ressalta, então, como tal processo funda-se numa mudança estrutural da maneira como se dá a percepção dos processos materiais e simbólicos do presente tempo histórico (ou seja, uma mudança estrutural na experiência que dele se pode fazer), de forma a evidenciar que era dessa nova percepção que a reflexão benjaminiana entrevia possibilidades revolucionárias:

> Benjamin nos revela que mudava não apenas a forma de produção das imagens, mas também a percepção do mundo à nossa volta, a maneira como apreendemos a realidade. Partindo das análi-

---

nalidade dessa "colagem" continuaria a ser a mesma daquela antiga cisão, com a diferença de que agora a cultura vem a ser "uma peça central na máquina reprodutiva do capitalismo, a sua nova mola propulsora". (Ver Arantes, 1998, p.153; Deutsche, 1996; Davis, 1993) ses marxistas, Benjamin nos mostra como, só cinquenta anos depois das concepções de Marx sobre a Revolução Industrial, era possível compreender como as condições de produção impactaram a cultura. E foi buscando ver "na cultura a expressão da economia" que Benjamin procurou entender a especificidade do fenômeno cultural sem perder de vista o fato de que na base dos "fenômenos marcantes da vida da época" estava o processo econômico. Contudo, na sua perspectiva otimista, Benjamin visualizava nos produtos culturais resultantes do progresso técnico-econômico – como no cinema, por exemplo –, a abertura de novas possibilidades de mobilização das massas para a concretização de objetivos revolucionários, antiburgueses. E é no coração dessa tese que o autor constrói a sua utopia de uma libertação humana pela "arte antiaurática" (Fontenelle, 2002, p.20).

Sem uma função de culto voltada a uma finalidade transcendente, a arte pode ser o meio de formação não da interioridade e da sensibilidade do indivíduo burguês, mas de um sujeito coletivo, organizado mediante experiências estéticas de massa. É desse modo que Benjamin passa a notar a importância crescente das novas linguagens e maneiras de narrar a experiência de um modo não totalizante, não metanarrativo ou metafísico, no contexto da moderna cultura urbana de massa: cinema, programas de rádio, teatro épico, fragmentos literário-filosóficos, novas maneiras de fazer literatura em experiências-limite para a escrita e para o escritor (Kafka, Proust, Baudelaire). Detectando o declínio na arte da narrativa tradicional e a ascensão de formas excessivamente individualizantes e não compartilháveis de experiência estética (como o romance), Benjamin aponta para a refuncionalização da narrativa em fragmentos ou ruínas de experiências ainda partilháveis, como conselhos, de geração em geração.

Entreviu assim que, do fim das narrativas tradicionais, da cultura do artesanato, da arte como culto e da forma de experiência que elas transportavam, podia abrir-se um chão social para um novo homem: aquele que justamente consegue sobreviver (vive por sobre) à degradação da experiência e da cultura é alguém preparado "a contentar-se com pouco, a construir com pouco, sem olhar nem para a direita e para a esquerda" (Benjamin, 1996, p.116). Como numa tábula rasa antropológico-filosófica, Benjamin procura também delinear um "conceito novo e positivo de barbárie" (Benjamin, 1996, p.116). Sem a possibilidade de formação de uma interioridade burguesa (sonhada por toda a tradição humanista do iluminismo como condição de formação do indivíduo esclarecido e autônomo), esse novo homem está potencialmente apto a emancipar-se das dicotomias clássicas (belo-feio, verdadeiro-falso, forma-conteúdo, aparência-essência, interior-exterior, real-ideal) e das ilusões e projeções advindas da ideia de representação (política, filosófica e estética).

Benjamin encontra no cinema e no teatro brechtiano metáforas iluminadoras de uma nova possibilidade de narração e organização da experiência. Com o cinema, escreveu ele em "A obra de arte na era de sua reprodutibilidade técnica", foi descoberto o "inconsciente óptico" humano, ou seja, a possibilidade de, de maneira consciente, falar com imagens ao inconsciente do espectador, que, distraidamente, frui o filme. Isso porque seu meio já não era a contemplação ou a invenção artificiosa de um olhar centrado, como na pintura, mas a oferta de "um aspecto da realidade livre de qualquer manipulação pelos aparelhos, precisamente graças ao procedimento de penetrar, com os aparelhos, no âmago da realidade" (Benjamin, 1996, p.187-8). Os efeitos especiais "mágicos" do cinema, com seus *close-ups* e *decoupages* em câmera lenta, revelam novas e insuspeitas dimensões de tempos e espaços da vida cotidiana real e imaginária. Com esse novo campo aberto à percepção e à fantasia, a arte em sua era industrial e de massas poderia funcionar, então, para divertir e esclarecer. Como exemplo, Benjamin cita a função simultânea de entretenimento e de crítica alcançada por Charles Chaplin. Em *Tempos modernos*, a fruição distraída da sequência narrativa de cenas ora cômicas, ora singelas não impede que, ao final, o espectador forme uma visão de conjunto distanciada e reveladora sobre as condições de trabalho, moradia, segurança e vida privada do operário industrial. Esses mesmos efeitos e objetivos Benjamin encontrou no teatro de Brecht, com a diferença de que o dramaturgo alemão trabalhou com centenas de operários no palco, produzindo neles próprios o efeito de distanciamento em relação aos papéis que vivenciavam no mundo produtivo "real".

Assim, no momento em que a arte é atingida por novas possibilidades técnicas, sua linguagem se refuncionaliza e suas dimensões políticas e mercadológicas tornam-se evidentes. Na cultura de massas, portanto, o artista se vê cercado por questões que exigem seu constante posicionamento ético e estético, ainda que, no mais das vezes, algumas dimensões de sua obra e de sua função artística lhe escapem por completo. Afinal, sob o capitalismo, afirma Marx, a reificação é um processo objetivo que independe da escolha e da consciência dos sujeitos (Marx, 1988). Diante disso, Benjamin sustenta que a questão do sentido da arte deve ser elaborada coletivamente, e que "no momento em que o critério de autenticidade deixa de aplicar-se à produção artística, toda a função social da arte se transforma. Em vez de fundar-se no ritual, ela passa a fundar-se em outra práxis: a política" (Benjamin, 1996, p.171-2). Isso traz questões novas a quem se propõe a trabalhar com as linguagens artísticas:

> Antes, pois, de perguntar como uma obra literária se situa no tocante às relações de produção da época, gostaria de perguntar: como ela se situa dentro dessas relações? Essa pergunta visa imediatamente à função exercida pela obra no interior das relações literárias de produção de uma época. Em outras palavras, ela visa de modo imediato à técnica literária das obras [...] Seu trabalho não visa nunca à fabricação exclusiva de produtos, mas sempre, ao mesmo tempo, a dos meios de produção. Em outras palavras: seus produtos, lado a lado com seu

caráter de obras, devem ter antes de mais nada uma função organizadora [...] Um escritor que não ensina outros escritores não ensina ninguém (Benjamin, 1996, p.131-2).

Como aponta Fontenelle, Adorno torna-se o grande opositor de Benjamin nessa tese, uma vez que considerava que "as coisas já sendo o que são", isto é, diante das "condições socioculturais concretas nas quais emergem essas imagens que só aparentemente fazem sonhar", já não é mais possível pensá-las como tendo em si mesmas os "germes potencialmente emancipatórios", como imaginava Benjamin. Tais "condições concretas" significam a base "pervertida" da cultura sob a atualidade do "estágio do capitalismo analisado por Adorno" (Fontenelle, 2002, p.21).

3. Fetichismo na música e regressão da audição

Com efeito, Adorno não vê mais como a arte possa ser um meio para a liberdade e um campo para o exercício da escolha e do juízo de gosto, uma vez que, na sociedade de massas, a existência do indivíduo que poderia fundamentá-los tornou-se bastante problemática. É na análise da música que o filósofo alemão localiza a maior evidência desse estado de coisas:

> O próprio conceito de gosto está ultrapassado. A arte responsável orienta-se por critérios que se aproximam muito dos do conhecimento: o lógico e o ilógico, o verdadeiro e o falso. De resto, já não há campo para escolha [...] Se perguntarmos a alguém se "gosta" de uma música de sucesso lançada no mercado, não conseguiremos furtar-nos à suspeita de que o gostar ou não gostar já não correspondem ao estado real, ainda que a pessoa interrogada se exprima em termos de gostar e não gostar. Ao invés do valor da própria coisa, o critério de julgamento é o fato de a canção de sucesso ser conhecida de to-

dos; gostar de um disco de sucesso é o mesmo que reconhecê-lo. O comportamento valorativo tornou-se uma ficção para quem se vê cercado de mercadorias musicais padronizadas. Tal indivíduo já não consegue subtrair-se ao jugo da opinião pública, nem tampouco pode decidir com liberdade quanto ao que lhe é apresentado (Adorno, 1980a, p.165-6).

A onipresença da mediação da valorização mercantil na produção e no consumo dos produtos da cultura invalida toda pretensão de arte autônoma, "cultivada e valorizada em virtude de seu próprio valor intrínseco" (Adorno, 1980a, p.166). Nesse contexto, a sobrevalorização da música dita "erudita" ou "clássica" não seria senão uma "fuga" ilusória dessa ordem de coisas, uma vez que seu valor "intrínseco" também já estaria perdido na bipartição entre "erudito" e "popular". Ao invés de ter valor "em si e para si", o "erudito" se define apenas por oposição complementar ao "popular", sendo, portanto, um falso rótulo para um problema que atinge toda e qualquer música. Nesse sentido, Adorno considera que a própria divisão entre "música séria" (dita clássica ou erudita) e "música ligeira" (do *passé par tout* popular) é um atestado "do insucesso de toda cultura [da Antiguidade] até nossos dias" (Adorno, 1980b, p.268).

Na impossibilidade de reconstituir toda a complexidade e erudição da argumentação adorniana (que remonta à análise das inversões de sentido na função da música na história ocidental), faz-se aqui um esforço de reter-lhe o principal e, assim, aproximá-la do interesse específico deste trabalho. Uma ilusão que Adorno procura desfazer é que o imenso apelo ao entretenimento e ao prazer dos sentidos da música contemporânea não faz senão demonstrar sua incapacidade em realmente conferir prazer. De objeto direto de fruição e gozo, essa música passou a "pano de fundo", a trilha sonora das vivências individualistas no contexto da condição urbana de massas. Para Adorno, a "utopia" em unir "emancipação e o aspecto de prazer e entretenimento" em música teria culminado e se encerrado no Singspiel de *A flauta mágica*, de Mozart. Ali, diferentemente do que Adorno reconheceu no *jazz* e em outras modalidades de música popular urbana nos Estados Unidos, o prazer da fruição do divertimento oferecido aos sentidos não se resume aos "achados" surpreendentes de cada parte, ao colorido timbrístico, ao virtuosismo vocal ou à inteligência do tema lúdico e cômico. O prazer está, sim, em cada um desses elementos, mas apenas à medida que sintetiza e conduz a uma experiência do todo. É isso que Adorno não vê na música de apelo popular difundida massivamente ou na música que, para isolar-se desta, se quer "séria" e se recolhe aristocraticamente em um falso valor de si mesma.

> Os referidos momentos isolados de encantamento não são reprováveis em si mesmos, mas tão somente na medida em que cegam a vista. Colocam-se a serviço do sucesso, renunciam ao impulso insubordinado e rebelde que lhes era próprio, conjuram-se para aprovar e sancionar tudo o que um momento isolado é capaz de oferecer a um indivíduo isolado, que há muito tempo deixou completamente de existir. Os momentos de encanto e de prazer, ao se isolarem, embotam o espírito [...] na arte os valores dos sentidos [são] portadores do espírito, que somente se revela e se degusta no todo, e não em momentos isolados da matéria artística (Adorno, 1980a, p.168).

Ao perder seu momento de síntese e de condução à experiência do todo (a experiência estética como "promessa de felicidade" e experiência da totalidade), a arte da música decai nas artimanhas e ciclos de sucesso do mercado cultural. Como mercadoria, a música se torna "depravada" e "promíscua", uma vez que sua finalidade primeira e última é tornar-se conhecida pelo maior público possível, o que só pode ocorrer se conseguir ser reconhecida (com a divulgação da imagem dos artistas) e, assim, vendida.

Se as duas esferas da música se movem na unidade de sua contradição recíproca, a linha de demarcação que as separa é variável. A produção musical avançada se independentizou do consumo. O resto da música séria é submetido à lei do consumo, pelo preço do seu conteúdo [...] O princípio do "estrelato" tornou-se totalitário. As reações dos ouvintes parecem desvincular-se da relação com o consumo da música e dirigir-se diretamente ao sucesso acumulado, o qual, por sua vez, não pode ser suficientemente explicado pela espontaneidade da audição, mas, antes, parece comandado pelos editores, magnatas do cinema e senhores do rádio. As "estrelas" não são apenas os nomes célebres de determinadas pessoas. As próprias produções já começam a assumir esta denominação [...] Esta seleção perpetua-se e termina num círculo vicioso fatal: o mais conhecido é o mais famoso e tem mais sucesso. Consequentemente, é gravado e ouvido sempre mais e, com isto, torna-se cada vez mais conhecido (Adorno, 1980a, p.170-1).

É então que Adorno afirma categoricamente que a modificação da função da música *"atinge os próprios fundamentos da relação entre arte e sociedade*. Quanto mais inexoravelmente o princípio do valor de troca subtrai os homens aos valores de uso, tanto mais impenetravelmente se mascara o próprio valor de troca como objeto de prazer" (Adorno, 1980a, p.173 – destaque nosso). Como que esquecidos daquela promessa de felicidade que a experiência estética poderia realizar mediante uma dialética do todo e da parte, os homens se apegam com todo o fervor (e mesmo idolatria) às fórmulas de sucesso e de reconhecimento produzidas no contexto de uma indústria cultural crescente. Assim, ao contrário do que afirmara Benjamin, Adorno não reconhece a forma "arte" na sociedade de massas na "era de sua reprodutibilidade técnica". Nesse contexto, como uma forma de fetiche (objeto a que se atribui poder sobrenatural ou mágico e ao qual se presta devoção), a música perde seu antigo valor de culto para justamente se tornar "aurática" mediante os rituais modernos de assimilação do valor de troca da mercadoria. Seu forte apelo ao corpo e mesmo ao erotismo é então percebido por Adorno como sintoma dessa condição "depravada":[10]

> Quanto mais coisificada for a música, tanto mais romântica soará aos ouvidos alienados [...] A ampliação, que precisamente sublinha as partes coisificadas, assume o caráter de um ritual mágico, no qual são esconjurados, por quem reproduz, todos os mistérios da personalidade, da intimidade, inspiração e espontaneidade, que desapareceram da própria obra [...] Depravação e redução à magia, irmãs inimigas, coabitam nos "arranjos", que passaram a dominar permanentemente vastos setores da música (Adorno, 1980a, p.175).

No polo oposto desse fetiche (feitiços da música mercadologicamente processada), Adorno localiza uma "regressão da audição": um estado de escuta atomizada correspondente a uma infantilização geral da sociedade. Nessa condição, os homens se comportam como se intuíssem que uma vida melhor é possível, mas diante das incertezas que essa intuição traz (e do trabalho imenso que teriam para averiguá-la), preferem manter-se na "segurança" do já conhecido e, assim, permanecerem tal como estão.

> Os ouvintes perdem com a liberdade de escolha e com a responsabilidade não somente a capacidade para um conhecimento consciente da música – que sempre constitui prerrogativa de pequenos grupos –, mas negam com pertinácia a própria possibilidade de se chegar a um tal conhecimento. Flutuam entre um amplo esquecimento e o repentino reconhecimento, que logo desaparece de novo no esquecimento. Ouvem de maneira atomística e dissociam o que ouviram, porém desenvolvem, precisamente na dissociação, certas capacidades que são mais compreensíveis em termos de futebol ou de automobilismo do que com os conceitos da estética tradicional.

---

10 Sobre o caráter depravado e promíscuo da forma mercadoria, ver Marx, 1988.

> Não são infantis no sentido de uma concepção segundo a qual o novo tipo de audição surge porque certas pessoas, que até agora estiveram alheias à música, foram introduzidas na vida musical [...] o seu primitivismo não é o que caracteriza os não desenvolvidos, e sim o dos que foram privados violentamente de sua liberdade. Manifestam, sempre que possível, o ódio reprimido daquele que tem a ideia de uma outra coisa, mas a adia, para poder viver tranquilo, e por isso prefere deixar morrer uma possibilidade de algo melhor (Marx, 1988, p.180).

Para Adorno, preferir o "sempre igual" em nome de algo insatisfatório, mas garantido, significa confirmar, na prática, os ideais de uma cultura "regressiva". Esse termo psicanalítico pontua uma involução a um estado "primitivo", regresso no tempo e simplificado na forma (no sentido de perda de complexidade e diferenciação). Porém, independentemente da relação que isso possa ter com uma regressão em relação a "estágios de desenvolvimento" na história da cultura e da música, Adorno sublinha que, em sua atualidade, os ouvintes se encontram regredidos porque estão "confirmados em sua nescidade neurótica", isto é, aprisionados em um estado repetitivo e alternado de excitação e tédio.

> A sua adesão entusiasta às músicas de sucesso e aos bens da cultura depravados enquadra-se no mesmo quadro de sintomas dos rostos, de que já não se sabe se foi o filme que os tirou da realidade, ou a realidade do filme; rostos que abrem uma boca monstruosamente grande com dentes brilhantes, encimadas por dois olhos tristes, cansados e distraídos. Juntamente com o esporte e o cinema, a música de massas e o novo tipo de audição contribuem para tornar impossível o abandono da situação infantil geral (Marx, 1988, p.180).

Adorno argumenta, então, que o mecanismo da regressão auditiva assemelha-se ao mecanismo da difusão da propaganda, a qual começa induzida por um produtor, mas que, ao tornar-se *slogan* e nome de marca, se autonomiza como imagem autorreferente. Ao atingir esse ponto, "os ouvintes e os consumidores em geral precisam e exigem exatamente aquilo que lhes é imposto insistentemente" (Marx, 1988, p.181). E aqui, para que se entenda melhor Adorno, precisamos nos afastar para, em seguida, retornar a ele. A eficácia desse processo fetichista e regredido encenado pelo consumo dá-se pelo fato de seu estatuto ser, em grande medida, inconsciente, como analisa Jean Baudrillard em *O sistema dos objetos*.

4. Desejo e consumo

Ao desvelar os significados latentes do vasto sistema de consumo de objetos produzidos massivamente no capitalismo do século XX, Baudrillard ajuda a compreender como a (des)ordem social da modernidade é interiorizada e assimilada à estrutura desejante do sujeito. Uma vez diante do desamparo e do vazio "existencial" trazidos com a dissolução da ordem tradicional (equivalente à "perda" da experiência de Benjamin), o "novo homem" tem de estabelecer padrões de escolha e critérios aparentemente racionais para lidar com o consequente "desencantamento do mundo". Daí a "astúcia" do sistema produtor de mercadorias em "encarnar", sob a face moderna, as funções de culto, de feitiço, de fetiche e de encantamento que fornecem a "ilusão de forma" para o estabelecimento dos critérios e dos padrões que guiarão as escolhas individualizantes: "ao multiplicar os objetos, a sociedade desvia para eles a faculdade de escolher e neutraliza assim o perigo que sempre constitui para esta exigência pessoal" (Baudrillard, 2006, p.149). A noção de "personalização" desses objetos de consumo mediante a fabricação de imagens, estilos de vida, e da hierarquia (*standing*) social que os acompanha "é mais do que um argumento publicitário: é um conceito ideológico fundamental de uma sociedade que visa, 'personalizando' os objetos e as crenças, [...] integrar melhor as pessoas" (Baudrillard, 2006, p.149). Nessa personalização de produtos, a procura massiva dirige-se, contraditoriamente, aos efeitos de raridade, de autenticidade e de singularização. Daí o tom ao mesmo tempo imperativo e pessoal dos *slogans* que dizem "seja isso", "beba aquilo", "pense nisso", "faça certo". A reflexão acerca de tais valores funciona como um indicativo narcísico para o sujeito se sentir amado, cuidado e mesmo "adivinhado" em seus desejos pela única fonte de valores realmente legitimada na sociedade, pois comunicada a todos, sem exceção. Então, é essa "solicitude calorosa e comunicativa" da sociedade de consumo dirigido que, mesmo quando não se acredita no que a publicidade diz, é interiorizada como cuidados e ensinamentos de uma "grande mãe".

> Assim como a função do objeto pode não passar de um álibi para as significações latentes que impõe, assim também na publicidade – e tanto mais amplamente por tratar-se de um sistema de conotação mais puro –, o produto designado (sua denotação, sua descrição) tende a ser somente um álibi sob cuja evidência se desenrola toda uma confusa operação de integração. Se resistimos cada vez mais ao imperativo publicitário, tornamo-nos ao contrário cada vez mais sensíveis ao indicativo da publicidade, isto é, à sua própria existência enquanto segundo produto de consumo e manifestação de uma cultura. É nessa medida que nela "acreditamos"; o que consumimos nela é o luxo de uma sociedade que se dá a ver como autoridade distribuidora de bens e que é "superada" em uma cultura. Somos investidos ao mesmo tempo de uma autoridade e de sua imagem (Baudrillard, 2006, p.175).

Adorno e Baudrillard concordam que "ninguém acredita inteiramente no prazer dirigido" (Adorno, 1980a, p.183) e que, portanto, a eficácia publicitária não está em sua insistência manipulativa ou mesmo em uma "coação" à assimilação de imagens (embora essas formas efetivamente existam no mercado). Baudrillard explica a eficácia publicitária por sua correspondência com a estrutura inconsciente do desejo: crença em um estado ideal de gratificação referido a um momento reprimido e associado a uma vivência primitiva, portanto, vinculado a uma regressão. Nessa condição, a "compulsão à repetição" torna-se natural, pois "a publicidade se empenha [...] em recriar uma confusão infantil entre o objeto e o desejo pelo objeto, em reconduzir o consumidor ao estágio em que a criança confunde sua mãe com o que ela lhe dá" (Baudrillard, 2006, p.184). E como esse desejo é ativado? Mediante o elemento estético-erótico da publicidade, isto é, de seu jogo lúdico (no sentido definido por Friedrich Schiller em sua obra *Cartas sobre a educação estética da humanidade*) com o desejo, com a dupla instância de gratificação e repressão do desejo:

> Tanto quanto a tranquilidade que ela oferece de uma imagem jamais negativa, somos sensíveis à manifestação fantástica de uma sociedade capaz de ultrapassar a estrita necessidade dos produtos na superfluidade das imagens, somos sensíveis à sua virtude de espetáculo (aí também a mais democrática de todas), de jogo, de encenação. A publicidade desempenha o papel de cartaz permanente do poder de compra, real ou virtual, da sociedade no seu todo. Disponha ou não dele, eu "respiro" este poder de compra. Além do mais o objeto se dá à vista, à manipulação: ele se erotiza [...] É preciso saber ouvir, através dessa doce litania do objeto, o verdadeiro imperativo da publicidade: "veja como a sociedade não faz mais do que se adaptar a você e a seus desejos. Portanto, é razoável que você se integre nesta sociedade" [...] Quer a publicidade se organize a partir da imagem maternal ou a partir da função lúdica, de qualquer modo ela visa a um mesmo processo de regressão aquém dos processos sociais reais de trabalho, de produção, de mercado, de valor, que correriam o risco de perturbar esta miraculosa integração (Baudrillard, 2006, p.181-4).

Transmitindo a sensação de adivinhar desejos, a sedução publicitária empurra a alienação do sujeito não mais além, mas mais aquém do que já realizara a revolução industrial. Se esta dissociou o trabalhador do produto do trabalho, a imagem operada pela publicidade dissocia, no momento da compra, o produto do bem de consumo: "intercalando entre o trabalho e o produto do trabalho uma vasta imagem maternal, faz com que o produto não seja mais considerado como tal (com sua história etc.), mas pura e simplesmente como bem, como objeto" (Baudrillard, 2006, p.184). Daí a confusão infantil reproduzida no consumo entre o cuidado materno ("você pode ter e ser tudo que quiser") e os objetos que "a grande mãe" lhe dá ("tenha isto", "seja aquilo").

Como se pode ver amplamente na paisagem de uma metrópole moderna, os sonhos atuais da humanidade encontram-se fixados e codificados nas imagens de publicidade, em seu jogo estético de condensação e deslocamento das funções do imaginário. Concorrência, poder, sexo, obscenidade, beleza, amor e prostituição povoam as imagens de *outdoors*, fachadas de edifícios e bancas de jornal; são tema recorrente no rádio e na televisão, sempre ligados, seja em estabelecimentos comerciais, seja em casa; são todos, enfim, meios sempre renovados e repisados de "estrelas" e "celebridades" a roubar-nos o olhar e os ouvidos com suas imagens e cânticos sedutores de sereias. A cidade torna-se palco para esse espetáculo publicitário decantado na vida cotidiana, nos espaços de encontros e desencontros representados por suas vitrines, luzes e espaços fluidos e promíscuos (porque usados e decorados pela função de mercadoria expressa por esse jogo de sedução).

Assim como Baudrillard, Adorno entende que a ideologia não está em um discurso liminar ou subliminar, mas colado na própria realidade, na própria aparência das coisas e dos objetos, justamente por conta da relação que estabelecemos com esses objetos. O consumo, portanto, como base dessas relações, não é uma devoração quantitativa de objetos por meio da compra. Se assim o fosse, alcançaríamos um estado de saturação e o liquidaríamos. Antes e ao contrário, o consumo é a devoração simbólica sustentada pelo imaginário social de imagens, isto é, de algo consumido como signo, não materialidade (apesar de a origem desse processo estar, contraditoriamente, nos processos materiais econômicos do capitalismo avançado). A materialidade está para a imagem (signo) assim como o valor de uso está para o valor de troca: de condição primeira, tornou-se apenas meio e instrumento secundário. Baudrillard, assim, ajuda-nos a entender o mecanismo de difusão das imagens mediante as relações de consumo:

> Para tornar-se objeto de consumo é preciso que o objeto se torne signo, quer dizer, exterior de alguma forma a uma relação da qual apenas significa – portanto arbitrário e não coerente com esta relação concreta, mas adquirindo coerência e consequentemente sentido em uma relação abstrata e sistemática com todos os outros objetos-signos. É então que ele se "personaliza", que entra na série [...]: é consumido – jamais na sua materialidade, mas na sua diferença (Baudrillard, 2006, p.207).

Com isso, as relações humanas mediante as quais o consumo se processa são por ele consumadas, isto é, efetivadas e suprimidas como álibi para o próprio consumo. No entanto, isso não deve levar a afirmar, tampouco, que "os objetos substituem mecanicamente a relação ausente e preenchem um vazio". Com eles, importa notar uma significância nova nas relações sociais: os objetos "descrevem esse vazio, o lugar da relação, em um movimento que é igualmente uma maneira não de vivê-la, mas de designá-la ainda que sempre (salvo no caso de regressão total) para uma possibilidade de viver" (Baudrillard, 2006, p.207). Baudrillard identifica a mediação do consumo de objetos em praticamente todas as relações materiais e simbólicas, inclusive as mais íntimas e afetivas. Isso o leva a afirmar que o consumo se define, então, "como uma prática idealista total, sistemática, que ultrapassa de longe a relação interindividual para se estender a todos os registros da história, da comunicação, da cultura" (Baudrillard, 2006, p.207).

As narrativas e as linguagens artísticas, portanto, são também atingidas pelo consumo, mesmo quando pretendem confrontá-lo.

Por isso, quando pretendem evitar o ciclo vicioso e inconsciente do consumo, os artistas precisam de muita astúcia para subverter a lógica de espetáculo que os captura. A lógica publicitária tende sempre a circunscrever a imagem do artista e a forçar a assimilação "regressiva" de sua audição e de suas *performances*. Desempenhando permanentemente o papel de cartaz do poder de compra e do desejo de consumo, a lógica espetacular da publicidade faz com que todos "respirem" esse poder e esse desejo como algo também desejável e valorizado socialmente. Ainda que às costas de sua intenção, portanto, caras, bocas, frases e cantos dos artistas tendam sempre a ser assimilados em uma relação de consumo. Neste, figuras humanas são esquematizadas, estereotipadas e sintetizadas em imagens e objetos com os quais todos, em maior ou menor grau, estabelecemos relações de espelhamento baseadas no culto, no fetiche e na alienação, não numa relação de alteridade fundamentada na participação e na reflexão. Porém, mesmo Adorno reconheceu a possibilidade de a criatividade e a crítica de alguns indivíduos forjarem formas artísticas capazes de questionar as significações e os esquemas habituais das linguagens da cultura, de modo a propor algo novo, com poder de resistência e emancipação diante das armadilhas da alienação.

> Embora a audição regressiva não constitua sintoma de progresso na consciência da liberdade, é possível que inesperadamente a situação se modificasse, se um dia a arte, de mãos dadas com a sociedade, abandonasse a rotina do sempre igual [...] As forças coletivas liquidam também na música a individualidade que já não tem chance de salvação. Todavia, somente os indivíduos são capazes de representar e defender com conhecimento claro o genuíno desejo de coletividade face a tais poderes (Adorno, 1980a, p.191).

Nesse sentido, estudar as obras e os posicionamentos de artistas que conseguem tensionar a cultura dominante, abrindo-a a outras formas de imaginação e criação, pode ter um efeito revelador sobre as dinâmicas culturais. Pensando com José Miguel Wisnik, trata-se de considerar a dialética entre as pulsões vivas da cultura e as formas reificadas do mercado:

> Ao máximo divisor comum que baseia a divisão da sociedade de classes, a divisão entre capital e trabalho, a divisão entre força de trabalho e propriedade dos meios de produção, a música popular contrapõe o mínimo múltiplo comum da rede de seus recados (pulsões, ritmos, entoações, melodias-harmonias, imagens verbais, símbolos poéticos) abertos num leque de múltiplas formas (xaxado, baião, rock, samba, discoteque, chorinho etc. etc. etc.). Trata-se de recuperar permanentemente esse mínimo múltiplo comum como uma força que luta contra o máximo divisor comum. Para que essa luta se sustente como uma tensão, e não se transforme em pura ideologia (que apresentasse afinal a sociedade de classes e a música popular como representantes de um interesse comum), é preciso que ela esteja investida da vitalidade "natural" dos seus usos populares, ou, então, que seja reconstruída e transfigurada continuamente pelos poetas-músicos conscientes do complexo de forças e linguagens que ela encerra (Wisnik, 2004, p.186).

Perceber essas tensões e o sentido crítico para o qual apontam é desenvolver uma escuta profunda da música. Uma escuta capaz de perceber, ao mesmo tempo, o significado específico de uma obra no campo cultural no qual é gerada, mas também perceber significados inesperados e mais amplos que tal obra possa vir a adquirir no conjunto da sociedade, para além da própria música.

5. A escuta como categoria analítica

Sendo a canção um objeto onipresente na cultura de massas, para que seja tomada a sério, como matéria de reflexão e de pensamento, sua escuta precisa ser desautomatizada. Como propõe

Roland Barthes, a mudança necessária consiste em passar da atividade de ouvir à de escutar. A primeira, afirma Barthes, é um fenômeno fisiológico (e, portanto, em condições normais, automático); já a segunda é um ato psicológico que, como tal, é definido por sua intenção. O desafio, portanto, é desautomatizar a audição e estabelecer a escuta como categoria analítica potente, capaz de apreender a experiência decantada na forma musical e narrada como canção. Segundo Barthes, é possível discernir a escuta em três níveis: a escuta de *signos*, de *significados* e de *significâncias*.

Na escuta de signos, os ouvidos atêm-se aos significantes propostos pelo discurso da canção, isto é, à percepção de cada um de seus elementos de linguagem. Por exemplo, no plano da letra, têm-se referências da paisagem urbana, citações de lugares da cidade, de personagens; no plano da música, o reconhecimento de timbres, de escalas, de progressões harmônicas; no plano da *performance* (segundo Zumthor, sempre situada na relação autor-obra-público), trata-se de identificar o modo de acionar e arranjar letra e música, o tipo de entoação do cantor, os efeitos eletrônicos, os elementos de catarse entre músicos e público, enfim, os elementos do contexto sonoro. Assim, afirma Barthes, na escuta de signos, a audição é dirigida à captação de índices, isto é, de sinais que indicam uma surpresa (um perigo) ou uma espera (uma busca). É a atenção prévia e tátil (territorial) que quer transformar o confuso e o indiferente em claro e distinto: "esta primeira escuta é, se assim podemos dizer, um alerta. A segunda é uma decifração" (Barthes, 2004, p.217).

A segunda dimensão da escuta é, assim, aquela em que os signos literários, musicais e performáticos são postos em relação uns com os outros e assumem significados na cultura. Criam um *gestus*[11] corporal e estilístico, normalmente encarnado pelo artista, posto em evidência na *performance* e, portanto, tornado característica da

---

11 O conceito é de Bertold Brecht, retomado por Zumthor, 2001, p.147-8.

obra. Esta, então, assume significados na cultura (contestação, erotismo, celebração, festa, romance, agressão, estranhamento etc.) e atrai uma dada comunidade de ouvintes (dialeticamente produtores e produzidos pela obra). A conexão entre autor, obra e público cria um "sistema"[12] material e simbólico de significações mediante o qual se dá a apropriação da forma estética da canção, a sustentação de sua "autonomização" em um novo gênero ou a reafirmação de um gênero já existente, de modo a qualificar sua inserção nos circuitos comerciais dominantes ou marginais da sociedade.

É também nesse nível das significações e dos significados que consideramos o projeto narrativo da canção, seu chão social e histórico, a percepção de sua dimensão ideológica, seu recurso a fórmulas ou, ao contrário, sua quebra com o estabelecido, seu teor de vanguardismo e de novidade. Nessa dimensão, afirma Barthes, os ouvidos procuram captar índices complexos e plenamente humanos: signos culturalmente formados para dotar de sentido o mundo e, assim, cifrá-lo e decifrá-lo. É o nível das conotações e denotações da linguagem, da ordem do discurso, do sentido da narrativa. Como o sentido não é unívoco, mas múltiplo, exige a hermenêutica de uma interpretação.

> Da mesma forma que a primeira escuta transforma o ruído em índice, esta segunda escuta metamorfoseia o homem em ser dual: a interpelação conduz a uma interlocução em que o silêncio do ouvinte seria tão ativo quando a palavra do locutor: a escuta fala, poderíamos dizer: é nesta fase (ou histórica ou estrutural) que intervém a escuta psicanalítica (Barthes, 2004, p.222).

Assim, tomando distância, a escuta de signos e de significados pode passar a ser percebida de uma nova maneira: em sua abertura à escuta de significâncias. Nessa dimensão, a escuta percebe, em

---
12 Para uma definição de sistema literário (e artístico de modo geral), ver Candido, 1970.

meio aos elementos de discurso e à estrutura narrativa, um querer dizer oculto, ainda sem nome, sem identificação, como que balbuciando "às costas" do sujeito (individual ou coletivo). Até serem decifradas e percebidas, as significâncias, por assim dizer, falam em silêncio e, desse modo, pairam ainda sem conexão com significados instituídos na cultura. Não é por acaso que, para descrevê-la, Barthes toma por referência a escuta psicanalítica, em que o próprio ato de escutar fala, instaura acontecimentos. Com efeito, em seu dizer "mudo", a significância opera uma experiência, ainda que a linguagem verbal seja incapaz de captá-la e defini-la com precisão – está aquém ou além de sua materialidade bruta. Esta, como um grão da voz, emana da corporeidade da língua e do falante, mas não se reduz a nenhum dos dois. A significância pede para ser significada, para ser percebida, para ser atendida em sua demanda silenciada. Escutá-la é desenvolver a aptidão de um trabalho duplo: cifrar e decifrar um sintoma da cultura, como tal, índice de algo diferente dele mesmo e que cabe aos indivíduos e à sociedade significar e simbolizar. É justamente nesse plano que se pode discutir a forma narrativa das canções em sua conexão com o imaginário de seu tempo.

A escuta moderna, no entanto, sobrepõe a escuta de índices à escuta de signos, recobrindo de intenção, valor e explicação até mesmo o que se passa "por detrás" da vontade, do mensurável e do passível de controle. O desenvolvimento da psicanálise pôs em evidência a força do inconsciente e se afastou "de uma simples hermenêutica bem como da localização de um trauma original, fácil substituto do Erro" (Barthes, 2004, p.227). Desse modo, a escuta pode passar do "querer ouvir", segundo os parâmetros de uma lei ou gramática prescritiva, a um *laisser surgir* das significâncias, as quais, distintas dos limites da significação, são, por definição, um jogo disperso e móvel de significantes que engendram significantes. Em grande medida, essa escuta corresponde à experiência estética e à "função utópica" desempenhada pela arte.

Para expor esse sentido, Roland Barthes compara a escuta de um trecho de música clássica à escuta de uma música contemporânea. No primeiro caso, o ouvinte deve decifrar e reconhecer a construção (pré)codificada de formas (mediante a aplicação de sua cultura e de sua sensibilidade), tal como se pode reconhecer que as partes de um prédio expõem a execução de um projeto arquitetônico. Já na escuta da música contemporânea, como uma "composição" de John Cage, "cada som, um após o outro", não deve ser ouvido...

> Em sua extensão sintagmática, mas em sua significância bruta e como que vertical: ao "desconstruir-se", a escuta exterioriza-se, obriga o indivíduo a renunciar à sua intimidade. Isto vale, *mutatis mutandis*, para muitas outras formas de arte contemporânea, da "pintura" ao "texto" e, evidentemente, não é fácil, pois nenhuma lei pode obrigar o indivíduo a divertir-se exatamente onde ele não quer ir (quaisquer que sejam as razões de sua resistência), nenhuma lei pode determinar nossa escuta: a liberdade de escuta é tão necessária quanto a liberdade de palavra. Por essa razão, esta noção aparentemente modesta (a escuta não figura nas antigas enciclopédias, não pertence a nenhuma disciplina reconhecida) é como um pequeno teatro onde se confrontam essas duas divindades modernas, uma perversa, a outra boa: o poder e o desejo (Barthes, 2004, p.228-9).

A forma canção que se considera neste estudo, descontada alguma exceção que confirme a regra, geralmente não é uma composição do tipo procurado e forjado na música de Cage. No entanto, é possível percebê-la nas três dimensões de escuta propostas por Barthes. Das modinhas e sambas-canção à bossa-nova, ao *rock* e ao *rap* é possível escutar no tipo de canto, isto é, escutar na entoação ou dicção da palavra cantada, não apenas um discurso, mas um lugar de fala, um modo de enunciação e de narração específicos da vida urbana e citadina, que, cada qual a seu tempo, os condicionam, discurso e lugar de enunciação. Essa dimensão figurativa da narrativa da canção é, talvez, a principal inovação que essa forma estética trouxe à música como um todo.[13] Ou, ainda, foi essa operação estética explícita sobre a dimensão falante e, portanto, comunicativa da voz que canta, que conferiu à forma canção uma singularidade maior na história das músicas – o nascimento da forma canção –, singularidade essa que pode ser pensada, em termos de estrutura formal, como um processo de decantação de diferentes falas em cada cultura. Assim, as diferentes canções podem ser percebidas e escutadas em uma dimensão tríplice: como índices, signos e significâncias culturais (individuais e coletivas). É o que se procurou escutar nas músicas de Tom Zé e Racionais MC's, que fazem "falar a cidade", e que, em suas dicções potentes, instauram uma ambiência e "performatizam" o espaço urbano, produzindo-o, a um tempo, como discurso e crítica, narração e glosa.

Nas décadas de 1960 e 1970, Tom Zé traduziu muito do sentido irônico e contraditório da modernidade brasileira no que ele informava ser a experiência estética da modernização e da metropolização da cidade de São Paulo. Embaralhou em poesia cantada os signos de velocidade, atraso, simultaneidade, sucessão, riqueza material e pobreza de espírito que inundavam as ruas, vitrines e

---

13 Na análise *avant la lettre* de Rousseau: "O que existe em comum entre os acordes e nossas paixões? Fazendo-se a mesma pergunta quanto à melodia, a resposta virá por si mesma: já está de antemão no espírito dos leitores. A melodia, imitando as inflexões da voz, exprime as lamentações, os gritos de dor ou de alegria, as ameaças, os gemidos [...] Não só imita como fala, e sua linguagem, inarticulada mas viva, ardente e apaixonada, possui cem vezes mais energia do que a própria palavra [...] A tempestade, o murmúrio das águas, os ventos, as borrascas, não são bem transmitidos por simples acordes. De qualquer modo que se faça, somente o ruído nada diz ao espírito, tendo os objetos que falar para se fazer ouvir e sendo sempre necessário, em qualquer imitação, que uma espécie de discurso substitua a voz da natureza [...] Os pássaros trinam, somente o homem canta. E não se pode ouvir canto ou sinfonia sem se dizer imediatamente: 'um outro ser sensível está aqui'". (Ver Rousseau, 1991, p.190-1 e 194.

televisores da cidade grande. Cantou explicitamente o processo de massificação do indivíduo, característico da vida urbana moderna, e contrapôs o sentido de tal massificação com o humor e as invencionices de seu espírito de pesquisa experimental sobre a vida cotidiana. Tornou a música crítica, ajudou a paisagem sonora do período a entrar em crise e a reinventar-se em misturas e hibridações com referências estéticas até então ausentes do universo da canção brasileira. Tom Zé compôs com base em seu "método" de quebrar expectativas musicais e conceituais, colhendo na imprensa temas cotidianos para a sátira, para um lirismo cheio de gracejos *nonsense*, caracterizado por dissonâncias e simultaneidades sonoras conceituais – como o tempo acelerado e acumulado das metrópoles. Inovando, decantou a cidade em figuras singulares de oxímoros e ostinatos (adiante se verá o que significa isso); transfigurou em canção distanciada e dramática (com ares de teatro brechtiano) o aspecto inerte e descritivo da identidade burocrática da multidão de "cidadãos bem comportados", cujo trabalho repetitivo alimentava o crescimento da metrópole sob a disciplina forçada da ditadura militar. Em contrapontos e contratempos, decantou rebeldia; em cacofonia polifônica, contestação; na sátira ao discurso dramatúrgico, protesto, em um jogo de espelhos que o livrou de jargões ou palavras de ordem. Antes, alegorizou a política ao falar do cotidiano. Nesse inventivo trabalho musical, afastou-se cada vez mais da canção comercial. Porém, manteve-se independente em relação a certo compromisso "épico" que localizou na canção brasileira. Distanciando-se do Tropicalismo, Tom Zé se pôs à parte da obrigação de alimentar o desejo de formação de uma cultura nacional e "consciente de si". Porém, como uma força imanente, o desenvolvimento interno de sua estética sempre o fez ir ao encontro do urbano, da juventude, do novo, assim como de tradições vivas da música brasileira e de questões cruciais à cultura nacional. Seu compasso narrativo singular é, portanto, autônomo: diz respeito à sua cultura, à sua cidade natal, Irará, bem como à sua experiência metropolitana em São Paulo, ao seu país, e, nessa medida, conecta-o a forças e tendências internacionais, que universalizam sua música.

Na década de 1990, o *rap* do Racionais MC's conferiu voz e gesto a um grande mal-estar na cultura contemporânea ao configurar uma face inédita da periferia da metrópole neoliberal: decantou, com densidade épica, o negro drama de jovens até então apenas conhecidos pelos frequentes estereótipos e abstrações estatísticas da violência urbana informados pela mídia. Ao reduzir os elementos da canção à poesia da prosódia da fala e ao ritmo das batidas eletrônicas, esse *rap* forja uma dicção de navalha, agressiva, seca e direta, capaz de traduzir e configurar esteticamente a regressão das imensas possibilidades humanas ao constante dualismo entre a "vida loka" do crime e as formas de vida pobre, com pouca ou nenhuma dignidade. Quando explora os desejos e as oscilações de ponto de vista do jovem negro, pobre e "periférico" na figura do narrador, o *rap* mimetiza e elabora a instabilidade objetiva das oportunidades que lhe são oferecidas por uma modernidade explicitamente excludente. Porque fala de uma ordem social em que não se sustentam mais promessas universais de realização e emancipação, também a experiência da cidade aparece regredida a guetos justapostos, quase sem a possibilidade de experiência do espaço público. Ao cantar esses problemas, no entanto, o *rap* forja um mundo comum de referências e valores, uma fratria de "manos pretos" cujo sentido autoafirmativo não se enclausura, mas perpassa e interpela toda sociedade. A ênfase crítica no problema do racismo e da segregação scioespacial é configurada em uma música feita de colagens entre ritmos tradicionais e "sobras" ou fragmentos de outras músicas (*scratches* de *black music* nacional e estrangeira), como que à procura de elementos "marginais" ou periféricos no próprio universo musical. Configura-se também na incorporação ostensiva de gírias e sons de rua (tiroteios, sirenes, latidos etc.), instaurando-os como linguagens potentes; na temática voltada inteiramente para os conflitos urbanos cotidianos ou para a reflexão sobre sua condição de *rappers*, sobre seu próprio fazer musical. Nesse compasso e com essa linguagem, o *rap* do Racionais atinge um plano maior de significação e conecta-se com uma experiência urbana global. Embora profundamente enraizado em histórias e personagens das periferias paulistas, o Racionais aponta para a percepção de que "periferia é periferia, em qualquer lugar", de forma a convocar todos os "irmãos de *hip-hop*" para um pensamento musical comum.

Capítulo IV
Cidade e modernidade em um oxímoro chamado Tom Zé

> *Tô te explicando*
> *Pra te confundir*
> *Tô te confundindo*
> *Pra te esclarecer*
> *Tô iluminando*
> *Pra poder cegar*
> *Tô ficando cego*
> *Pra poder guiar.*
> Tom Zé e Elton Medeiros, 1976.

Tudo que ele faz é único, ímpar. Como que constantemente interrompendo-se em inovações de forma, ritmo, timbre, dinâmica, gesto. Situa-se na fronteira entre som e ruído, entre o aceito como música, sonoridade, e o estranhável, como desafinação, dissonância, disritmia, cacofonia. Refinado, tosco, *pop*, erudito, excêntrico, urbano, vanguardista, folclórico, sertanejo, cosmopolita, dadaísta, Tom Zé é – para usar uma palavra tão diferente quanto ele – o artista mais "oximórico" da música brasileira e, por isso mesmo, difícil de ser definido. Em sua música, e mais amplamente em sua estética, as classificações tornam-se obsoletas, anacrônicas, pois o novo sempre quer irromper, corrompendo-as. E isso sucessivamente, nos mais de vinte álbuns que lançou até hoje.[1]

Daí essa tentativa de uma possível "adjetivação substantiva": o substantivo *oxímoro* designa a figura de linguagem em que se combinam palavras de sentido oposto, em princípio excludentes entre si, mas que, no contexto, reforçam a expressão e revelam um sentido paradoxal, como "obscura claridade" ou "música silenciosa". No caso de Tom Zé, talvez se possa falar em "tosco refinamento" ou "refinada rudeza", em "séria comicidade" ou "espontâneo sarcasmo", ou seja, qualificativos que tentam dar conta de ambivalências e que procuram fugir da linearidade das classificações.

A etimologia esclarece o conceito: "oxímoro" vem do grego *oksúmoron*, que significa "engenhosa aliança de palavras contraditórias", que, por sua vez, formou-se como substantivação do adjetivo *oksúmoros*, "que sob um aspecto simples encerra um sentido profundo, espirituoso, com aparência de ninharia". A composição é formada de *oksús* ("agudo, sutil, fino") e *morós* ("embotado, embrutecido; insípido; tolo, louco, doido, sem bom senso"). Pelo latim tardio, a palavra transformou-se em *oxymorum*, cuja prosódia chegou a nós como oxímoro, em português (Instituto Antônio Houaiss, 2001). Muito do que Tom Zé compôs foi ouvido e recebido como pilhéria, conforme ele próprio destacou em diversas entrevistas. Porém, sob essa "aparência de ninharia", o espirituoso jogo semântico e sintático entre suas letras e músicas consegue forjar canções que narram "um sentido profundo" da experiência urbana da modernidade. Trata-se de um trovador que, ao compor, opera uma justaposição chocante e por isso mesmo profundamente moderna entre a oralidade da cultura de "analfabeto sertanejo"

---

[1] Discografia completa disponível em: <www.tomze.uol.com.br/discografia.htm>. Acesso em: 23 abr. 2007.

do nordeste e os achados estéticos de um experimentalismo musical de vanguarda raro na canção popular.

Ser um artista oxímoro, porém, não é fácil. Por muito tempo isso significou ser um "célebre desconhecido" até mesmo durante o período de colheita dos frutos da assim chamada MPB, quando esta se consolidava como uma das maiores instituições artístico-culturais brasileiras.[2] No final de 1968, ano do ápice do turbilhão tropicalista, do qual participa vivamente, Tom Zé consagrou-se com a vitória em primeiro lugar no IV Festival da Canção da TV Record com a canção *São São Paulo*, e lançou seu primeiro disco solo, *Tom Zé, grande liquidação*. Conhecendo relativo sucesso de vendas, esse disco traduz a experiência pulsante da cidade em canções incomuns e ambivalentes, como a ganhadora do festival e *Parque industrial* (incluída no álbum-manifesto *Tropicália, ou Panis et circenses*, Polydor, 1968), canções híbridas entre o cafona e a vanguarda, mistura de *pop*, *rock*, marchinhas e outros ritmos tradicionais brasileiros com serialismo e elementos de poesia concreta. Na esteira desse sucesso, em grande parte televisivo, Tom Zé consegue lançar, ainda, mais dois trabalhos muito originais: *Tom Zé* (RGE, 1970), que trouxe o sucesso de rádio *O jeitinho dela*, e *Tom Zé, Se o caso é chorar* (Continental, 1972), já pouco ouvido e conhecido na época. Assim, passados apenas dois anos da boa recepção inicial propiciada pela TV, a intensificação do experimentalismo na música de Tom Zé (já muito presente em seu terceiro álbum) fez com que este amargas-

---

2 "A MPB renovada firmou-se como um tipo de instituição sociocultural, ainda que permanentemente questionada em suas bases e caminhos de criação. Uma das bases desta instituição foram os projetos ideológicos mais amplos, captados pelos artistas, que procuravam dar conta dos dilemas sociais e políticos do Brasil naquele contexto, marcados pelo ponto de vista da esquerda nacionalista. Por outro lado, a reorganização da indústria fonográfica foi articuladora do moderno conceito de MPB, e seu papel histórico não pode ser negligenciado. O campo conceitual da MPB renovada traz em si as marcas deste dilema." (Ver Napolitano, 1999)

se dezessete anos de ostracismo. Tom Zé torna-se, então, por mais de uma década, o "elo perdido" do tropicalismo musical, um antípoda da trilha do imenso sucesso que conhecem Caetano Veloso e Gilberto Gil, seus conterrâneos e companheiros de Tropicália.

Nesses dezessete anos de invisibilidade, porém, às margens da mídia e quase sem interlocução musical, Tom Zé desenvolve uma estética singular, em que se destacam o princípio de composição melódica a partir de células rítmicas (ostinatos)[3] e os inovadores timbres dos instrumentos musicais por ele criados. Porém, a vida tornou-se muito dura, quase insustentável. No final dos anos 1980, quando, descrente de uma possível reviravolta, já estava para largar a música e voltar para Irará, sua cidade natal na Bahia, onde trabalharia como frentista no posto de gasolina de seu tio, ocorre o improvável: seu disco de 1976, *Estudando o samba*, pouquíssimo ouvido no Brasil até então, é descoberto e relançado por um norte-americano muito influente no meio musical nova-iorquino: David Byrne, ex-vocalista da banda Talking Heads e dono do recém-criado selo fonográfico Luaka Bop, que justamente percorria o país para pesquisar sonoridades brasileiras e lançá-las no exterior. Nas palavras de Tom Zé: "Com ela [a estética gerada pelos ostinatos], David Byrne criou para mim uma nova vida e me tirou da sepultura onde eu fui enterrado na divisão do espólio do tropicalismo" (Tom Zé, 2003, p.35). Byrne conta que a pergunta que mais ouviu no meio

---

3 Definir sons é sempre difícil. Ostinato é um tipo de refrão sonoro rítmico que gera e funciona como motivo melódico, sendo criado por figuras ou temas continuamente repetidos. Difere de um *riff* (batida rítmica repetida, muito comum no *rock*) por não ser a única voz rítmica na música, mas, ao contrário, um de seus elementos, muitas vezes em contraponto ou em segundo plano. Ouvir o exemplo citado pelo próprio autor na entrevista de seu livro, a canção *Nave Maria* (1984) ajuda a compreender como o ostinato funciona na música de Tom Zé: "'Quando eu cheguei das estrelas/ Entrei na terra/ Por uma caverna/ Chamada nascer'. Quando fiz isso, me apoiei muito em Jorge Ben; mais nele do que em qualquer outra pessoa. Era minha primeira tentativa de *mélos* com um acorde só". (Ver Tom Zé, 2003, p.219)

musical naquela época foi "por que Tom Zé?". Sua resposta, como a de diversos produtores musicais estrangeiros entrevistados por Décio Mattos para o documentário *Fabricando Tom Zé*, de 2007, foi simplesmente: porque "ele é genial. Faz chorar e faz pensar".

Portanto, "célebre desconhecido" até pouco tempo atrás, Tom Zé voltaria a ser mais amplamente escutado no Brasil quando a repercussão do sucesso de duas coletâneas e do álbum inédito *Defeito de fabricação* (1998), produzidos pela Luaka Bop e distribuídos pela Warner Bros. e, depois, no Brasil, pela Trama, justificam o relançamento (em 2000, no Brasil) de seus álbuns mais inventivos da década de 1970: *TodosOsOlhos* (1973), *Estudando o samba* (1976) e *Correio da Estação do Brás* (1978), esses três pelo selo Continental, e *Nave Maria* (1984), pela RGE. A ironia objetiva se completa quando, sob o nome de *The best of Tom Zé* (Luaka Bop/Warner Bros., 1990), *Estudando o samba*, que definitivamente o lançara na experiência do ostracismo no Brasil, é premiado nos Estados Unidos pela revista *Rolling Stone* como um dos dez melhores discos da década – e o único brasileiro entre os 150 selecionados... Como efeito caudatário da grande procura desencadeada pela onda de todo esse reconhecimento internacional,[4] os relançamentos pela Continental/Warner logo se esgotam no Brasil. Principalmente para as novas gerações, Tom Zé, já na casa dos 60 anos, se tornava finalmente célebre e reconhecido.[5] Dos anos 1990 para cá, Tom Zé já

---

4 Para uma pequena amostra das centenas de artigos e reportagens sobre Tom Zé extraídos da imprensa nacional e internacional, ver: "Assombrosa obra de arte total" (Timo Berger, em *Junge Welt*); "Zénial!" (Bernard Loupias, em *Le Nouvel Observateur*); "O mundo cultua Tom Zé" (Pedro Alexandre Sanches, em *Folha de S. Paulo*); "Tom Zé todavía es capaz de revolucionar el arte" (*La Prensa*, de Buenos Aires). Disponível em: <http://www.tomze.com.br/artigos.htm>. Acesso em: 13 ago. 2005.

5 Nos últimos tempos, Tom Zé vem se dedicando cada vez mais ao apuro de timbres de seus "instromzémentos", criados por ele mesmo, como o "buzinório" (um arsenal politonal de buzinas) ou a "serroteria" (canos de PVC, madeira e outros materiais e um serrote, que sobre aqueles faz o papel de arco de violi-

lançou mais dezesseis trabalhos, todos muito elogiados pela crítica nacional e internacional, cujas vendas vêm lhe configurando, como ele mesmo gosta de dizer, "um emprego fixo sustentado por cerca de quarenta mil jovens brasileiros e por cerca de quarenta mil pessoas de diferentes idades no exterior, que são aqueles que sempre prestigiam meus *shows* e compram meus discos".[6]

Se, por um lado, essa trajetória *"punk"* foi sem dúvida sofrida e marcante, por outro garantiu a liberdade e a independência total de Tom Zé em relação a todo movimento e a toda filiação estética: permitiu-lhe a construção de um riquíssimo cabedal próprio, único, que não se parece com nada nem com ninguém.[7]

É essa singularidade estética de Tom Zé que interessa considerar para um conceito amplo de formação: estratégias poético-musicais que atuam no sentido de tematizar, reinventando-os, a cidade e o urbano; uma dicção musical ímpar que articula um modo de subjetivação e de conversação, fazendo ressoar a dimensão de "gaia ciência" da música popular brasileira – pulsante, interpeladora, satírica, política. Trata-se de pensar, "no primeiro Tom Zé", a relação entre cidade, modernidade, Modernismo e modernização que emerge de canções compostas entre 1968 e 1973 sobre São Paulo. E nestas, os processos construtivos singulares pelos quais estrutura-se a narrativa paroxística que esse baiano de Irará desenvolveu sobre e a partir das inovadoras elaborações estéticas

---

no). Na definição do próprio autor-compositor, o resultado "é um som e uma sintaxe: funciona sintaxialmente". (Ver Rennó, 2001)

6 Entrevista concedida à autora em fevereiro de 2007. Todos os trabalhos de Tom Zé podem ser conferidos, com letra e fac-símile de capa, no *site*: <http://www.tomze.com.br/discografia.htm>. Acesso em: 8 ago. 2008.

7 Segundo afirma Cláudio Tognoli no documentário *Fabricando Tom Zé* (2007), de Décio Matos Júnior: "Eu acho que o único *punk* brasileiro mesmo é Tom Zé". Já muitos críticos internacionais o aproximaram dos dadaístas, de Frank Zappa e de Stockhousen. Sobre o assunto da recepção de Tom Zé no exterior, ver Perrone, 1995. Disponível em: <http://www.caravanmusic.com/Articles/TomZe.html>. Acesso em: 15 jun. 2007.

de sua vivência da metrópole paulistana desde o final de 1967, quando ali fixa moradia. Para dar conta dessa experiência, será abordado o projeto estético geral de seu primeiro LP, *Tom Zé, Grande liquidação*, do qual se analisará em detalhes a canção *São São Paulo*. Porém, como em trabalhos posteriores Tom Zé compôs canções muito significativas sobre a experiência urbana na cidade, desenvolvemos também comentários sobre canções dos discos *Tom Zé* e *TodosOsOlhos*, e sobre a musicalidade vanguardista de *Estudando o samba*.

Nessas canções, a cidade muitas vezes aparece não como mero cenário ou citação, mas como possibilidade para a figuração de certos conflitos e paixões (afetos). Outras vezes, elementos da cidade ganham vida como personagens, em interação direta com outras figuras e sujeitos em busca de singularização. Em todos os casos, Tom Zé cria uma tensão entre elementos de alto teor de informação e novidade, por um lado, e estruturas reiterativas ou fixadoras de sentido, por outro, cuja significação já é mais reconhecível e absorvida pelo "ouvido senso comum". Nas seções subsequentes, então, procura-se primeiro constelar uma série de imagens poético-musicais sobre a cidade; em seguida, mediante a análise pormenorizada da canção *São São Paulo*, serão examinados os procedimentos que estruturam a estética tão peculiar de Tom Zé. Nesse percurso, trata-se também de discutir semelhanças e diferenças com o "espírito tropicalista" com o qual o músico é normalmente associado – a começar por ele mesmo, como já diz o título de seu livro, *Tropicalista lenta luta*.

Julia Pinheiro Andrade

Cidade cantada

Tom Zé em *show* no Instituto Ethos, São Paulo, 1999. Fotos: André Conti.

1. Decantando a cidade

> *Era preciso disfarçar e mascarar a canção, eludir, enganar, para me livrar do impossível papel de cantor e ter a chance de estabelecer, sem anteprojeto nem aviso prévio, o novo acordo tácito com o ouvinte.*
>
> Tom Zé, "Brincadeira Brecht", *Tropicalista lenta luta*

Seu primeiro trabalho solo, *Tom Zé, grande liquidação*, é uma crônica satírica de cenas da vida cotidiana da cidade de São Paulo que mostra encontros e desencontros, conflitos e rearranjos entre velhos costumes e novas modas e linguagens trazidas com o avanço da indústria cultural. São diversas imagens de uma cidade que não podia "parar de crescer",[8] movida pelo pulso do trabalho "de um povo infeliz", informal e precarizado, mas que cotidiana e religiosamente se deixava bombardear pela felicidade "cremedentalizada e iêiêlizada" da televisão, das vitrines e das revistas, como afirmava o compositor em texto na contracapa.[9] Tom Zé, tanto vanguardista quanto um matuto sertanejo, mais desconfiado do que deslumbrado, punha-se ali a tarefa crítica de ser espelho e devolver à sociedade, em música e em verso, a fisionomia de sua mutação.

Esse procedimento estético já vinha sendo ensaiado pelo compositor desde seus primeiros passos como músico em Irará, nos anos 1950, quando definiu para si que sua forma de composição partiria não da "criação livre", mas, segundo ele mesmo afirma, do fazer da música "imprensa cantada", isto é, recolher assuntos da mídia ou diretamente das ruas para tomar a experiência da cidade, de seus problemas e de seus habitantes como objeto de elaboração musical e poética.[10] Posteriormente, os anos de universidade de Tom Zé lhe fornecem novos recursos de linguagem e de técnicas musicais para desenvolver ainda mais sua "imprensa cantada", afastando-o dos vanguardistas herméticos e desinteressados da vida cotidiana. Como músico moderno, Tom Zé põe sua formação mu-

---

8 Como dizia o *slogan* lançado no IV Centenário da Cidade de São Paulo, em 1954.
9 Escreve Tom Zé: "Eu sou a fúria quatrocentona de uma decadência perfumada com boas maneiras e não quero amarrar minha obra num passado de laço de fita com boemias seresteiras. Pois é que quando eu abri os olhos e vi, tive muito medo: pensei que todos iriam corar de vergonha, numa danação dilacerante. Qual nada. A hipocrisia (é com z?) já havia atingido a indiferença divina da anestesia... E assistindo a tudo da sacada dos palacetes, o espelho mentiroso de mil olhos de múmias embalsamadas, que procurava retratar-me como um delinquente. Aqui, nesta sobremesa de preto pastel recheado com versos musicados e venenosos, eu lhes devolvo a imagem. Providenciem escudos, bandeiras, tranquilizantes, antiácidos, antifiséticos e reguladores intestinais. Amém". Texto de contracapa do LP *Tom Zé, grande liquidação*, Rozemblit, 1968.
10 "Eu não faço arte. Faço imprensa cantada." *Tom Zé ou Quem irá colocar dinamite na cabeça do século?* Documentário dirigido por Carla Gallo. São Paulo, maio de 2000. (Ver Tom Zé, op. cit.)

sical sofisticada a serviço da indistinção entre popular e erudito, justamente para aproximar cotidiano e estética.

O compositor conta que, desde os primeiros anos de violão em Irará, queria transformar as bases da audição, bombardeando-a com o presente e acionando um tipo de trabalho mental no ouvinte pouco comum às canções passionais ou temáticas de então. Nessa toada, encontrara uma forma inusitada de sensibilidade, cativante pelo humor e inusitada pela matéria usada na construção de suas cantigas: "o ouvinte, no tipo de acordo tácito que planejei, precisaria ser de imediato *magnetizado pela sua própria cidade*, viva e cantada, e pelos personagens, nada menos que seus conterrâneos" (Tom Zé, 2003, p.25 – destaque nosso).

Toda a história da transformação de Antonio José Santana no artista Tom Zé está deliciosamente narrada na primeira pessoa do singular no livro *Tropicalista lenta luta*. Dela importa reter apenas alguns pontos que ajudam a configurar os achados, aliás, os "encontrados" estéticos de Tom Zé, como ele prefere nomear o fruto "suado" de seu esforço musical. Isso porque, como o próprio compositor explica, toda forma de criação musical que desenvolveu partiu de uma negação: sua inabilidade essencial para a música e o canto!

Tom Zé reporta que nos anos 1950, em Irará, como de resto em boa parte do Brasil pré-bossa-nova, cantar "era um procedimento muito arrebatado. Expressionista mesmo. Vibrato, empostação, fermatas, [...] um escândalo". Era essa a paisagem sonora que definia o horizonte de expectativas musicais do ouvinte de rádio daquela época. Então, da frustração de não conseguir cantar, nasce em Zé o projeto da anticanção, ou melhor, da "descanção". Primeira providência: "limpar o campo" da canção sentimental e empostada que dominava a cena musical da época. Em seus próprios termos, eram quatro os procedimentos básicos para essa limpeza:

1. *Mudar o tempo do verbo*: "do pretérito do passado para o presente do indicativo";
2. *"Trocar o lugar no espaço"*: deixar de fora os lugares distantes, idealizados, e falar do aqui e agora;
3. *Forjar um "novo acordo tácito"*: a) "por meio de um choque de presentidade"; b) e sempre usar "um assunto espelho – em que o próprio ouvinte e sua circunstância" se tornem "personagens da cantiga";
4. "Não usar o Corpo-Cancional; plasmar a cantiga com outra matéria." Esta, tradicionalmente, era o amor, sua impossibilidade, a distância entre os amantes, o romeu e julietismo, a dor de cotovelo etc. "Mas se queria cantar e não podia, se não tinha o dom de cantar ao modo e ao gosto da época, eu tinha que correr qualquer risco" (Tom Zé, 2003, p.24).

Desse modo, Tom Zé planeja compor de forma a incidir sobre as bases do "máximo denominador comum" do comércio da canção,[11] isto é, contradizer e ironizar o senso comum musical das rádios, das gravadoras, dos ouvintes, enfim, de todos os agentes do sistema cultural da canção. Decantar essa estética passional e forjar a possibilidade de uma outra significava, no entanto, substituir "a empatia gerada pela emoção" por "um novo acordo entre o descantor, que era eu, e aquele auditório incerto de Irará" (Tom Zé, 2003, p.22). O achado fundamental de Tom Zé se torna, então, os mecanismos de simpatia, distanciamento e crítica produzidos pelo riso em suas várias derivações formais.

Recurso básico: saber improvisar. Sua primeira escola de improvisos foi "o homem da mala" da feira livre de Irará, que, sem palco nem aviso prévio, encenava surpresas no meio do passeio público e cativava a todos pelas brincadeiras e pelo humor. O pri-

---

[11] O termo é de Wisnik, utilizado na discussão sobre a dialética entre as pulsões vivas da cultura e as formas reificadas do mercado. (Ver Wisnik, 2004, p.186)

meiro resultado veio com o sucesso local *Maria bago-mole*, canção acentuadamente narrativa que conta a historieta de uma figura popular da cidade, tornando-se muito cantada em festas de rua em Irará no final dos anos 1950. Pouco tempo depois, a popularidade lhe garante uma indicação para a TV soteropolitana. Recurso garantido: quebrar expectativas e deslocar sentidos construindo chistes cômicos, ou seja, gracejos irônicos de duplo sentido. Para a ocasião especial, aciona mais uma vez o espírito de pesquisa e decide debutar na grande mídia com uma longa canção de seis minutos, *Rampa para o fracasso*, composta especialmente para o programa *Escada para o sucesso*. Novo sucesso de público. O artista Tom Zé ganha consistência, autoconfiança e a certeza de que a *desconstrução* do esperado e do senso comum através da sátira, da ironia e de associações invertidas na lógica e deslocadas no sentido era sua melhor arma estética.

Quando se muda para Salvador, logo consegue um emprego como coordenador do Departamento de Música do CPC soteropolitano (Centro Popular de Cultura). Ali conhece o poeta José Carlos Capinam, o dramaturgo Augusto Boal, além de Caetano Veloso, Gilberto Gil e Gal Costa, e desenvolve trabalhos até 1964, quando a ditadura fecha todos os CPCs. Antes, porém, com a garantia de uma bolsa de estudos conquistada no trabalho, Tom Zé passa, em 1962, em primeiro lugar no vestibular para a Faculdade de Música da Universidade Federal da Bahia. No entanto, mal sabia ele que, devido às injunções da política acadêmica, Hans-Joachim Koellreutter, compositor-maestro-incentivador de vanguarda, aceitara coordenar o curso de graduação e ali lecionar, desde que tivesse liberdade total para modificar o currículo e, assim, introduzir o dodecafonismo e o serialismo no ensino musical básico. Durante o curto espaço de cinco anos, o rapaz interiorano que queria inventar a "descanção" se viu, assim, lançado no centro do entrecruzamento do regionalismo baiano com a experimentação do vanguardismo musical europeu. Ao contrário dos demais baianos com quem veio a lançar a Tropicália em 1968, Tom Zé adquire uma sólida e rara formação.

Quando surge na cena musical do Sudeste em 1965, compondo com o grupo baiano o espetáculo *Arena canta Bahia*, de Augusto Boal, a principal veia criativa de Tom Zé era a sátira e a paródia. Porém, já durante a invenção do tropicalismo, entre 1967 e 1968, diferenças começaram a se evidenciar. Além de ser o mais velho da trupe tropicalista – os demais são das décadas de 1940 e 1950 –, a formação musical diferenciada de Tom Zé (ao lado de sua "antimusicalidade" nata, como ele mesmo diz) sempre o fez pender para dissonâncias com relação à sonoridade massiva das rádios e TVs, grande alvo dos projetos estéticos de Caetano, Gil, Bethânia e Gal.

Do ponto de visa musical, porém, os anos de faculdade renderam a Tom Zé a experimentação frutífera de ostinatos e de um pensamento contrapontístico que, combinados, conferem grande parte da tônica de "estranheza" sonora de suas composições. Isso porque a harmonia funcional típica das canções comerciais urbanas torna-se secundária em suas composições, o que gera estranhamento a ouvidos medianos, desacostumados a decodificar a linguagem musical à procura de enigmas ou de "pegadinhas" sonoras. Além disso, Tom Zé tornou-se *expert* em inverter a função de alguns instrumentos musicais: por exemplo, a guitarra como elemento percussivo, utilizando a função rítmica para gerar melodias, como ocorre no caso da composição de ostinatos. Isso ocorre quando a guitarra soa no lugar do baixo e pode, a um só tempo, demarcar o pulso da música e gerar células rítmicas de ostinato, pois seu timbre mais agudo ganha destaque figurativo entre os timbres mais graves de percussão e consegue gerar a sensação de desenhar figuras melódicas. Se todo o disco *Estudando o samba* é um exemplo bem acabado dessas reviravoltas sonoras dentro da forma canção, os primeiros trabalhos de Tom Zé trazem ensaios tateantes dessas operações estéticas, pois hesitam entre o experimentalismo assumido e a adequação à forma canção comercial, com partes definidas (tipo A-B-A), refrão, 32 compassos e ritmo convidativo à dança ou à paixão. Na interpretação de Luiz Tatit, corroborada pelo próprio Tom Zé, seu projeto estético...

> decorria da exploração sistemática das imperfeições, seja no domínio musical (composição, arranjo), seja na expressão do canto, o que lhe conferia um ângulo privilegiado para avistar os acontecimentos socioculturais e produzir inversão de valores e decomposição de formas cristalizadas no universo artístico. Pode-se dizer que, ao contrário do procedimento habitual dos cancionistas de estetizar o cotidiano, Tom Zé cotidianizava a estética: inseria as imperfeições, as insuficiências, os defeitos. Atingia assim, segundo suas próprias palavras, o "acordo tácito", que sempre sustentou a relação de cumplicidade entre cantor e ouvinte e se propunha, no mesmo ato, à intervenção de um "descantor" produzindo uma "descanção", totalmente desvinculada da noção de beleza até então cultivada. Portanto, isso nada tinha a ver com o projeto extenso (ou implícito) do tropicalismo que acabou engendrando a canção de rádio dos anos setenta e abrindo espaço para a canção *pop* brasileira do final do milênio (Tatit, 2004, p.237-8).

No caso do disco inicial *Tom Zé, grande liquidação*, há uma hesitação entre um projeto estético e outro, o próprio e o do tropicalismo, e que corresponde às ambivalências formais das canções, cujo aspecto muitas vezes paradoxal confere uma tônica modernista ao disco. Afinal, tratava-se de um jovem compositor interiorano, baiano, recém-chegado à cidade-capital-metrópole que mais crescia no Brasil, migrante entre dois mundos que raramente conversavam: o da academia e o da música popular comercial mais inventiva e irrequieta que já se formara no país. Em suas próprias palavras:

> Esse disco é uma crônica do meu contato com a civilização. Em 67, eu havia decidido abandonar a carga da música popular, quando Guilherme Araújo (empresário dos tropicalistas) resolveu me acei-

tar como artista de música popular. Em 68, vim parar em São Paulo, na pensão de seu Freitas, que também era de Irará (BA). Mas eu não tinha músicas, não tinha o que gravar. Comecei a compor e ia mostrando para Caetano e Gil. Gosto do instrumental do disco, com aquela coisa canhestra do órgão que tapa o resto. Os grupos que participam do disco, Os Versáteis e Os Brazões, eram da Rozenblit, a base de Jovem Guarda. O rapaz da banda tocava órgão, eu não quis criar problema. Para mim tudo era novo, eu vinha da música erudita. Minha música já tinha tanta estranheza na forma... (Sanches, 2000)

Em compensação, a densidade da metrópole oferecia-lhe novidades sem fim, contradições e iconografias inusitadas, inclusive aspirando a exemplo e orgulho nacional. Para a sorte de Tom Zé, o alvo parecia mais fácil, afinal, o "paulistanismo" fazia-se reconhecer, seja pelo esforço da campanha "cívica" desde as comemorações do IV Centenário da Cidade (1954), seja na expressão inconteste da participação econômica da pauliceia no PIB nacional. Com canções paródicas, irônicas e sarcásticas, o autor prometia no "P.S." do texto assinado no encarte da contracapa: "a sociedade vai ter uma dor de barriga moral". Com efeito, o LP lança fogo contra a moral paulistana vigente, entre o conservadorismo católico provinciano e o *ethos* financista que até hoje lhe rende a pecha de ser a cidade onde mais se trabalha e ganha dinheiro no Brasil. Ademais, a pesquisa fora feita em campo e o disco tem, no seu conjunto, um aspecto de crônica tirada das ruas de São Paulo. Por um lado disseca, iconiza e satiriza o industrial, o bom rapaz, a ética do trabalho, a moral financista em ascensão ("ficar rico" e "juntar muito dólar" como sinônimos de "glória" e "boas maneiras" são valores ironizados em oito das treze canções); parodia a fala de madames *nouveau riche* e as regras de "etiqueta" da família de espírito provinciano que, bovarista, quer assumir um novo *way of life*, fazer seu *up to date* e ser mais cosmopolita.

A composição do disco é complexa e irônica, alternando citações paródicas, ruídos e cantos onomatopaicos na abertura de cada faixa ou no espaço entre elas. Isso confere ao conjunto um aspecto de colagem sonora, cuja costura vai sendo feita pelas variações de andamento e pela combinação de ritmos. Nesse sentido, os arranjos do LP desempenham um papel fundamental no encontro entre música popular e erudita. Criados por Damiano Cozzela e Sandino Hohagen, maestros do grupo Música Nova, combinam "elementos díspares – do folclore ao *rock* – num trabalho ao mesmo tempo antenado com a vanguarda e enraizado na tradição". As instrumentações são incomuns na música popular, sobretudo pela predominância do teclado cafona e pela farta presença de sopros. Um arsenal de ruídos é aleatoriamente acionado: sinos, buzinas, despertadores, fanfarras. "Incorporam-se cacos, acasos, erros, além de narrações, conversas e discursos, sem contar vocais onomatopaicos. Resultado: cada faixa se torna um acontecimento sonoro--musical" (Rennó, 2000).

A montagem não é óbvia, porém, vai se fazendo explicar e assimilar durante a audição, mediante a participação ativa do ouvinte em um trabalho de decodificação sinestésico (tátil, visual) e conceitual. Instrumentos se afinam ou seria isso uma *ouverture*, como música aleatória? É assim que começa, por exemplo, *Catecismo, creme dental e eu*, que já no título junta coisas que, a princípio, deveriam estar separadas, posto serem de ordens muito diferentes. Contudo, algo as une. O que será? No meio dos ruídos misteriosos, vem surgindo uma voz melancólica, que com uma gaita e um leve teclado recita lentamente uma confissão: "vou morrer/ nos braços da Asa Branca/ no lampejo do trovão/ de um lado, ladainha/ sem soluço e solução". De repente, a voz fica viva e uma escala descendente no teclado, qual timbre de violinos, abre um novo andamento. O ouvinte então certamente se pergunta: inicia-se uma nova canção ou está-se diante de um novo momento da canção anterior? A dúvida persiste com a audição, levando a atenção dos ouvidos a achar o fio que une os retalhos. "Nasci no dia do medo/ na hora de ter coragem/ fui lançado no degredo/ diplomado em malandragem". Na passagem do segundo para o terceiro verso, o andamento se acelera, chama batuques discretos, recebe uma bateria de *jazz*; entram violinos que comentam tudo e um teclado que marca o pulso ao fundo, como um baixo, em timbre e arranjo de órgão de igreja – o que confere ao percurso da música um clima sacro, sacrílego, passadista e cafona. O andamento ainda varia mais cinco vezes na canção, em todas deixando o ouvinte novamente confuso a respeito do término ou continuação da audição. Na mesma linha, a letra metaforiza, embaralha e altera significações tradicionais e as (com)põe em choque com as novidades, forçando uma imagem alegorizada de um Brasil autoritário, dogmático na missa e hipócrita no sermão, ditatorial na política e deslumbrado com a industrialização e com o consumo. No ar, uma metonímia: deslumbrado porque autoritário? Ou será o contrário? O ouvido tem de reaprender a ouvir e a significar: "Bendito Fruto/ em vosso dente/ catecismo de fuzil/ e creme dental/ em toda a frente/ pois um anjo do cinema/ já revelou que o futuro da família brasileira/ será um hálito puro/ ah!".

Já em *Não buzine que estou paquerando*,[12] o refrão em espírito Jovem Guarda fala de um tempo e de um ritmo de vivência da cidade opostos ao tempo dos negócios e da pressa urbana que tanto caracterizam São Paulo. Tempo em que carros e ruas como a Augusta podiam servir para namorar, não para andar "Apressado demais/ Correndo atrás de letras/ Juros e capitais". Tom Zé conta que retirou o refrão e a ideia da música de um adesivo que viu no vidro de trás de um automóvel. Trata-se de mais um "achado" de "imprensa cantada" do compositor, cujo descompasso referido pela letra corresponde, na música, ao descompasso entre dois anda-

---

12 Para escutar todos os discos de Tom Zé, entre no *site*: <http://radio.musica.uol.com.br>. Acesso em: 10 ago. 2008.

mentos, uma marcha-*rock* com coro onomatopaico de vozes que imitam buzinas e musemas[13] que aludem à música de circo:

> **Não buzine que estou paquerando**
> (*Tom Zé, grande liquidação*, 1968)
>
> | | |
> |---|---|
> | Sei que seu relógio | Sei que seu relógio |
> | Está sempre lhe acenando | Está sempre lhe acenando |
> | Mas não buzine | Mas não buzine |
> | Que estou paquerando | Que estou paquerando |
> | | |
> | Eu sei que você anda | A sua grande loja |
> | Apressado demais | Vai vender a mão farta |
> | Correndo atrás de letras | Doença terça-feira e remédio na quarta |
> | Juros e capitais | Depois em Copacabana e Rua Augusta |
> | Um homem de negócios | Os olhos bem abertos |
> | Não descansa, não | Nunca facilitar |
> | Carrega na cabeça | O dólar na esquina |
> | Uma conta corrente | Sempre pode assaltar |
> | Não perde um minuto | Mas netos e bisnetos |
> | Sem o lucro na frente | Irão lhe sucedendo |
> | Juntando dinheiro | Assim, sempre correndo |
> | Imposto sonegando | Pois a grande cidade não pode parar |
> | Passando contrabando | |
> | Pois a grande cidade não pode parar | Sei que seu relógio... |

---

13 Musema é a mínima unidade de significação musical, isto é, na análise de uma música, quando decomposta em partes, musema é a mínima parte autônoma de sentido musical (tal como fonema, para o som, e semema, para as sílabas). O conceito é de Tagg, P., 1982. Disponível em: <www.tagg.org/texts.html>. Acesso em: 4 jun. 2007.

São São Paulo (1968) é uma síntese da experiência estética da cidade operada por Tom Zé, e por isso será analisada detalhadamente adiante. Aqui, vale dizer brevemente que, sendo toda paroxística e a um tempo crítica e exaltadora da condição urbana na metrópole, a canção apresenta sucessivas imagens sonoras de estranhamento e de pertencimento à cidade, ora de vivências pessoais, ora de uma experiência coletiva: "São São Paulo quanta dor/ São São Paulo meu amor/ São oito milhões de habitantes/ De todo canto e nação/ Que se agridem cortesmente/ Morrendo a todo vapor/ E amando com todo ódio/ Se odeiam com todo amor/ São oito milhões de habitantes/ Aglomerada solidão...". Na apresentação vitoriosa no Festival da Record, Tom Zé cantou essa música vestindo-se de modo eclético (camisa estampada de um jeito, um lenço no pescoço fazendo as vezes de gravata mas em outra estampa, um colete de couro, um terno de linho entremeado por colares e correntes de todo tipo) e fazendo-se acompanhar por um grupo de jovens vestidos com fantasias quase carnavalescas representando alguns tipos sociais referidos aos estereótipos do hibridismo cultural da cidade: a melindrosa, o bandeirante, o chinês, o almofadinha, o caipira. Na análise do historiador Marcos Napolitano:

> Num certo sentido estas fantasias remetiam ao contexto dos anos 1920, quando o movimento modernista demarcou uma tradição cultural da cidade. Se a letra de Tom Zé falava a partir de um olhar contemporâneo sobre a metrópole, a performance do grupo que o acompanhava remetia a personagens simbólicos da identidade cultural paulista e paulistana, tal como cristalizados pela "moderna tradição" das primeiras décadas do século XX (Napolitano, 2005, p.512).

Alguns procedimentos e imagens desse cantar remetiam, assim, ao poema Pauliceia desvairada, de Mário de Andrade, ao senso paroxístico que o poeta paulistano captou justamente na transformação do burgo cafeeiro em metrópole industrial, que, tentacular, espraiava-se rumo aos subúrbios operários. No poema Paisagem n. 4, por exemplo, de 1921, a modernidade trazida com os movimentos frenéticos dos automóveis contrasta com o estalo das carroças e o patriotismo paulistano, ainda envolto na "aura" de nobreza associada ao café: "Os caminhões rodando, as carroças rodando/ rápidas as ruas se desenrolando/ rumor surdo e rouco, estrépitos, estalidos.../ E o largo coro de ouro das sacas de café!... /... Oh! este orgulho máximo de ser paulistanamente!!!" (Andrade, 2005, p.102). De um lado, o elogio do movimento e da mudança ecoando nas aliterações e rimas que desenham uma imagem melódica do fluxo de automóveis ("rumor surdo e rouco, estrépitos, estalidos"), de outro, o apego ao orgulho e aos sinais de distinção ("Oh! Este orgulho máximo de ser paulistanamente!!!"). Retomando essa voz ambivalente de Mário de Andrade, Tom Zé atualizou na canção *São São Paulo* a expressão de uma percepção da vida urbana própria da modernidade, percepção segundo a qual,

> ser moderno é viver uma vida de paradoxo e contradição. É sentir-se fortalecido pelas imensas organizações burocráticas que detêm o poder de controlar e frequentemente destruir comunidades, valores, vidas; e ainda sentir-se compelido a enfrentar essas forças, a lutar para mudar o seu mundo transformando-o em nosso mundo. É ser ao mesmo tempo revolucionário e conservador: aberto a novas possibilidades de experiência e aventura, aterrorizado pelo abismo niilista ao qual tantas aventuras modernas conduzem, na expectativa de criar e conservar algo real, ainda quando tudo em volta se desfaz (Berman, 1995, p.13-4).

Uma estratégia fundamental de Mário de Andrade e de Tom Zé é forjar uma poética capaz de provocar o leitor/ouvinte, trazendo incongruências e choques para o primeiro plano, pondo-se, assim, em linha com a tradição de poesia moderna de Charles Baudelaire, cujo "endiabramento" visava extrair lirismo do fim da própria experiência da poesia lírica. "Se amando com todo ódio/ Se odeiam com todo amor": a letra de *São São Paulo* arma sentenças-oxímoro que o andamento musical, ora valsado, ora frenético, amplifica, trazendo a própria música e seus elementos de linguagem como elementos fundamentais para transpor em narrativa essa experiência cambiante da cidade. Ao pôr em choque instrumentos modernos e antigos, timbres da moda ao lado de timbres cafonas, arranjo inovador na mistura mas conservador na aparência, em um embaralhamento intencional da audição, o compositor torna a canção menos óbvia e imediata. Entre lugares-comuns (multidão e solidão; utilitarismo e fé; licenciosidade e moralismo) e a exploração de novos contrastes (pondo-os em estado de choque, como oxímoros), Tom Zé compôs e encenou com base em achados que se lhe tornaram característicos: a sátira e seus mecanismos de distanciamento crítico, cantado, porém, em gestos de sentido oposto: operando uma aproximação pelo riso, em inesperadas pilhérias e mudanças de dinâmica na entoação da canção. A união desses contrários atua no sentido de forçar a desconstrução da expectativa do ouvinte por uma música "bem-comportada" e melódica. No caso de *São São Paulo* o resultado, mais lírico-celebrativo do que ácido, garantiu-lhe a popularidade junto ao público de TV e a vitória no festival.

    Do ponto de vista narrativo, as canções de Tom Zé têm, em geral, menos um aspecto de crônica, de expressão mais direta dos acontecimentos cotidianos da cidade, do que um aspecto fortemente lúdico, muitas vezes *nonsense* e dramático, em que a cidade é transfigurada e narrada de forma bem-humorada, ainda que muitas vezes configure um humor negro ou um sarcasmo ácido. Ao lado de Adoniran Barbosa, Tom Zé talvez seja o cancionista que mais cantou São Paulo. As três canções mais diretamente ligadas à cidade, com referência a ruas, edifícios e equipamentos urbanos amplamente conhecidos pelo cidadão paulistano, são *A briga do Edifício Itália e do Hilton Hotel*, *Angélica*, *Augusta e Consolação*, e *Botaram tanta fumaça*. Já canções como *A gravata*, *Identificação* e *Senhor cidadão* são exemplos de tematização da experiência urbana ao mesmo tempo mais líricas e mais épicas, dedicadas à elaboração da perda de interioridade do sujeito moderno, espremido entre uma subjetividade moderna, racional e segmentada do homem urbano, anônimo na multidão, e o desejo de afirmar uma identidade individual, autônoma e livre. Falam profundamente, portanto, de vivências e da experiência moderna na cidade, mas não a citam diretamente.

Se do ponto de vista poético Tom Zé retomou certos fios do modernismo de Mário de Andrade, do ponto de vista musical ele inaugura na "rede de recados" da canção popular uma linhagem de composições sobre as ambivalências da modernização da pauliceia, com acento sobre a mistura de culturas, populações e a tônica trabalhista e financista da vida frenética na metrópole. Em música, antes dele, ninguém cantou a cidade em sua ambivalência fundamental. Mesmo *Saudosa maloca* (1951), de Adoniran Barbosa, que fala da modernização da cidade do ponto de vista da perda de moradia digna dos pobres, expressa uma posição que aceita os altos custos humanos do rápido crescimento urbano, assentindo, portanto, com o sentido positivo da ideia de "progresso". A letra da canção pede licença para contar a história afetiva de um lugar da cidade: "Onde agora está/ Este edifício alto/ Era uma casa velha/ Um palacete assobradado". Ali viviam três amigos que, com muita tristeza, assistiram à demolição de sua moradia e aceitaram passivamente os fatos: "Os homens tão com a razão/ Nóis arranja outro lugar". Conformados com Deus, com a desigualdade e com a pobreza, contentando-se em cantar para se alegrar: "E pra esquecer, nóis cantemos assim:/ Saudosa maloca/ Maloca querida/ Dim-dim--donde nóis passemo/ Os dias feliz das nossas vida". O "progresso" e a "ordem" da lei, que defende antes a valorização da propriedade privada de alguns do que o direito de moradia de todos, tem, na canção, mais razão do que a razão dos deserdados. Nesse sentido, vale pensar com José Paulo Paes o significado disso. Analisando *Trem das onze*, *Iracema*, *Abrigo de vagabundos* e *Saudosa maloca*, Paes afirma:

> Não vejo, na ingenuidade dessa aceitação das leis da propriedade privada como do trânsito, dessa fé no progresso individual e coletivo, dessa crença na positividade do trabalho e da família, sintomas de uma consciência alienada em face da ideologia de dominação, tal como veria algum intolerante cobrador de posições, assim como não vejo a malandragem como, sobretudo, uma forma larvar de protesto contra o utilitarismo espoliador da dita ideologia. A meu ver, o que o ex-metalúrgico-encanador-serralheiro e que sei eu mais Adoniran Barbosa conseguiu exprimir, com lapidar pertinência, em alguns de seus melhores sambas, foi o anseio de dignidade humana que leva o trabalhador a orgulhar-se do seu trabalho, ainda que injustamente remunerado; a erguer com as próprias mãos uma casa para si e para os seus, mesmo que ela não passe de uma maloca; a buscar nas instituições legais, por discriminatórias que sejam, uma forma qualquer de segurança (Paes, 1985, p.262-3).

Já *Sinfonia de São Paulo* (1974), do paraense Billy Blanco, como verdadeiro hino composto para a cidade, acentua em tom mais laudatório e iconolátrico a modernização apressada.[14] Mesmo a

---

14 A letra de *Sinfonia de São Paulo* é imensa e seu trecho mais conhecido é: "É a prece de quem luta e quer vencer/ Bastante italiano, sírio e japonês/ Além do africano, índio e português/ Tudo isso ao alho e óleo, temperando a raça/ Na capital do tempo, tempo é ouro e hora/ Quem vive de espera, é juros de mora/ Não tem mais-mais nem menos, ou é sim ou não/ No máximo se espera pela condução/ São Paulo, que amanhece trabalhando/ Começou um novo dia, já volta/ Quem ia o tempo é de chegar/ Do metrô chego primeiro, se tempo é dinheiro/ Melhor, vou faturar/ Sempre ligeiro na rua, como quem sabe o que

debochada *São Paulo, São Paulo* (1981), da bem-humorada banda Premeditando o Breque (em paródia a *New York, New York*)[15] é um elogio paródico à cidade que explora muito levemente o senso paroxístico da vida urbana, fixando alguns contrastes cômicos da vida e da população misturada da cidade. Esse sentido cômico, no entanto, já pode ser lido como tributário das pilhérias musicadas de Tom Zé, que o evidenciou como técnica potente para revelar as forças ambíguas que seduzem e afastam o morador, o forasteiro e o visitante para a cidade. Afinal, Tom Zé já rendera duas homenagens de realismo fantástico a São Paulo com *Angélica, Augusta e Consolação* e *A briga do Edifício Itália e do Hilton Hotel*, canções burlescas que jogam justamente com o imaginário de seriedade associado à cidade, em uma antropomorfização afetiva e brincalhona de ruas e edifícios conhecidos.

---

quer/ Vai o paulista na sua, para o que der e vier/ A cidade não desperta, apenas acerta a sua posição/ Porque tudo se repete, são sete/ E às sete explode em multidão:/ Portas de aço levantam, todos parecem correr/ Não correm de, correm para São Paulo crescer/ Vão bora, vão bora/ Olha a hora, vão bora, vão bora/ vão bora, vão bora/ Olha a hora, vão bora, vão bora".

15 "É sempre lindo andar na cidade de São Paulo/ O clima engana, a vida é grana em São Paulo/ A japonesa loura, a nordestina moura de São Paulo/ Gatinhas *punks*, um jeito *yankee* de São Paulo/ Na grande cidade me realizar/ Morando num BNH/ Na periferia a fábrica escurece o dia...".

> **Augusta, Angélica e Consolação**
> (*TodosOsOlhos*, 1973)
>
> Augusta, graças a Deus,
> graças a Deus,
> entre você e a Angélica
> eu encontrei a Consolação
> que veio olhar por mim
> e me deu a mão.
>
> Augusta, que saudade!
> você era vaidosa,
> que saudade!
> e gastava o meu dinheiro,
> que saudade!
> com roupas importadas
> e outras bobagens.
>
> Angélica, que maldade!
> você sempre me deu bolo,
> que maldade!
> e até andava com a roupa,
> que maldade!
> cheirando a consultório médico,
> Angélica.
>
> Quando eu vi
> que o Largo dos Aflitos
> não era bastante largo
> pra caber minha aflição,
> eu fui morar na Estação da Luz,
> porque estava tudo escuro
> dentro do meu coração.

Em ritmo de samba-canção tradicional e nostálgico, a cidade cantada como desventuras amorosas traz um lirismo bastante original para o contexto de São Paulo, que, ao contrário de Rio de Janeiro, Recife e Salvador, não se consagrou como cidade solar, aprazível, propícia à sensualidade ou ao romantismo sonhador. No entanto, as amantes cantadas não são notáveis por um andar lindo e cheio de graça, "num doce balanço, a caminho do mar", como o da *Garota de Ipanema* (Vinicius de Moraes e Tom Jobim, 1962), ou do requebrar das cadeiras daquela baiana "que entra no samba de qualquer maneira" (*Falsa baiana*, de Geraldo Pereira, 1942), ou ainda da "rainha do frevo e do maracatu" de um Recife de "rios cortados de pontes", que deixa seu amante forasteiro apaixonado a ponto de declarar "eu vim à cidade só para ver você passar" (*Dora*, de Dorival Caymmi, 1942). As paulistas, ao contrário, não decantam em seu corpo a malemolência ou o gingado de danças tradicionais da terra, mas uma "deselegância discreta" (como as eternizou Caetano Veloso em *Sampa*, 1978) vinculada ao espírito de trabalho e à condição de eterna pressa que recobre os cidadãos dessa cidade. Captando essa ordem de coisas, Tom Zé caracteriza Augusta como vaidosa e gastadeira, já Angélica, de tanto trabalhar, passa a cheirar a trabalho, no caso, um serviço urbano fartamente encontrado até hoje na avenida de mesmo nome – consultórios e laboratórios médicos. Os traços duros da cidade se sobressaem em suas meninas e apenas Consolação aparece valorizada positivamente. Mesmo nela, no entanto, não se destaca nenhum sinal sensual e sedutor de feminilidade, mas antes uma piedade e um cuidado tipicamente maternais.

O "eu lírico" da canção descreve, assim, em um andamento disfórico (marcado pelo tamborim e pelo cavaquinho), um percurso amoroso de decepções a ponto de escurecer-lhe o coração. Da primeira estrofe, mais descritiva e figurativa, à segunda, fortemente temática para caracterizar as mulheres, entra em cena um tema rítmico mais dissonante e cadenciado (pontuado pelo ostinato executado pelo cavaquinho), que descreve uma descendência tonal e prepara um salto passional. Este aparece, então, nos versos "Que saudades!" e "Que maldade", em que o alongamento das vogais evidencia a distância entre amante e amada, e a canção enfatiza ainda mais os sentimentos de perda e de ausência vividos pelo narrador (já emoldurado desde o início pelo fato de se tratar de uma música em modo menor). Na passagem da terceira à última estrofe, a música modula, movimento que corresponde ao do narrador que, do Largo dos Aflitos, muda-se para a Estação da Luz, em busca de calor e de consolo.

Em vez de enlevar-se em beleza e amor, portanto, a canção cai em saudade, desconsolo, rebaixamento e solidão, esses sim sentimentos normalmente associados à experiência paulistana.[16] Nesse sentido, embora em outra levada, Tom Zé remete aos climas de *Ronda* (1951), de Paulo Vanzolini, e de *Apaga o fogo Mané* (1956), ou *Bom dia tristeza* (1958), ambas de Adoniran Barbosa. Essa última canção, inclusive, Adoniran compôs em parceria com Vinicius de Moraes, que escreveu a letra para que o sambista de São Paulo a musicasse justamente como elegia da fossa. Com isso Vinicius ratificou sua ideia, em geral detestada pelos paulistanos, de que a cidade seria antes "o túmulo do samba" que um lugar para seu florescimento. Seja como for, importa sublinhar esse traço distintivo: em todas essas canções, a cidade aparece como lugar do desencontro e da perda de si e do outro, o que, em vários casos, levará a um final trágico ou violento.[17]

Ora, sem escamotear essa tradição, mas pelo contrário, partindo dela, Tom Zé se coloca no lado oposto desse *mood* e faz do riso uma arma de desconstrução dos ícones sisudos e faustosos da cidade. Se isso já era válido para *Augusta, Angélica e Consolação*, em a *A briga do Edifício Itália e do Hilton Hotel* a invencionice lúdica e bem-humorada do poeta vai além: o faz olhar para a cidade como uma criança para seus bonecos, em uma operação tipicamente fantástica, fantasiosa:

---

16 Na longa série de canções paulistanas de saudades e nostalgia estão a valsa *Lampião de gás*, de Zica Bergami (um "clássico" do repertório de Inezita Barroso e Hervê Cordovil), e os sambas *Tradição*, de Geraldo Filme, *Saudosa maloca*, de Adoniran Barbosa, e *Paulista*, de Eduardo Gudin. Mesmo *Sonora garoa*, de Passoca, em sua "levada" disfórica, assume um tom quase nostálgico ao contemplar a garoa caindo sobre as ruas da cidade: "Sonora garoa/ Sereno de prata/ Sereno de lata/ Reflete o sol/ Bem no caminhão".
17 Outras canções que vão nessa direção: *Lá vou eu*, de Rita Lee (lançada na voz de Zélia Duncan), *Êh! São Paulo*, de Carlos Careqa, *Punk da periferia*, de Gilberto Gil.

Cidade cantada

A briga do Edifício Itália e do Hilton Hotel
(*Tom Zé, se o caso é chorar*, 1972)

O Edifício Itália
era o rei da Avenida Ipiranga:
alto, majestoso e belo,
ninguém chegava perto
da sua grandeza.
Mas apareceu agora
o prédio do Hilton Hotel
gracioso, moderno e charmoso
roubando as atenções pra sua beleza.
O Edifício Itália ficou enciumado
e declarou à reportagem de *Amiga*:
que o Hilton, pra ficar todo branquinho
toma chá de pó-de-arroz.
Só anda na moda, se veste direitinho
e se ele subir de branco pela Consolação
até no cemitério vai fazer assombração

O Hilton logo logo respondeu em cima:
a mania de grandeza não te dá vantagem
veja só, posso até ser requintado
mas não dou o que falar
Contigo é diferente,
porque na vizinhança
apesar da tua pose de rapina
já andam te chamando
Zé-Boboca da esquina

E o Hilton sorridente
disse que o Edifício Itália
tem um jeito de Sansão descabelado
e ainda mais, só pensa em dinheiro
não sabe o que é amor
tem corpo de aço,
alma de robô,
porque coração ele não tem pra mostrar
Pois o que bate no seu peito
é máquina de somar.
O Edifício Itália sapateou de raiva
rogou praga e
até insinuou que o Hilton
tinha nascido redondo
pra chamar a atenção
abusava das curvas
pra fazer sensação
e até parecia uma menina louca
Ou a torre de Pisa
vestida de noiva.

Como numa comezinha e provinciana briga de vizinhas, pontuada pelo ciúme e pela concorrência, são desconstruídos símbolos marcantes do cosmopolitismo associado à metrópole: de um lado, vaidade, *glamour* e exibicionismo trazidos à Avenida Ipiranga na inauguração novidadeira do Hilton Hotel, cuja arquitetura arredondada, arrojada para a época, realmente o tornava uma atração turística na cidade. Como celebridade, o hotel logo merece destaque na revista *Amiga*, periódico feminino voltado aos lançamentos de moda e de atitudes modernas. O acontecimento deixa furioso o antigo "Rei da Avenida", o edifício mais alto da cidade, símbolo da pujança de seu crescimento econômico e ícone do papel forte que nele desempenhou a comunidade do "círculo italiano". De outro lado, portanto, o símbolo do trabalho duro e incansável, que rende muita riqueza, mas ao alto custo do endurecimento do coração. Novamente Tom Zé parte de notícias saídas de jornais e revistas para compor e brincar com o imaginário sobre a cidade. Naquele momento, por trás das fachadas, mobiliza imagens e questiona signos e significados sobre a riqueza e o sucesso, o trabalho e o *glamour*, a dureza e a mesquinharia, a avareza e o perdularismo.

Tom Zé também foi um dos primeiros a introduzir o debate ecológico e ambiental em meio urbano no universo das canções com *Botaram tanta fumaça*. Nessa música, Tom Zé fez mais uma pesquisa dos fatos correntes em São Paulo, reportando em versos, sons e ritmos o alto custo social de empreendimentos grandes, como a implantação tardia do metrô, ou mesmo de obras faraônicas empunhadas pelos governos biônicos do regime militar, como a construção do Elevado Costa e Silva, vulgo Minhocão, pelo político carismático e corrupto Paulo Maluf. Com tais obras, praticamente foi enterrada uma época da cidade, de belas vistas panorâmicas desde seu centro histórico,[18] tributária de um paisagismo

---

18 A vista desde a Avenida São João era bastante célebre até que o Minhocão literalmente a tampasse. Até então, praticamente dividia a preferência nos cartões-postais, ao lado de vistas panorâmicas da Avenida Paulista.

mais europeizante. Inaugurava-se uma nova era: a da incorporação frequentemente desastrosa de grandes estruturas viárias, tributárias do ideário de modernidade do urbanismo norte-americano e vinculadas à penetração da indústria automobilística no país (transformada em "carro-chefe" da industrialização nacional pelo governo Juscelino Kubitschek, 1950-1954).

Ao mesmo tempo, questões de primeira ordem para o interesse público, como o destino e o tratamento do lixo produzido em escala metropolitana, de fundamental importância para o bem-estar coletivo presente e futuro, jamais tiveram o debate e o destaque que mereciam na política da cidade. Com a modernização acelerada e em nome da positividade intransitiva do progresso, a dimensão de *pólis* em São Paulo veio sendo tão vilipendiada que se tornou lugar-comum na gestão e no planejamento urbanístico tratá-la não como problema político e social, mas como patologia natural, como se pudesse ser autônoma e independente das ações públicas. É esse o tema que subjaz ao pêndulo rítmico e anafórico de *Botaram tanta fumaça*, na qual, uma vez mais, Tom Zé humaniza a cidade para chamar a atenção sobre assuntos tirados da imprensa de um modo original e sensível:

Botaram tanta fumaça
(TodosOsOlhos, 1973)

Botaram tanto lixo,
botaram tanta fumaça,
Botaram tanto lixo
por baixo da consciência da cidade,
que a cidade
tá, tá tá tá tá
com a consciência podre,
com a consciência podre (4x)

Botaram tanto lixo,
botaram tanta fumaça,
Botaram tanta fumaça
por cima dos olhos dessa cidade,
que essa cidade
tá, tá tá tá tá
está com os olhos ardendo,
está com os olhos ardendo (4x)

Botaram tanto lixo,
botaram tanta fumaça,
botaram tanto metrô e minhocão
nos ombros da cidade,
que a cidade
tá, tá tá tá tá

Está cansada,
sufocada,
está doente,
tá gemendo
de dor de cabeça,
de tuberculose,
tá com o pé doendo,
está de bronquite,
de laringite,
de hepatite,
de faringite,
de sinusite,
de meningite
Está, se...
tá tá tá tá tá
com a consciência podre (6x)

Botaram tanto lixo,
botaram tanta fumaça,
botaram tanta preocupação
nos miolos da cidade,
que a cidade
tá, tá tá tá tá
está de cuca quente (6x)

Como notou Marcos Napolitano a partir do trabalho do crítico Charles Perrone (apud Napolitano, 2005), a perspectiva paroxística de Tom Zé, "marcada por uma mistura de estranhamento, aversão e fascinação", resulta em uma imagem cáustica e afetiva da cidade. Por um lado, desconstrói a "faceta mais famosa de São Paulo: a cidade fria e impessoal, coração do capitalismo selvagem brasileiro" (Perrone, apud Napolitano, 2005, p.514). Por outro, constrói humanização através de imaginação e ironia, conferindo-lhe uma "nova centralidade, renovando uma promessa de utopia libertária a partir de uma nova consciência individual" (Perrone, apud Napolitano, 2005, p.514).

É possível sustentar, porém, que o traço modernista forte de Tom Zé não está na procura de novas centralidades ou monumentalizações da cidade, mas, antes e ao contrário, em eternizar instantes de seu arruinar; em fixar, como num último suspiro antes da derrota, alguns traços da pulsão de vida e de urbanidade que teimam em persistir. Nisso, novamente, o cancionista parece próximo da poesia de Mário de Andrade e de Baudelaire, que puseram em verso o movimento pulsante das ruas da cidade, "com sua volátil mistura de pessoas e tráfego, negócios e residência, ricos e pobres" (Berman, 1995, p.162). A rua e sua ruína (produzida por megaestruturas como o Minhocão, sonhadas já pela arquitetura moderna de Le Corbusier justamente para "matar a rua") são experimentadas e decantadas como "meio no qual a totalidade das forças materiais e espirituais modernas podia se encontrar, chocar-se e se misturar para produzir seus destinos e significados últimos" (Berman, 1995, p.300).

É o que se torna mais evidente em canções em que a cidade aparece indiretamente, isto é, não como espaço físico, mas, antes, como espaço social e psicológico, como lugar-condição em que certas vivências existenciais se impõem e em que a experiência coletiva é interditada. Abordaremos três canções desse tipo entre mais de vinte que poderiam ser arroladas. Em A *gravata*, do segundo LP de Tom Zé (1970), o eu lírico da canção nos confidencia seus pensamentos póstumos sobre esse símbolo do trabalho sério, oficioso, e socialmente reconhecido como desejável sinal de distinção, de *status* econômico e moral. Aderir a ele é, por isso mesmo, sacrificar sua individualidade a um altíssimo preço: "A gravata já me laçou/ a gravata já me enforcou/ amém".

A sentença que abre a canção já quebra expectativas e expõe o ouvinte a um resultado desconcertante: o eu lírico está morto. No entanto, como a canção não dramatiza esse evento, mas dele debocha, atrai a atenção para a atitude investigativa de esclarecer pontos de vista sobre a questão. A gravata funciona como símbolo das amarras da vida urbana moderna e seus nós, como alegoria da necessidade de superar esse estado de coisas. Zé encontra, assim, um meio de ser lírico e épico ao mesmo tempo; faz com que o jogo com os sentimentos, próprio da música, atue no sentido de figurar um distanciamento crítico com relação a algo tão cotidiano e automatizado na vida urbana quanto a repressão e o sufocamento das pulsões de vida exercido pelos hábitos, costumes e uniformes do trabalho. A canção atua como canal de liberação e tomada de consciência.

O mesmo tema ressurge em *Identificação*, canção já regravada e reescrita várias vezes por Tom Zé (*Nave Maria*, 1984; *No jardim da política* – show de 1985 lançado em CD em 1998; *Imprensa cantada*, 2003).

Cidade cantada

Identificação
*(Nave Maria, 1984; No jardim da política, 1985;
Imprensa cantada, 2003)*

Identificação	Impulsos de amor, de amor, 3
Identificação	Propaganda consumida, 1.106
RG 1231232 São Paulo	Alegrias, alegriazinhas espontâneas, 2
CIC 743748747-00	Idas ao banheiro para atividades diversas, 36
ISS 1231558-06	Ôô, 36, êê, 36, êê, 36, êê, 36
INPS 452749-748	...
Ordem dos Músicos do Brasil 0840 Bahia	Abate aqui
CGC 958.74210000-001	Abate ali
Títulos protestados, 7	Abate isto
Impulsos de medo, 1.106	Abate aquilo
Sintomas neuróticos, 36	E jaz pela cidade
Horas semanais de catequização pela TV, 16	Um zumbi sem sepultura
Ôô, 16, êê, 16, ôô, 16, êê, 16	Classificado, numerado
	É o cidadão bem-comportado

A canção funciona como um inventário descritivo do que, ao final, é definido como "cidadão bem-comportado". O mesmo processo de aprisionamento da pessoa dentro das formatações da cidadania moderna, na outra canção simbolizado pela imagem da gravata, é aqui dissecado, tal como numa autópsia de cadáver. A música nos mostra, no entanto, que seu objeto trata antes de um fantasma, de um zumbi, do que do ser corpóreo de um cadáver. Tomando seus dados de identificação como exemplo, Tom Zé nomeia as abstrações que circunscrevem e definem o indivíduo na sociedade urbana moderna, conferindo-lhe uma identidade numerada, protocolada e oficializada por uma racionalidade burocrática. O cancionista assume como matérias poéticas a linguagem e o vocabulário dos instrumentos de controle e de disciplina que o Estado moderno forjou para identificar o indivíduo em meio à massa da população. Porém, invertendo-lhes o sinal, mostra-os como fonte de abstração, quantificação e reflexo de uma vida sem graça e automatizada, cujo sentido único e criativo se perdeu, fisgado pelos simulacros da propaganda, do consumo supérfluo e da televisão. A força da canção está, assim, em forjar um modo de sentir repulsa e estranhamento crítico diante de linguagens e comportamentos banalizados e tidos como naturais, pois referidos ao cotidiano de todos os cidadãos modernos.

Com o arranjo simples para voz e violão feito por Tom Zé, a canção ganha uma força dramática singular. A voz começa a enunciar a letra em entoação monótona, figurativa, sem melodia, como se fosse um funcionário público prestando contas ou um escrivão lendo um laudo técnico. Aos poucos, os acordes do violão aumentam a tensão em uma cadência harmônica, a qual prepara um salto passionalizante em que a voz do indivíduo, antes reprimida, ensaia libertar-se no verso que cumpre o papel reiterativo de refrão: "16, ôô, 16, êê, 16, ôô, 16, êê, 16". O contraste entre as horas gastas em frente à TV e o tempo que "sobra" para vivências espontâneas, criativas e amorosas é quase uma revelação-tabu. Enunciá-las assim, com a força expressiva da repetição e da ênfase grave do "Ôô", funciona como se cumprisse esse papel imaginário de canalização das tensões acumuladas em todo o enquadramento descrito anteriormente. A *performance* do cantor quer corresponder, assim, à rebeldia interna a cada ouvinte, a uma forma de liquidar, sublimando, o cidadão bem-comportado que o "processo civilizador" da urbanização e da modernização pôs dentro de cada um.

Mas de todas as canções compostas por Tom Zé sobre a face repressiva da cultura urbana moderna, *Senhor cidadão* talvez seja a mais contundente, sobretudo na versão para o disco *Se o caso é chorar*, pois, ali, o poema Cidade/City/Cité, de Augusto de Campos, é narrado como epígrafe na voz do próprio autor. A transcrição a seguir divide "estrofes" sugeridas pelos intervalos de respiração do próprio Augusto de Campos na gravação apresentada no disco de Tom Zé:

Atrocaducapacausti duplielastifeliferufugahistori
loqualubrimendimultipliorganiperiodiplasti rapareciprorustisagasimplitera
naveloveravivaunivora cidade

A composição original do poema, porém, previa a construção de uma palavra só, em um "texto" cuja enunciação e comunicação pediam por uma forma próxima à da animação digital ou de uma instalação que pudesse alcançar a escala da própria cidade:[19]

Atrocaducapacaustiduplielastifeliferufugahistoriloqualubrimendimultipliorganiperiodiplastirapareciprorustisagasimpliteranaveloveravivaunivoracidade

Tal poema-palavra, assim expresso, pede para ser lido de forma contínua, voraz, incontida, transbordante, como uma palavra-texto que não se formata a nenhum léxico ou gramática conhecidos, mas apenas à vivência urbana em si, coisal, disforme, ruidosa. Nele, fatos e discursos estão justapostos e interpenetrados, em uma "organização caótica", quase arbitrária, de semernas e fonemas que aludem à denotação de certas palavras que, no conjunto, não adquirem significação autônoma e própria, mas se sobrepõem em um sentido novo e inusitado. O histórico e o fictício se encontram no embaralhamento do cáustico, da história, do plástico, de fuga-

---

19 'Em 1975, Erthos de Souza digitalizou o poema e, sobre ele, adicionou a recitação do autor. No *site*, podemos ouvi-la por 5'30" ressoando em vozes duplicadas e com ecos, num efeito cacofônico produzido por *delay* e sobreposição. Como também pode ser conferido no *site*, em 1987, por ocasião da Bienal de São Paulo, o poema foi montado como palavra única sobre a fachada do próprio prédio da exposição. (Ver *site* oficial de Augusto de Campos, disponível em: <http://www2.uol.com.br/augustodecampos/poemas.htm>. Acesso em: 1 set. 2006)

cidade, fera, orgânico, periódico, veracidade, loquacidade, simplesmente onívora, voracidade, em um arranjo que, a um tempo, tumultua e dá ordem às palavras, ainda que diferente da lógica do pensamento habitual. Apesar de se saber que a composição é uma ordem simbólica e imaginária elaborada por um poeta, ela é apresentada sem o rastro de nenhuma forma pessoal de narração, sem indícios de um "eu" por trás do plano enunciativo distanciado, passando a funcionar, assim, qual informe jornalístico, com um tom de descrição técnico-científica. Torna-se, então, uma ficção lírica que procura comunicar o incomunicável: o vivido e o sentido por todos que habitam a grande metrópole, mas que restam inenarráveis e inapreensíveis ao próprio sujeito que os vivencia. Uma contradição existencial que se encontra no cerne da experiência da modernidade como perda da noção do que seja efetivamente experiência e a forma possível de compartilhá-la. Senhor cidadão fala exatamente sobre isso, mas de outro modo.

Senhor cidadão
(Tom Zé, Se o caso é chorar, 1972)

Senhor cidadão,
Senhor cidadão!
Me diga, por quê,
Me diga por quê!
Você anda tão triste?
Tão triste!
Não pode ter nenhum amigo,
Senhor cidadão!
Na briga eterna do teu mundo,
Senhor cidadão!
Tem que ferir ou ser ferido,
Senhor cidadão!
O cidadão, que vida amarga!
Que vida amarga!

Oh senhor cidadão!
Eu quero saber, eu quero saber!
Com quantos quilos de medo,
Com quantos quilos de medo,
Se faz uma tradição?
Oh senhor cidadão!
Eu quero saber, eu quero saber!
Com quantas mortes no peito,
Com quantas mortes no peito,
Se faz a seriedade?

Senhor cidadão,
Senhor cidadão!
Eu e você,
Eu e você!
Temos coisas até parecidas:
Parecidas!
Por exemplo, nossos dentes!
Senhor cidadão!
Da mesma cor, do mesmo barro,
Senhor cidadão!
Enquanto os meus guardam sorrisos,
Senhor cidadão!
Os teus não sabem senão morder!
Que vida amarga!
Oh senhor cidadão!
Eu quero saber, eu quero saber!
Com quantos quilos de medo,
Com quantos quilos de medo,
Se faz uma tradição?

Oh senhor cidadão!
Eu quero saber, eu quero saber!
Se a tesoura do cabelo,
Se a tesoura do cabelo,
Também corta a crueldade?
Senhor cidadão,
Senhor cidadão!
Me diga por quê,
Me diga por quê!
Me diga por quê,
Me diga porquê!

Em forma dialogada, *Senhor cidadão* dramatiza uma investigação satírica, mas séria, circunspecta, sobre as ideações e expectativas que nutrem a ordem na sociedade. Tal como em *A gravata* e em *Identificação*, o sentido de crítica social transparece no primeiro plano e tem, por contexto imediato, o da ditadura militar e das estruturas de força que a mantinham. Da situação objetiva de repressão advém grande parte da força alegorizante da canção, que não podia nomear diretamente um alvo, um objeto, um tema, sob pena de ser atingida pela censura. Assim, o diálogo não é diretamente diálogo, mas apenas uma sugestão maiêutica proposta pelo narrador-questionador, por sua vez contradita pelo coro que repete, qual fiéis na missa, tudo o que aquele diz. Assim, um diálogo tácito coloca-se entre o narrador e o ouvinte, que assume a posição do interlocutor propriamente dito, uma vez que ocupa o lugar imaginário do "senhor cidadão". Desse modo, a canção convoca o leitor-ouvinte à participação e depende dele para ganhar sentido.

Sua estrutura divide-se em quatro blocos, dois figurativos e falados, dois passionais e cantados. Entre eles, a música tece um enquadramento harmônico de forma a distribuir a tensão de modo crescente, criando uma sensação de ápice de conflito (acordes dominantes) e de resolução de tensão (acordes de tônica) ao final do segundo e do quarto blocos. Graças a essa estratégia, as questões podem permanecer irrespondidas sem que isso produza maiores incômodos. Em sua irresolução, porém, o narrador demarca territórios semânticos para nomear o mundo do cidadão (tristeza, solidão, brigas, mordidas), o seu mundo (sorriso, vida, alegria, bom humor) e o mundo comum a ambos (medo, seriedade, mortes, crueldade). Evidenciar a divisão é um modo de propor uma tomada de posição sem, porém, a fixação de esquematismos ideológicos ou sectários. Música urbana política no sentido forte do termo, mas não dogmática ou estruturalista como havia sido boa parte da MPB que se engajara nos anos 1960.

Com "descanções" dialogadas e dramáticas como *Senhor cidadão*, tangente entre canção e teatralização, Tom Zé propõe uma forma de palavra cantada especialmente interessante à educação. Para decodificar e significar a conversação entre o político e o subjetivo que essa forma estética organiza é preciso articular um sentido de formação amplo, na interseção entre o letramento clássico, a oralidade maliciosa da cultura brasileira e a problematização do tempo presente. A escuta analítica desse tipo de canção pede a articulação entre arte e pensamento, isto é, o entrelaçamento entre o pensamento específico da forma estética (a gaia ciência literária-oral da canção brasileira) e a abertura de significações que esta assume em um dado contexto social e histórico. Cria espaço subjetivo e ambiência objetiva para a "arte-pensamento". Situa-se, portanto, no avesso da arte-espetáculo e da "arte-pedagogizada", em que o específico da estética não é "modelar", definir ou "didatizar" o pensamento. Ao contrário: para ser pensada, a forma estética exige a atualização de estratégias de decodificação, escuta e significação que passem necessariamente pela experiência, pelos sentidos e pela percepção do que, no presente, se revela capaz de oferecer as categorias imanentes para a análise da obra.

É nessa abertura à experiência, sobretudo à experiência "tátil e corpórea" da escuta, que a estética da canção pode ensinar algo novo à educação: a ampliação do entendimento sobre o âmbito em que pode se dar a formação cultural contemporânea. Quando opera, a um só tempo, como categoria analítica e experiência estética, a escuta consegue oferecer a possibilidade da crítica no interior da formação de repertório, de gosto, de gestos, de *performances*, em uma palavra, da formação da sensibilidade e da percepção. O desafio está, portanto, em deixar o hábito de somente ouvir música e criar estratégias para aprender a escutar – o som, o sentido, a canção, seus significados, suas significâncias.

2. São São Paulo

São, São Paulo, quanta dor
São, São Paulo, meu amor

São oito milhões de habitantes
De todo canto e nação
Que se agridem cortesmente
Morrendo a todo vapor
E amando com todo ódio
Se odeiam com todo amor
São oito milhões de habitantes
Aglomerada solidão
Por mil chaminés e carros
Gaseados à prestação
Porém com todo defeito
Te carrego no meu peito

São, São Paulo, quanta dor
São, São Paulo, meu amor

Salvai-nos por caridade
Pecadoras invadiram
Todo centro da cidade
Armadas de ruge e batom
Dando vivas ao bom humor
Num atentado contra o pudor
A família protegida
O palavrão reprimido
Um pregador que condena
Uma bomba (um festival) por quinzena

Porém com todo defeito
Te carrego no meu peito

São, São Paulo quanta dor
São, São Paulo meu amor

Santo Antonio foi demitido
E os Ministros de cupido
Armados da eletrônica
Casam pela TV
Crescem flores de concreto
Céu aberto ninguém vê
Em Brasília é veraneio
No Rio é banho de mar
O país todo de férias
E aqui é só trabalhar
Porém com todo defeito
Te carrego no meu peito

São, São Paulo, quanta dor
São, São Paulo, meu amor

Cidade cantada

A canção começa com platinelas de pandeiro quebrando o silêncio e fazendo a marcação rítmica do que será o refrão. Em seguida, entra uma gaita meio ao estilo *far west*, que começa a solar a melodia do refrão, criando um clima de abertura de algo que será grandioso – São Paulo, berço dos bandeirantes que desbravaram, rumo ao oeste, o sertão brasileiro nos primeiros séculos de colônia? Ou será tão somente a abertura dessa espécie de hino amoroso à cidade que abre o LP de Tom Zé?

Ainda na abertura, durante a segunda parte do solo de gaita, que corresponde à segunda parte do refrão, começam suaves acordes de guitarra e um coro passa a acompanhar a gaita em um "laiô-laiô" meio cafona. Seguindo o princípio de montagem e de mistura de "descanção", a audição confundirá o ouvinte várias vezes, superpondo ainda outros ritmos e diferentes modos (maior e mixolídio) para as vozes do coro.

Assim, ao começar o canto propriamente, o coro passa a cantar o refrão, agora acompanhado por todos os instrumentos, na seguinte sequência de acordes: Mi-Lá-Mi-Si7. Tem-se: o teclado, que assume um baixo de igreja; a bateria de *rock*, com surdos fortes que aludem a um batuque de fundo; vários sopros graves e platinelas que marcam o pulso; uma guitarra em timbre e levada de leve estilo *rockabilly*, lembrando, por exemplo, as primeiras investidas de Eddie Cochran ou a feição geral do álbum *For sale*, dos Beatles (1964, influenciado técnica e tematicamente por Bob Dylan) – todas semelhanças que, pelo tom "caipira" do iê-iê-iê, confirmariam, assim, a correspondência de origem com a gaita da abertura.

Os saltos intervalares na tessitura chamam atenção e conferem ao refrão um aspecto passionalizante, com o alongamento das vogais em quase todas as sílabas (destaques em cinza):

Quadro I.

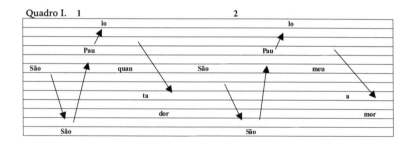

Porém, a recorrência no padrão melódico, visível pelos desenhos idênticos 1 e 2, confirma o caráter repetitivo ou reiterativo do refrão, que vem, justamente, fixar uma ideia, uma imagem. No caso, metáforas e anáforas ("São São" repetido no início de cada verso) conotam, por sinédoque e rima, a associação entre "dor" e "amor" como predicados de "São Paulo" – ou Santo São Paulo? A ambiguidade semântica, resultado da metáfora e da anáfora, certamente é um dos objetivos da composição e corresponde, no nível mais profundo da melodia, a tensões contraditórias, pois indicativas, ao mesmo tempo, de conjunção e de disjunção entre a posição do sujeito enunciador e as "inflexões que finalizam as frases entoativas, definindo o ponto nevrálgico de sua significação" – isto é, os tonemas.[20] Estes, como células sonoras da entoação melódica, primeiro assumem tendência ascendente por salto (São "! São '!Pau '! lo), depois descendente por graus conjuntos (quan "! ta "! dor), o mesmo ocorrendo na parte 2 do refrão.

Daí que, no interior de cada parte do refrão, temos um duplo movimento:

1. Primeiro, uma tematização predominante, configurada por conta da própria repetição do motivo cantado como refrão e pela

---

20 Ou seja, a terminação ascendente ou descendente das palavras de cada verso. (Ver Tatit, 2002, p.21)

descida, em gradação, da segunda parte entoada – "quanta dor" ou "meu amor". Esses aspectos sugerem, nos planos discursivo e narrativo, uma situação de conjunção entre sujeito (que louva) e objeto (cidade louvada), o que nos leva a supor um estado tensivo subjacente de euforia, modalizando um /fazer/ adequado à ação e ao clima laudatório próprio de um hino – a São Paulo.

2. Porém, contrabalançando a euforia, a passionalização também está presente e pode ser lida como dominante: os grandes saltos intervalares na tessitura melódica na primeira parte do refrão (entre "São", "São" e "Paulo") perfazem melodicamente a distância entre sujeito e objeto, como que posta por um "relevo acidentado" de sons (ver o desenho feito pelas setas no Quadro I). Esse processo é ainda mais acirrado pelo claro recurso à ênfase entoativa no alongamento das vogais (notado, sobretudo, na entoação das palavras "Paulo", "amor" e "dor").

Sob esse ponto de vista, no plano profundo, tensivo, o valor escolhido é, portanto, de descontinuidade e de desaceleração, o qual corresponde, na melodia, aos grandes intervalos dos saltos e, na letra, às disjunções entre o sujeito e a cidade (metrópole tentacular que seduz e desumaniza, atrai e repele). Assim, apesar da própria estrutura reiterativa que define o refrão como tal, e da leve gradação descendente em sua segunda parte, o tom geral da expressão torna-se asseverativo e disfórico, e modaliza um estado de /ser/ envolvendo um grau significativo de separação entre sujeito e objeto. O efeito final chama a atenção para a rima e para a metáfora entre "dor" e "amor", sugerindo, assim, que o amor louvado dói.

Porém, a repetição desses contornos durante a canção indica também a presença, talvez recessiva, de um processo de tematização extensa que, para além do refrão, transfere ao conjunto da canção um claro aspecto formal de repetição, com variações, é claro. Nesse sentido tem-se, portanto, um efeito geral de conjunção e de continuidade com a cidade (apesar de tudo), o que remete a uma sintonia com a expressão "meu amor" (e não somente com "quanta dor"). O caráter de hino configurado pelo refrão e pela tematização extensa da canção passa a ser, assim, problemático: a um só tempo, louvação e lamento, conjunção e disjunção, euforia e disforia, antagonismos que modalizam as relações entre quem canta e a cidade à qual se dirige o canto. Como se verá, esse senso de contrários é a tônica da música toda, do arranjo à melodia, em conformidade com a narrativa desenvolvida na letra.

O refrão é sempre repetido ao final de cada uma das três estrofes de doze versos em que se divide a letra, e conhece alterações segundo o modo pelo qual o coral o entoa (variações combinando vozes que, por usar variações do modo mixolídio, com sétima menor – muito comum nas músicas nordestinas –, parecem estar, em relação ao acorde, entoando de forma dissonante, com substituição ou superposição de notas mais altas na tessitura). Cada um dos três blocos de versos obedece ao mesmo percurso melódico anteriormente desenhado em relação ao primeiro, que vai de "são oito milhões de habitantes/ de todo canto e nação", até "porém com todo defeito/ te carrego no meu peito", dístico entoado ao final de cada um dos blocos. Assim, pode-se considerar a análise melódica desse primeiro bloco extensível aos outros dois.

Após o refrão, há um breque feito pela percussão e pelos sopros graves, o qual abre um ligeiro silêncio para a voz que passa a entoar, de modo figurativo, o primeiro verso do primeiro bloco. O teclado agora abandona o clima de igreja e se entrega a um ritmo frenético, em timbre próprio do final dos anos 1960 e início dos anos 1970, assim aludindo à "cor" (timbrística) e à paisagem sonoras da metrópole em mutação. No conjunto, os instrumentos reforçam a aceleração da melodia, que segue primeiro em tonemas ascendentes nos versos um e dois, depois em descendência gradual nos versos três e quatro. A ascensão na tessitura operada do verso três ao quatro prepara a mudança de andamento e de ritmo que ocorre no início do verso cinco, em que a desaceleração marcada pela bateria sugere uma valsa (sinalizando a permanência de uma temporalidade tradicional, da cidade dos barões do café, das modinhas aristocráticas de salão?). Nesse momento, a predominância figurativa que vinha se desenvolvendo volta àquela combinação de passionalização temática ou tematização passional sobre a qual já se comentou no refrão. Novamente, as imagens são formadas por antíteses e os saltos intervalares voltam a aparecer, embora menores:

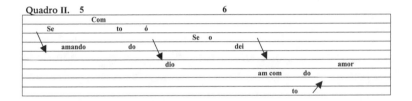

De novo, as durações vocálicas são alongadas (dessa vez, sobretudo, na duração da vogal "o"), o que contribui para a desaceleração do percurso e para a volta de acento sobre a modalização do /ser/. Essa "tensividade" ambivalente é respaldada pela letra dos versos cinco e seis, que invertem simetricamente verbos e adjetivos e reforçam o sentimento antitético enunciado. A operação é acentuada pela repetição do advérbio "todo" nos dois casos, chamando atenção para o *pathos* em questão. A entrada no verso sete mantém a valsinha cafona, porém agora em tonema descendente por graus conjuntos (ou seria isso um arpejo?), conferindo-lhe, assim, outra foria. Desse modo, a gradação descendente preparou o percurso melódico para o salto intervalar no início do verso oito. Novamente, elementos antitéticos na letra são reforçados pela passionalização da melodia caracterizada pelos saltos e pelos acentos nas vogais, em um movimento que termina com tonema ascendente.

Quadro III. 7   8

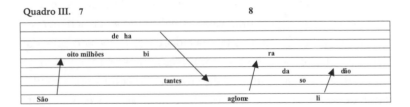

Os versos nove e dez têm um comportamento idêntico aos versos três e quatro, que, com desenhos iguais, mas deslocados na tessitura, sugerem uma gradação, movimento melódico mais adequado à tematização ou à figurativização. Com efeito, o verso nove corresponde à volta ao ritmo acelerado e frenético na canção (em sintonia com o tempo presente da metrópole), mobilizando, novamente, o teclado e os elementos percussivos, e assim conferindo um estado eufórico ao andamento. Alcança-se então o dístico que caracteriza o final da primeira estrofe da canção. O verso onze vem recuperar o percurso feito pela gradação ao trazer uma linha geral descendente, novamente por graus conjuntos na tessitura melódica, o que corresponde a uma nova desaceleração no andamento, quando volta a pulsação em ritmo de valsinha cafona. Em seguida, porém, na passagem ao verso doze, a aceleração vem mais uma vez tomar conta da canção, sem prejuízo da metáfora que leva a entoação e o sentido de "defeito" (da cidade) ao encontro de "peito" (do enunciador que a celebra). Durante a entoação de "te carrego no meu peito", com evidente ataque consonantal nos "rr" de "carrego" e com rápida oscilação nas notas, que terminará euforicamente em tonema ascendente, todos os instrumentos são reincorporados de novo e preparam um breque de sopros e percussão para a nova entrada do refrão:

Quadro IV.

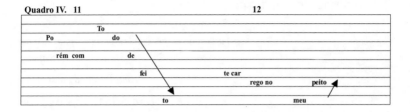

Uma vez que o refrão é novamente acionado, o coro passa a variar modos de canto combinando diferentes vozes, e novos instrumentos percussivos começam a aparecer, como uma conga ou um jembê, que trazem um tempero afro ao ritmo (novamente, podemos ver aí, no acento trazido pela "cor do som", o caráter miscigenado da metrópole de migrantes e imigrantes). Ao mesmo tempo, o pulso fica mais acentuado pelos sopros graves, que pontuam todas as frases melódicas. Desse momento em diante, para as próximas duas estrofes da canção, o percurso melódico será basicamente o mesmo. A maior diferença se faz notar nas últimas entradas do refrão, quando sinos fazem parte, primeiro ao fundo, depois plenamente, do grupo percussivo de instrumentos, conferindo um clima de celebração em praça pública (a da Sé?) mais laudatório e massivo que antes. O ambiente formal é, então, confirmado pelo coro, que acentua ainda mais as durações vocálicas das vogais no refrão, fazendo surgir vibratos na empostação das vozes femininas.

2.1. Interpretando a dicção

> [...] *Passem de longe, bondes, ônibus, rio de aço do tráfego.*
> *Uma flor ainda desbotada ilude a polícia, rompe o asfalto.*
> *Façam completo silêncio, paralisem os negócios, garanto que uma flor nasceu.*
>
> *Sua cor não se percebe.*
>
> Carlos Drummond de Andrade,
> A flor e a náusea, *A rosa do povo*

A canção *São São Paulo* trabalha a dialética fundamental do sentido entre significação (o conhecido, redundante, "sonoro") e informação (o novo, "ruidoso", estranhável)[21] de modo muito eficiente, pois explora emoções complexas com base em mecanismos metafóricos, rítmicos e timbrísticos. Por meio destes, a mensagem estética consegue atuar com alto efeito de naturalidade e ser toda contraditória e alegórica. Ao reforçarem a métrica da melodia, as rimas carregam o sentido de um verso ao outro, ajudando a criar suturas nas fraturas dos sentidos antitéticos. Mas elas apenas funcionam porque as inflexões melódicas as carregam de um bloco estrófico a

---

21 Aludimos, aqui, à teoria da informação e da redundância na comunicação de massas elaborada no final década de 1950 por Abraham Moles, reportada entre nós por Augusto de Campos na clássica reunião de ensaios *Balanço da bossa* (publicada originalmente em 1968), muito difundida por Umberto Eco no famoso estudo *Apocalípticos e integrados* (década de 1970), mas também reapropriada por Jaques Attali em seu estudo *Bruits* (1977). (Ver Campos, 2005; Eco, 1979; Attali, 2001)

outro da canção, de uma parada no refrão à próxima "parada da parada", quando uma nova estrofe-narrativa se abre e traz mais elementos. É o que acontece quando se passa da circularidade do rito eufórico-disfórico de celebração da cidade (no refrão) para sua enunciação figurativa nos três blocos estróficos, também alternadamente eufórica e disfórica. Trata-se do rito para que a figurativização da cidade comece (parada da parada), num processo em que esta vai ganhando contornos temáticos e passionais ao mesmo tempo mais complexos e mais claros, posto irem aos poucos confirmando o sentido e pedindo uma volta necessária ao refrão.

No refrão e no dístico de cada bloco estrófico tem-se a chance de perceber a voz que fala por trás da voz que canta. Ali notam-se traços (dêiticos) de alguém que diz "meu amor", "te carrego no meu peito". Além destas, as outras duas ocasiões em que se pode ouvir explicitamente essa voz é no início do verso treze, no qual impera uma súplica ("salvai-nos por caridade"), e no final da terceira estrofe da canção, no verso 34, em que se fica sabendo que a voz se encontra em São Paulo, pois, ao comparar essa cidade com o resto do Brasil, sentencia que "aqui é só trabalhar".

Em todas as outras partes da canção são feitas descrições informativas de ordens diferentes: demográficas, jornalísticas, passionais, morais. O percurso melódico cuida para que haja, como se disse, uma oscilação entre a narração das informações (novidade estética) e a problematização das significações (conhecidas por todo cidadão metropolitano). Desse modo, há uma construção de sentido que leva ao rito, como uma avaliação ou ponderação entre significado e informação, e que deságua sempre numa sanção por parte do sujeito. A sanção, por sua vez, é que permitirá ao sujeito ir ao encontro da cidade. Querer festejá-la torna-se cada vez mais, no percurso da melodia, um poder carregá-la em seu peito. Ao final da canção, a cidade torna-se mais sua do que no início.

A primeira estrofe configura a cidade como metrópole frenética, centrada no trabalho, onde oito milhões de habitantes, de todo canto e nação, estão em "aglomerada solidão", morrendo de tanto trabalhar ("a todo vapor", na cidade que mais crescia no Brasil e na América Latina em 1968), entre mil chaminés de indústrias e carros que só rodam porque sua gasolina foi paga a prestação (mecanismo que Tom Zé explora e ironiza na canção *Sem entrada e sem nada*, também do LP *Tom Zé, grande liquidação*, como forma generalizada de financiar a vida no contexto urbano da metrópole).

No entanto, a canção revela que os cidadãos de São Paulo se agridem de modo cortês, se amam com ódio e se odeiam com amor, versos que, somados à valsinha brega do ritmo, aludem a uma outra temporalidade, residual no frenesi da metrópole, ligada aos padrões mais aristocráticos da sociabilidade herdada da cidade dos "barões do café". A dualidade entre a aceleração metropolitana e o valsado aristocratizante não deixa de ser um padrão de comportamento "esquizofrênico", patologia típica do contexto urbano-industrial moderno, descoberta pela psicanálise desde seu nascimento como ciência, conterrânea da metropolização das grandes cidades.

Se o refrão já conduz a um estado de sentimento contraditório, de amor e dor, ele ganha novas nuances e ambivalências ao longo do percurso narrativo da canção, quando as emoções, até então restritas ao eu lírico, são alargadas a todos os oito milhões de habitantes de São Paulo, mais além daquela voz que a chama de "meu amor".

A segunda estrofe mira contra a moral e as tradições da cidade pré-metropolitana, em que não havia espaço para a alteridade e, portanto, para todos – uma cultura de persistentes traços arcaizantes. Começa por sugerir uma crítica às prostitutas do centro da cidade ("pecadoras" de "ruge e batom"), encenando um eu lírico moralista, para, em seguida, inverter a posição e afirmar que elas é que "dão vivas ao bom humor", num sentimento (eufórico) de encontro com a celebração da cidade, para onde aponta o projeto narrativo da canção. A "família protegida" e o "palavrão reprimido" fazem referência, ao lado da ambientação instrumental dos timbres de igreja, à ordem da Liga das Mulheres Católicas ou ao evento das Marchas da Família, com Deus, pela Liberdade, cenas do quadro histórico local de então, e, como será visto, um refluxo conservador dos "preteridos da modernização" que pôde se expressar na fase de endurecimento da ditadura militar.

Do ponto de vista político o ambiente era, por um lado, o da guerra fria e da "ameaça comunista". A revolução cubana deixara viva no imaginário da época a possibilidade de um levante popular mediante uma guerra de guerrilhas. Depois de 1964, os próprios militares passaram a forjar atentados a bomba, simulando tratar-se de ações comunistas, para criar um clima de terror que justificasse a repressão policial (daí a canção falar em "um pregador que condena uma bomba por quinzena"). Somado a isso, havia o perigo de uma guerra nuclear no horizonte, o que criava condições favoráveis para que a moral católica pregasse, temendo o Juízo Final. Assim, quando a canção foi censurada pelo regime, Tom Zé modificou o mencionado verso para "um pregador que condena um festival por quinzena", referindo-se, assim, aos fatos históricos precisos daquele momento.

A última estrofe, por sua vez, entra em outro plano do comportamento e aciona, de modo cênico, outros sentidos para a eficiência da audição. Cria duas pequenas narrativas e descreve uma imagem entre elas. Nas narrativas, contrapõe a novidade *pop* da TV ao *ethos* trabalhador da maior metrópole brasileira. Na primeira, alude, com humor e graça, provavelmente a algum programa televisivo do tipo *Namoro na TV*, deixando-nos com a questão: onde mais senão numa metrópole de milhões de anônimos podem os contatos mais pessoais, íntimos e subjetivos passar a ser feitos diante dos olhos de todos? Em tempos de *reality shows* como *Big Brother* e *Casa dos Artistas*, já se tornou natural assistir a essa inversão de valores entre o pessoal e o comum, em que os assuntos privados ganham o primeiro plano em um meio de comunicação de alcance público como a televisão. É preciso imaginar que ali, pela primeira vez na história, o Brasil deixava de ser predominantemente rural para tornar-se amplamente urbanizado. Para o sucesso dessa urbanização, entendida mais como forma de sociabilidade do que como difusão territorial de equipamentos urbanos, foi essencial a introdução da TV como mediadora de afetos e sensibilidades, como difusora de um *pathos* nacional que se tornou decisivo, inclusive, para o atual lugar do samba e do futebol entre nós. Em 1968, portanto, esse movimento estava apenas começando, e causava bastante estranheza, sobretudo para quem chegava à capital vindo do interior e tomava contato diuturno com a TV (um objeto ainda em processo de massificação pelo país).

A segunda pequena narrativa dessa última estrofe da canção compõe-se dos versos que, oficialmente, renderam a Tom Zé a censura, por conta da comparação brincalhona e irônica que faz entre Rio (da praia, do carnaval), Brasília (de burocratas, políticos e militares que fingem que trabalham) e São Paulo (onde o negócio é só trabalhar).[22]

Entre um e outro fragmento, constrói-se uma das imagens mais belas da canção, como no poema A flor e a náusea, de Drummond: "crescem flores de concreto/ céu aberto ninguém vê". A enunciação é feita no andamento da valsinha cafona, em tempo desacelerado, remetendo a temporalidades residuais, como a das outras imagens antitéticas arroladas até então. Essa mudança no anda-

---

22 Tom Zé explica a censura por conta de sua grande alegria: "É que embora houvesse já muita canção falando sobre a cidade, o desaforado fato de '*São São Paulo*' gritar aberta e descaradamente 'São Paulo, meu amor!' repetidas vezes no refrão, fazia o efeito correspondente a um desabafo: 'em rebeldia me levanto e canto bem alto e com prazer justamente esta terra conhecida e propalada como feia. E repito mais forte e mais forte repito meu amor. Esse brado, outra vez cantando, revolta-se contra a corte e o reino da beleza e injeta meu sorriso no ouvido do feio que, sendo declaradamente meu, se torna o aleitado e esplêndido, o impávido, o retumbante, o colosso, ardente e eternamente lindo – São São Paulo, meu amor". (Ver Tom Zé, op. cit., p.69-70)

mento chama atenção sobre os aspectos tátil e óptico da imagem: um milagre ali floresceu e ninguém viu. Estavam muito apressados para deterem-se nessa experiência enigmática: uma flor, objeto da natureza, nasce do asfalto, no concreto, objeto dos homens. A força de uma temporalidade natural irrompe, transformada em social, a ordem dos acontecimentos frenéticos da cidade, com o poder de introduzir ali outro tempo, e de ressignificar o espaço. Causa estranhamento, pois, como pode uma flor de concreto nascer? Se não foi a natureza natural, quem ou o quê a produziu? O que esconde o mistério dessa segunda natureza, social?

Assim como em Drummond, a canção tenta chamar atenção para esse claro enigma ao recorrer à desaceleração, à parada no teclado frenético que vinha, até então, acompanhando a entoação do amor *pop* pela TV. Essa parada, porém, dura muito pouco. Entre os muitos mistérios da metrópole, a flor de concreto a céu aberto fica para trás, a "parada é novamente parada", entra em movimento e a aceleração rapidamente volta à cena. Com ela dá-se, então, a comparação entre as cidades e tudo se "carnavaliza" novamente no rito do refrão, cantado agora em meio a sinos e tambores.

A alegoria da flor bem pode estar aludindo ao sublime, gesto também cifrado no refrão. Sublime no sentido kantiano, reatualizado por François Lyotard como "um conflito entre as faculdades de um sujeito, a faculdade de conceber algo e a faculdade de 'presentificar' algo" (Lyotard, 1987, p.21). A flor alude a certo impresentificável que está entre as duas forias do refrão, aquela de "quanta dor" e de "meu amor", como pares de opostos que se condicionam reciprocamente em tensão permanente e irresoluta. A canção toda é uma forma de aludir à experiência que está entre um polo e outro, entre o sujeito e a cidade, entre os amores e ódios de seus habitantes, entre trabalho e humor, família e repressão, entre solidão e prestação, defeito e peito. Tudo montado e orquestrado para que a imaginação elabore e permita novamente sentir o que a vivência dos choques urbanos reprime e sufoca.

Paulistas de endereço e paulistanos de nascimento reconfortam-se em seu desejo narcísico de ter celebrada sua cidade-caos como modernidade potente, ainda que líquida, esfumante, fugaz, como uma metrópole em cujo espaço urbano tudo pode acontecer. O desejo é, assim, liberado, e pode inventar para si novos ritos, como festas, festivais, arte e canção mediante essa forma lírica de traço estilístico épico – que visa objectualizar a cidade sem prejuízo da afetividade. Sem representar nada, mas apenas apresentando-se no jogo entre uma imagem e outra, o narrador não projeta na cidade suas ilusões. Ganha consciência e complexidade e, ao mesmo tempo, permite-se estar celebrativo, entregue a uma dança com a cidade que ama. Flutua, agora, num vasto mundo, no da rima sinédoco-metafórica para "amor" e "dor", em que arcaico e moderno se (con)fundem e se reafirmam, atualizando-se. Na toada dessa canção, a experiência da cidade está apenas começando. Todo o álbum *Tom Zé, grande liquidação* explora cada dobra desse mundo urbano.

2.2. Cidade cantada: do festival à "descanção"

Do ponto de vista da forma estética, *São São Paulo* é ainda um Tom Zé pouco experimental, condensando uma estética mais direta, midiática, com fortes apelos da linguagem televisiva de festival, pressionado por uma audição rápida e "divertida". O jogo de contrários e a construção de oxímoros dão-se, portanto, muito mais no plano do discurso da letra do que da forma estética: descrevem cenas na metrópole e apontam as ambivalências de sua modernização. Nessa medida, a canção faz pensar e sentir sobretudo por seu texto, pela força das palavras e de seu jogo inventivo, convidando principalmente cada morador da pauliceia a considerar sua situação mas, rapidamente, aderir à celebração. Menos "arte-pensamento" do que "arte-celebração", a canção *São São Paulo* figura, no entanto, como uma imagem histórica e cultural da metrópole paulista que permite percebê-la em sua contradição, em seu movimento-mutação rumo à crise urbana contemporânea. Sua força está em decantar essa constelação histórico-poética.

Com o LP *TodosOsOlhos*, mas sobretudo a partir de *Estudando o samba*, Tom Zé forja uma musicalidade e, com ela, uma dicção capazes de narrar e produzir a ambiência da metropolização paulista mesmo em canções que, diretamente, pela letra, pouco ou nada dizem respeito à cidade. A maneira de combinar percurso melódico, harmonias movidas a ostinatos, instrumentação com funcionalidades invertidas e letra contrapontística, isto é, satírica no sentido e de acentuada função rítmica, trouxe a Tom Zé a singular dicção de suas "descanções". Basta escutar qualquer faixa de *Estudando o samba* para sentir a ambiência urbana popular e sofisticada que sua musicalidade produz: não se trata de "samba de raiz", de volta aos fundamentos da bossa-nova, mas de releitura de elementos de linguagem para produzir sintaxes novas. A música *Toc*, por exemplo, é peça temporal sem letra, mas capaz de "narrar" por cacofonias e produzir espaço cênico ímpar. Já a canção *Tô* é samba tonal "tradicional", mas com uma letra que quer justamente desmentir a música: "Tô te explicando pra te confundir/ Tô te confundido pra te esclarecer..." Já *Dói*, genial, toda movida a ostinatos, é jogo de aliteração e contraponto puros, em que todas as palavras são "sambadas", ou seja, falam (cantando) e percutem como tamborim, triângulo, violão e cavaquinho, em uma orquestração bastante complexa, movimentada em planos múltiplos. Tais composições não poderiam ter sido feitas antes dos anos 1970, antes da operação estética tropicalista, antes da aceleração da revolução urbana dos comportamentos e sensibilidades produzidos e produtores do espaço urbano contemporâneo. Tom Zé especializou-se, desde então, em radicalizar musicalmente seu tempo histórico. *São São Paulo*, bem como todo álbum *Tom Zé, grande liquidação*, foram os primeiros estudos no sentido de levar a canção aos seus limites formais.

3. São Paulo, Tropicália: Brasil arcaico, Brasil moderno

São Paulo, em 1968, era a cidade brasileira que mais evidenciava uma mutação histórica: a passagem do Brasil rural semi-industrializado para o Brasil urbano, em surto desenvolvimentista, processo que significou um fluxo contínuo de migrações e de acelerada urbanização de cerca de trinta anos (durando de 1950 a meados de 1980). Cadinho das contradições do "desenvolvimento do subdesenvolvimento",[23] a cidade mudava de roupa para tornar-se metrópole industrial, porém não perdera as medidas anteriores. Ao contrário, ganhara peso: a modernidade, antes idealizada, realizava-se plenamente com a nova fase de industrialização levada a cabo pelo regime militar. As desigualdades e os arcaísmos de antes não apenas não eram extirpados, como passavam a ser reproduzidos em escala ampliada no corpo das grandes cidades (Maricato, 1996; Arantes, 1998). A moderna promessa de consumo e a velha espoliação urbana passam a disputar o mesmo espaço e as mesmas subjetividades, porém, em um jogo de forças bastante desigual, posto que o árbitro, o espaço público, saía em retirada ou se corrompia (Kovarick, 1993; Maricato, 1996; Arantes, 1998).

As dualidades brasileiras se tensionavam em temporalidades cruzadas, desafiadoras de um possível projeto autônomo de nação que, pela primeira vez, no entanto, era amplamente discutido e tematizado na cultura do país. Nas palavras de Roberto Schwartz, apesar da ditadura de direita que se instalara desde 1964, havia relativa hegemonia cultural de esquerda circulando pelas cidades. Podia ser vista, por exemplo, "nas livrarias de São Paulo e Rio, cheias de marxismo, nas estreias teatrais, incrivelmente festivas e febris, às vezes ameaçadas de invasão policial, na movimentação estudan-

---

[23] Ou do "subdesenvolvimento industrializado", como apresenta Kowarick, 1993.

til ou nas proclamações do clero avançado" (Schwartz, 1992, p.63). A denúncia do imperialismo e de seus mecanismos de entrave ao desenvolvimento nacional punha em circulação uma nova linguagem, muitas vezes em jargão de partido. Com isso, porém, promovia uma espécie de *"Aufklärung* popular", cujo lado positivo era desprovincianizar o pensamento político e evidenciar que dominação externa e reação interna estavam ligadas, não mudando uma sem que mudasse a outra.[24] Embora em escala contida, a prática do método Paulo Freire e a atuação dos CPCs (Centros Populares de Cultura) era motivo para acreditar na possibilidade da experiência de um outro tipo de educação, de cultura, de estrutura social. Na base do esquerdismo nacionalista, no entanto, havia um engano "bem fundado nas aparências": o anti-imperialismo difundido principalmente pelo Partido Comunista era pró-burguês, especializado em sanar os entraves que mantinham o capitalismo subdesenvolvido, não em forjar os caminhos da revolução.

Sumariamente era o seguinte – o aliado principal do imperialismo, e portanto, o inimigo principal da esquerda, seriam os aspectos arcaicos da sociedade brasileira, basicamente o latifúndio, contra o qual deveria erguer-se o povo, composto por todos aqueles interessados no progresso do país. Resultou no plano econômico-político uma problemática explosiva, mas burguesa, de modernização e democratização; mais precisamente, tratava-se da ampliação do merca-

---

24 "Foi a época de Brasilino, uma personagem que ao longo de um livrinho inteiro não conseguia mover um dedo sem topar no imperialismo. Se acendia a luz, pela manhã, a força era da *Light & Power*. Indo ao trabalho, consumia gasolina Esso, num ônibus da *General Motors*. As salsichas do almoço vinham da *Swift & Armour* etc. Os *Cadernos do Povo*, por sua vez, vendidos por um cruzeiro, divulgavam amplamente as manobras em torno do petróleo, relações entre latifúndio e doença endêmica, questões de reforma agrária, discutiam quem fosse "povo" no Brasil etc. O país vibrava e as suas opções diante da história mundial eram pão diário para o leitor dos principais jornais". (Ver Schwartz, R. "Cultura e política, 1964-68: alguns esquemas". In: Schwartz, R., 1992, p.64.)

do interno através da reforma agrária, nos quadros de uma política externa independente. No plano ideológico resultava uma noção de "povo" apologética e sentimentalizável, que abraçava indistintamente as massas trabalhadoras, o lumpezinato, a intelligentsia, os magnatas nacionais e o exército. O símbolo dessa salada está nas grandes festas de então, registradas por Glauber Rocha em *Terra em transe*, onde fraternizavam as mulheres do grande capital, o samba, o grande capital ele mesmo, a diplomacia dos países socialistas, os militares progressistas, católicos, padres de esquerda, intelectuais de partido, poetas torrenciais, patriotas em geral, uns em traje de rigor, outros em *blue jeans* (Schwartz, 1992, p.65-6).

No entanto, falar em hegemonia relativa de esquerda supunha forças conservadoras de peso, embora sufocadas. O arcaísmo brasileiro estava longe de conservar-se apenas no meio rural. Havia todo um senso comum católico e moralista espalhado por todas as cidades, do interior e das capitais, que ressurge com intensidade tão logo o Golpe Militar lhe abre caminhos. A guerra fria e a ameaça comunista forneciam o subsídio ideológico "cosmopolita" para que os "preteridos da modernização" locais passassem às ruas, em Marchas da Família, com Deus, pela Liberdade, em petições contra o divórcio, a reforma agrária e "a comunização do clero", ou ficassem em "casa mesmo, rezando o 'Terço em Família', espécie de rosário bélico para encorajar os generais" (Schwartz, 1992, p.70). Após o período de João Goulart, em que o debate público se centrara em temas como salário mínimo, voto de analfabetos, imperialismo, condições de trabalho no campo, refletindo "não a experiência média do cidadão, mas a experiência *organizada* dos sindicatos, operários e rurais, das associações patronais ou estudantis, da pequena burguesia mobilizada etc.", o país regrediu e passou a viver sob uma "revanche da província" (Schwartz, 1992, p.71). Ora, era justamente a essa revanche que se dirigia toda a sátira de Tom Zé em seu álbum *Tom Zé, grande liquidação* – diferentemente da MPB dominante, porém, em uma operação estética que soube ser crítica sem aderir à linguagem e ao projeto ideológico das esquerdas do período.

Do ponto de vista histórico, o resultado dessa revanche é bem conhecido: o golpe fez-se como o modo conservador de conciliar, sob a gerência do Estado, a manutenção da cláusula pétrea do latifúndio, combinando-a com a nova onda modernizante do desenvolvimentismo nacionalista financiado pelo capital estrangeiro. Usufruindo isenção de tarifas e impostos, aplicando no mercado financeiro, investindo em terras e tendo acesso a uma grande oferta de mão de obra barata, grandes *holdings* e conglomerados empresariais nacionais formaram-se nesse período. O Estado militar empresarial cumpria, assim, um triplo papel:

1. subsidiava os interesses "progressistas" da burguesia nacional através de grandes investimentos feitos na modernização da infraestrutura do país;
2. pelo mesmo mecanismo, tingia com cores de progresso os interesses ruralistas, pois subsidiava o florescimento do *agribusiness* ao modernizar o campo com novos maquinários e conservar intactas a estrutura fundiária e as relações de produção;
3. valia-se do espírito de patriotismo antes mobilizado pelo imaginário de esquerda (em *slogans* como "Brasil: ame-o ou deixe-o!"), mas invertia-lhe o sinal para justificar a força, a repressão, e assim conter a organização popular.

Após o golpe e a censura, o meio circulante onde a opinião pública pôde continuar viva e tematizar as tensões culturais correspondentes à modernização conservadora do período foi, justamente, a música popular, que ganha voz e visibilidade no clima dos festivais da canção transmitidos pela TV. A modernização do país abrira-o à novidade cultural do *rock* e a Jovem Guarda conhecia grande sucesso. No entanto, como o espírito nacionalista dominante na época era esquerdista, os festivais da canção logo passam a ser um canal de triagem político-ideológica, angariando uma forte "patrulha estética" como denunciaria, em 1968, Caetano Veloso, em seu explosivo discurso-*happening* no Tuca, em São Paulo.[25]

Antes de o acirramento ideológico alcançar a canção, porém, esta já havia se consolidado como a grande "rede de recados" e troca de experiências na cultura nacional. Com tal poder de comunicação de massas em diferentes gêneros, ritmos, arranjos e instrumentações, a canção popular comercial urbana já se notabilizara como forma capaz de agenciar sentimentos e comportamentos sociais, conectando o pessoal e o coletivo. O surgimento e a assimilação do samba nos anos 1930, da bossa-nova nos anos 1950, e do Tropicalismo nos anos 1960, conheceram sucessivos momentos de crítica, denúncia de comercialismo fácil e de aderência ao apelo midiático das indústrias culturais, seguidos de adoração e incorporação ao heterogêneo conjunto de tesouros nacionais. A grande novidade da Tropicália foi operar de dentro da indústria cultural e simultaneamente no cinema, no teatro, na música e nas artes plásticas uma alegorização crítica do país em um momento em que os esquematismos políticos eram muito acirrados, forçando a inteligência a desmobilizar chavões e a reinventar política e esteticamente a participação social. Nas palavras de Marcos Napolitano e de Mariana Villaça:

> O tropicalismo, logo depois de sua "explosão" inicial, transformou-se num termo corrente da indústria cultural e da mídia. Em que pesem as polêmicas geradas inicialmente (e não foram poucas), o tropicalismo acabou consagrado como ponto de clivagem ou ruptura, em diversos níveis: comportamental, político-ideológico, estético. Ora apresentado como a face brasileira da contracultura, ora apresentado como o ponto de convergência das vanguardas artísticas mais

---

25 Para ouvir e ler o discurso-*happening*, ver <http://tropicalia.uol.com.br/site/internas/proibido.php>. Acesso em: 13 ago. 2007.

radicais (como a Antropofagia Modernista dos anos 20 e a Poesia Concreta dos anos 50, passando pelos procedimentos musicais da bossa-nova), o tropicalismo, seus heróis e "eventos fundadores" passaram a ser amados ou odiados com a mesma intensidade. Atualmente, mais amados do que odiados, diga-se (Napolitano; Villaça, 1998, p.57).

Em outro ensaio, Marcos Napolitano mostra que, se nas outras artes o pós-tropicalismo implicou uma retração de público (no teatro, uma implosão provocada pela própria repressão; no cinema, um fechamento e, nas artes plásticas, um encastelamento), na música ocorre uma explosão, uma abertura inédita perante os demais ciclos de modernização já processados pela canção popular (Napolitano, 2001, p.103-124). Assim, ainda que o sentido da abertura tenha sido avaliado por alguns com reticências e, por outros, com entusiasmo, não há dúvida de que se tratou de uma tremenda novidade e de uma alavanca cosmopolita para a arte e o pensamento nacionais.

> Pode-se dizer que o Tropicalismo realizou no Brasil a autonomia da canção, estabelecendo-a como um objeto enfim reconhecível como verdadeiramente artístico [...] Reinterpretar Lupicínio Rodrigues, Ary Barroso, Orlando Silva, Lucho Gatica, Beatles, Roberto Carlos, Paul Anka; tanto a retomada da linha evolutiva aberta pela bossa-nova como a inclusão das informações da modernidade punham em crise o "nível médio" em que se encastelara a produção musical; além disso, este projeto tomou a forma de uma estratégia cultural mais ampla, definindo uma postura política singular, intrínseca à estrutura da canção [...] utilizar-se de colagens, livres associações, procedimentos *pop* eletrônicos, cinematográficos e de encenação; misturá-los, fazendo-os perder a identidade, tudo fazia parte de uma experiência radical da geração dos 60, em grande parte do mundo ocidental. O objetivo era fazer a crítica dos gêneros, estilos e, mais radicalmente, do próprio veículo, e da pequena burguesia que vivia o mito da arte (Favaretto, 2000b, p.40-1).

Os efeitos de choque e modernidade foram grandes. O cafonismo e o humor são transformados em práticas construtivas capazes de pôr as relíquias de brasilidade em debate, temperando com um claro caráter lúdico as canções tropicalistas. Além de trazer para a canção procedimentos que a atualidade da arte *pop*, em geral, experimentava em outras linguagens estéticas, o tropicalismo realizava, entre nós, uma crítica radical da cultura política da época, que sufocava os festivais sob o maniqueísmo que dividia arbitrariamente público jovem e artistas entre "engajados" e "alienados".

Nesse sentido, artista e obra eram simultaneamente dessacralizados e, como num *ready made*, passavam a ter seu lugar e seu papel constantemente questionados e mobilizados pelo novo tipo de pacto ou acordo que viriam a estabelecer com o público. Talvez o maior achado tropicalista tenha sido expor as contradições culturais como cifras das indeterminações históricas daquela época presentes no país, deixando patente o elemento de ilusão e de parcialidade das opções oferecidas pela esquerda e pela direita.

> A justaposição do arcaico e do moderno não se dá apenas como tratamento moderno dos fatos arcaicos, pois ela já se encontra no material mesmo. Isso se vê na crítica tropicalista, particularmente em seu procedimento estético específico, o cafonismo: ao destacar e exacerbar o mau gosto como dado primário da conduta subdesenvolvida, revela, através do corte e da amplificação dos elementos discordantes, as modalidades que caracterizam a desinformação da intelligentzia brasileira (Favaretto, 2000b, p.61).

Porém, como bem mostram Marcos Napolitano e Mariana Villaça, o tropicalismo não consistiu em um movimento artístico-ideológico coeso, muito pelo contrário: "o que se chama de tropicalismo pode ocultar um conjunto de opções nem sempre convergentes, sinônimo de um conjunto de atitudes e estéticas que nem sempre partiram das mesmas matrizes ou visaram aos mesmos objetivos" (Napolitano; Villaça, 1998). Assim, diferentemente de Caetano e Gil, que de fato encarnaram e deram visibilidade ao projeto estético tropicalista, Tom Zé participa da "explosão colorida" apenas em seu primeiro momento, cedo tomando outro rumo e forjando outros procedimentos de criação. Antes do cafonismo, foram a sátira, a ironia e as pilhérias em geral que garantiram seus principais achados críticos e a melhor recepção por parte do público – de 1960 e de hoje. Se o próprio Tom Zé se diz tropicalista em "lenta luta", é por perceber em suas "descanções" um espírito experimental, polêmico, cômico e ambivalente que efetivamente animou o projeto tropicalista entre 1967 e 1968, mas que logo deixa de predominar nos trabalhos de Caetano e Gil, uma vez que, como Luiz Tatit já mostrou, dirigiam-se a uma intervenção massiva na canção popular comercial no Brasil, projeto para o qual o experimentalismo era um freio.

4. Linha evolutiva e "descanção"

Se tropicalismo é experimentação, a um tempo, local e cosmopolita, Tom Zé sem dúvida faz parte da trupe. Se tropicalismo foi a "explosão colorida" alcançada pela autonomia formal da canção, seguida de sua abertura de mercado a todos os gêneros, ritmos e formas, Tom Zé dele participou vivamente no início de sua carreira, mas por força do princípio construtivo de sua forma difícil, manteve-se à margem, menos preocupado com a linha evolutiva da canção nacional do que com a invenção de novas imprensas cantadas, como sua "estética do arrastão":

> **Esteticar (Estética do Plágio)**
> (Tom Zé, Vicente Barreto e Carlos Rennó,
> *Defeito de fabricação*, 1998)
> (Favaretto, 2000b, p.61)
>
> Pense que eu sou um caboclo tolo boboca
> Um tipo de mico cabeça oca
> Raquítico típico jeca-tatu
> Um mero número zero um zé à esquerda
> Pateta patético lesma lerda
> Autômato pato panaca jacu
> Penso dispenso a mula da sua ótica
> Ora vá me lamber tradução intersemiótica
> Se segura *milord* aí que o mulato baião
> (tá se *blacktaiando*)
> *Smoka-se* todo na estética do arrastão
>
> *Ca esteti ca estetu*
> *Ca esteti ca estetu*
> *Ca esteti ca estetu*
> *Ca esteti ca estetu*
> *Ca estética do plágio-iê*
> ...

Como, no entanto, o tropicalismo é baiano de nascimento, carioca de batismo e paulista de estreia, e Tom Zé é o baiano que mais cantou os desvarios da pauliceia, da modernidade e da modernização urbanas, mesmo à margem, sempre esteve no centro da desconstrução paródica dos símbolos e imagens de brasilidade, inclusive da própria música popular brasileira. O maior exemplo disso está na canção *Complexo de Épico*, do disco *TodosOsOlhos*, em que satiriza o *status* assumido pelos cancionistas no Brasil pós-MPB e pós-festivais da canção. Reencontra-se, aqui, aquele sentido teatralizado e em tom de conversação que distingue e singulariza a abertura estética das "descanções" de Tom Zé. Ao compor explicitando dissonâncias, contratempos, instrumentação inusual, e ao afirmar um pensamento sobre os limites "épicos" da forma canção no Brasil, Tom Zé produz metalinguagem e metateoria com leveza de "gaia ciência". Apresenta, assim, um saber poético-musical que ao mesmo tempo decanta uma refinada reflexão sobre o lugar social da canção no Brasil e satiriza, num quase deboche, as significações "fora de lugar" que essa música assumiu entre nós em um dado momento histórico.

Complexo de Épico
(TodosOsOlhos, 1973)

Todo compositor brasileiro
é um complexado.
Por que então esta mania danada,
esta preocupação
de falar tão sério,
de parecer tão sério,
de ser tão sério,
de sorrir tão sério,
de se chorar tão sério,
de brincar tão sério,
de amar tão sério?
Ai, meu Deus do céu,
vai ser sério assim no inferno!
Por que então esta metáfora-coringa
chamada "válida",
que não lhe sai da boca,
como se algum pesadelo
estivesse ameaçando
os nossos compassos
com cadeiras de roda, roda, roda?

E por que então essa vontadede
parecer herói
ou professor universitário
(aquela tal classe
que ou passa a aprender com os alunos
– quer dizer, com a rua –
ou não vai sobreviver)?
Porque a cobra
já começou
a comer a si mesma pela cauda,
sendo ao mesmo tempo
a fome e a comida.

Em 1968, procurando defender a novidade tropicalista, Augusto de Campos criticou duramente um amplo setor da música brasileira que, contra a incorporação de novos timbres, como o da guitarra elétrica, propunham-se mantenedores de uma "arte autêntica brasileira", de ritmos e instrumentos nacionais (Campos, 2005). A dura crítica a esse tipo de nacionalismo então vigente se condensou quando Campos cunhou a expressão Tradicional Família Musical brasileira. Ao falar em TFM Campos fazia, assim, um trocadilho com a TFP (Tradição Família e Propriedade), ala hiperconservadora da Igreja católica, e sublinhava, por contraste, a explosão modernizante que a Tropicália operava não apenas na música, mas em toda uma maneira de compreender a questão nacional em relação às exigências da modernidade em um país como o Brasil. Esse modo específico de compreender a música, o moderno e a nação baseava-se, *grosso modo*, em dois fundamentos: na Antropofagia, com seu princípio de abertura às operações de incorporação e deglutição de todas as novidades culturais, e nas exigências internas de desenvolvimento da "linha evolutiva" da música brasileira (expressão cunhada por Caetano Veloso em 1967 em entrevista à *Revista Civilização Brasileira* e amplamente adotada por Campos desde então). Portanto, de um lado, um conceito nacional – a Antropofagia – para pensar a vocação cosmopolita da cultura brasileira; de outro, um conceito cosmopolita – desenvolvimento, linha evolutiva – para pensar as exigências locais, específicas das diferentes artes brasileiras, no caso, a música.

  É possível ler e escutar muito da música de Tom Zé pela ótica da Antropofagia oswaldiana e de um constante investimento na incorporação de informações novas meditadas e forjadas a partir de uma série de operações estéticas (plágio, arrastão, citação, montagem etc.) referidas à linha evolutiva e à tradição da música brasileira (samba, ladainhas, bossa-nova, Tropicália, *rock*). Porém, a especificidade de suas sátiras, de seu sarcasmo, a originalidade do princípio de composição rítmico-melódica dos ostinatos, a invenção de timbres únicos (nos instronzémentos), o uso de instrumentos harmônicos com função percussiva, o jogo dissonante com ruído e som, a dinâmica de suas *performances*, a quebra do tempo linear da canção, em suma, a *forma estética* de sua "descanção" traz realmente algo novo para a música brasileira. Algo cujo nome não é exatamente Tropicália, nem operação tropicalista.

É como se esses nomes, carregados por significados históricos emblematizados nos projetos estéticos de Caetano e Gil, não conseguissem nomear essa quebra de sentido e de compromisso com a chamada MPB (aquele balaio de gatos onde tantos projetos estéticos encontram-se e firmam-se como uma verdadeira instituição cultural brasileira). Tem quem nomeie a obra de Tom Zé de dadaísta e até mesmo de *punk*, pois realmente parece inegável que ela se faz pelas margens da música bem-comportada, conforme a um *establishment* musical que "cabe" em definições de gêneros e de movimentos. E na verdade não importa muito essa questão dos rótulos em si, mas para o que eles apontam: o fato de haver algo, sendo aí expresso e narrado na música de Tom Zé, que é novo e singular, *a um só tempo*, em relação não apenas à música brasileira, mas no tocante a toda a música contemporânea.

A canção *Complexo de Épico* é uma pilhéria com a "sagrada TFM" brasileira, bem como a prática estética de outro tipo de canção (imprensa cantada, distanciamento brechtiano pelo humor, ironia com movimentos musicais, com o papel intelectual cumprido por compositores brasileiros, com certa sensação da passagem do tempo e do envelhecimento de uma perspectiva estética na canção). Poderíamos, então, perguntar: essa canção é também um índice (e uma quase-teoria, às avessas) de um outro jeito de pensar a música e de inserir sua música para além da linha evolutiva brasileira e da deglutição antropófaga? Não cabe aqui responder. Fica apenas indicada essa perspectiva para uma possível interpretação do oxímoro Tom Zé e da "arte-pensamento" que introduziu no Brasil.

5. *Danç-êh-Sá* e rap

No atual momento "globalizado e multiculturalista" contemporâneo, em que "o nacional" parece estar em baixa, Tom Zé colocou-se na contramão das tendências dominantes e voltou a fazer pensar a própria música e o papel da canção no Brasil. Seu 25º trabalho, *Danç-êh-Sá: dança dos herdeiros do sacrifício* (Tratore, 2006), é um conjunto de sete "pós-canções" compostas em sintonia com o atual som de DJs, em um jogo lúdico-aleatório com *samplers* e efeitos eletrônicos. Todas se estruturam em três momentos claros (segundo Tom Zé, "três momentos hegelianos" que perfazem três fases, o "viver, o sofrer e o revoltar"):

1. o primeiro propõe o tema musical e certa mistura de ritmos que, no entanto, atua como função tônica;
2. o segundo momento contradiz o primeiro: abre-se ora com um som de harpa, ora de guitarra, e desenvolve outro tema em outro ritmo, um valsado, um samba ou uma "levada" diferente no andamento, cuja desaceleração remete a um clima extemporâneo;
3. e, finalmente, o terceiro momento produz uma síntese, em que algo do segundo momento é mantido, mas simultaneamente subvertido e incorporado a uma retomada do tema inicial, operação que se dá em um tipo de explosão sonora consumada na "estranha" justaposição polifônica (de fraseados melódicos, de timbres e de ritmos contrastantes, sem solução de contraponto ou hierarquia formal).

O disco, assim, produz uma mistura vertiginosa de ritmos tradicionais e "pós-modernos" que, no entanto, "falam sem dizer" um discurso sobre a música brasileira e o momento internacional. Trata-se de um discurso teatral e musical, produzido pela sintaxe sonora entre melodias e harmonias dissonantes e pelos grunhidos e onomatopeias entoados em forma dialogada pelo coro de vozes. Ambiência urbana, espaços polifônicos.

A única música em que, sintomaticamente, se pode identificar, com algum esforço, alguma palavra, é *Takatá*, em que as vozes femininas performatizam fragmentos do poema Cidade/city/cité, de Augusto de Campos, e deixam transparecer uma "frase" que diz algo como "capaci/ capaci cité/ capaci city/ ci da de/ *takatá*". Sorte de atualização metafórica do poema de Campos, *Takatá* expressa ritmos frenéticos e repetitivos que tomam conta de boates, *raves* e festas jovens nos dias atuais. Um jogo sonoro que, percebido em relação à proposta original da composição de Campos, funciona como uma alusão à velocidade e à intensidade da vida urbana metropolitana contemporânea – uma possível narrativa sonora sobre a metropolização, agora em escala global, podendo dizer respeito a São Paulo, Nova York, Cairo, Singapura, Tóquio ou qualquer outra grande cidade do mundo. De início, o andamento rítmico é superacelerado e repetitivo (marcado ora por acordeão, ora por guitarras, ora por um som "cibernético" de cavaquinho ou de teclado). Um som percussivo agudo pontua o ritmo a cada quatro tempos e, sobre essa base, o coro feminino entoa a "frase" que cita o poema de Campos. A composição desenvolve-se em uma "discussão" entre a voz masculina de Tom Zé e as vozes do coro que, em uníssono, lhe contestam sempre com a mesma frase "êh-êh iê--êh um êh um ah". Tem-se a sensação de que estas firmam posição em algo que vai contra o discurso pronunciado pela voz de Tom Zé. A disputa segue até o momento em que esta se desespera e parece ser "expulsa" do grupo. Ocorre então uma "celebração" novamente em uníssono, transmitindo a ideia de uma "vitória do coro", até que, na "coda" da canção, tudo é "afogado" em sons de água. É uma composição em princípio "desterritorializada", sem referentes claros em nenhum musema, ritmo ou estilo musical. De todas as composições do disco, essa é a única que não se utiliza de referências mais claras a ritmos e instrumentos brasileiros.

É Tom Zé "pós-canção", rememorando uma "revolta banto" (como diz o encarte do disco) para falar do presente, citando, com ares de hieróglifo, Cidade/city/cité. Convoca à dança e a sensações de coletivo, a experiências de grupo e, por que não, da ambiência tátil da cidade, do urbano.

Tom Zé em *performance* para divulgação do disco *Danc-êh-Sá*. Foto: André Conti.

Como mais uma invenção de "imprensa cantada", Tom Zé conta que partiu da necessidade de responder a três notícias para compor o disco *Danç-êh-Sá*:

1. uma pesquisa da MTV que revelou o "autoperfil do jovem" de classe média da cidade de São Paulo como "alienado, consumista e hedonista";
2. um artigo de Júlio Medaglia para a *Revista Concerto*, em que afirma que a grande revolução tecnológica conhecida pelo campo musical no século XX (que produziu aparelhos de som sofisticadíssimos, potentes, relativamente baratos e, portanto, acessíveis a muitos) não foi acompanhada de uma revolução estética à altura;
3. uma entrevista de Chico Buarque de Holanda em que este afirma que a canção brasileira do século XX acabou, sendo agora as "formas musicais" do *rap* e da música eletrônica que verdadeiramente têm o que dizer ao momento histórico presente.

Resenhemos tal debate por um momento. Para o maestro Julio Medaglia, no teste de equipamento de som para carro a que foi solicitado, o som contemporâneo (de Ravel a Ed Motta e Michael Jackson) pareceu-lhe acanhado e desproporcional à tecnologia:

> Mesmo não querendo raciocinar como um vovô chato que diria "ah meus netinhos... vocês não sabem o que estão perdendo se contentando com isso..." [o *rock*], a sensação que tive foi a de ter visto um transatlântico de 22 mil toneladas transportando, com excesso de conforto, uma mercadoria de 20 quilos. Saí da entrevista atordoado e reflexivo. Será que essa geração quer ouvir música ou dela espera apenas uma adrenalina ou droga sonora para excitar seus instintos e prazeres? Uma massagem corpórea e sonora, como se estivessem numa academia de ginástica queimando as calorias da juventude? Ou fomos nós os culpados, os "intelectuais" da área, que ficamos excessivamente preocupados em reler Mozart para as novas gerações

sem nos darmos conta de que uma gigante indústria cultural estava sendo criada para um novo século e um novo raciocínio sonoro, repleta de recursos, a qual necessitava de novos conteúdos que nós nos recusamos a criar? (Medaglia, 2004, p.10)

Assim, Medaglia expôs o problema da falta de conteúdo musical no tempo presente. Já Chico Buarque de Holanda colocou a questão específica da perda de força da forma canção:

A minha geração, que fez aquelas canções todas, com o tempo só aprimorou a qualidade da sua música. Mas o interesse hoje por isso parece pequeno. Por melhor que seja, por mais aperfeiçoada que seja, parece que não acrescenta grande coisa ao que já foi feito. E há quem sustente isso: como a ópera, a música lírica, foi um fenômeno do século 19, talvez a canção, tal como a conhecemos, seja um fenômeno do século 20. No Brasil, isso é nítido. Noel Rosa formatou essa música nos anos 30. Ela vigora até os anos 50 e aí vem a bossa-nova, que remodela tudo – e pronto. Se você reparar, a própria bossa-nova, o quanto é popular ainda hoje, travestida, disfarçada, transformada em *drum'n'bass*. Essa tendência de compilar e reciclar os antigos compositores de certa forma abafa o pessoal novo. Se as pessoas não querem ouvir as músicas novas dos velhos compositores, por que vão querer ouvir as músicas novas dos novos compositores? Quando você vê um fenômeno como o *rap*, isso é de certa forma uma negação da canção tal como a conhecemos. Talvez seja o sinal mais evidente de que a canção já foi, passou. Estou dizendo tudo isso e pensando ao mesmo tempo que talvez seja uma certa defesa diante do desafio de continuar a compor. Tenho muitas dúvidas a respeito. Às vezes acordo com a tendência de acreditar nisso, outras não.

FSP – E o *rap*? Sem abusar das relações mecânicas, parece que estamos diante de uma música que procura dar conta, ou que reage a uma nova configuração social, muito problemática.

Chico – Eu tenho pouco contato com o *rap*. Na verdade, ouço muito pouca música. O acervo já está completo. Acho difícil que alguma coisa que eu venha a ouvir vá me levar por outro caminho. Já tenho meu caminho mais ou menos traçado. Agora, à distância, eu acompanho e acho esse fenômeno do *rap* muito interessante. Não só o *rap* em si, mas o significado da periferia se manifestando. Tem uma novidade aí. Isso por toda a parte, mas no Brasil, que eu conheço melhor, mesmo as velhas canções de reivindicação social, as marchinhas de Carnaval meio ingênuas, aquela história de "lata d'água na cabeça" etc. e tal, normalmente isso era feito por gente de classe média. O pessoal da periferia se manifestava quase sempre pelas escolas de samba, mas não havia essa temática social muito acentuada, essa quase violência nas letras e na forma que a gente vê no *rap*. Esse pessoal junta uma multidão. Tem algo aí. Eu não seria capaz de escrever um *rap* e nem acho que deveria. Isso me interessa muito, mas não como artista e criador. O que eu posso é refazer da melhor maneira possível o que já fiz. Não tenho como romper com isso" (Holanda, 2004).

Na verdade, Tom Zé não o sabia, mas a afirmação inicial não foi de Chico Buarque. Este retomou uma entrevista do crítico José Ramos Tinhorão ao jornal *Folha de S.Paulo* quatro meses antes, em que dizia:

A canção acabou.
FSP – Acabou? Por quê?
Tinhorão – Acabou, é inconcebível. Charles Aznavour está velhinho, é o último representante de um tipo de coisa. Ele senta num banquinho e toca e canta. Isso acabou. Hoje é tudo coletivo, com recursos eletroeletrônicos. Acabou essa canção que nasce contemporânea do individualismo burguês, feita para você cantar e outras pessoas ouvirem se sentindo representadas na letra.
FSP – Seria uma volta do coletivo em oposição ao individualismo? A morte da canção seria positiva?
Tinhorão – De certa forma é. O que substitui a canção solo? O *rap*, que também é solo, mas não se vale mais de melodia. Costumo dizer que o *rap* é a grande novidade, porque restaura a música da palavra. O cantochão da igreja era um *rap*. Como nasce a música da igreja? O cara ia ler um texto sagrado, ficava monótono, ele passava a ler de uma forma cantada. Nasce o cantochão, que é embolada de

padre, é *rap* de padre. O *rap* não precisa de melodia, porque eles tiram a melodia da palavra. É uma fala cantada. O interesse do *rap* é que ele volta exatamente ao início, a palavra passa a ser mais importante que a melodia.
FSP – Há poesia no *rap*?
Tinhorão – Quando o cara é bom, há. A maior parte desses *raps* é bronca de otário de periferia, reclamação. Mas, se o cara quiser, pode fazer. Se bem que aí a preocupação não é tanto essa, até aí é original. Eles não querem fazer uma frase bonita, mas contar uma história. O que é importante é que seja contada com muito ritmo [cantarola um *rap*]. O ritmo e a possível musicalidade vêm do próprio encadeamento das palavras numa narrativa, representadas na letra (Tinhorão, 2004).

Tom Zé transcreve essas declarações na contracapa de seu CD e carimba sobre elas um "não concordo", em letras vermelhas. Suas respostas às três matérias colhidas na imprensa são suas sete "ludo- -composições" dirigidas principalmente aos jovens (também seu principal público consumidor no Brasil): músicas para dança e jogo que querem lhes rememorar os "sacrifícios feitos por índios e negros", sob a exploração portuguesa, para formar o Brasil, esse país complexo e contraditório de que são herdeiros. Diz Tom Zé em entrevista à *Revista Bizz*:

TZ – As palavras foram publicamente desmoralizadas, o poder dilapidador da política sobre as palavras foi trágico. Daí minha pilhéria de fazer um disco mudo.
Bizz – No encarte, você diz não acreditar que "a canção acabou", como declarou Chico Buarque. No entanto, você fez um CD de "descanções", como você mesmo diz.
TZ – Deixei de ser compositor. Agora sou um luditor, que usa os recursos sonoros francamente para uma diversão que não tem mais a função de canção, uma espécie de música de dança e jogo. O Chico foi irresponsável, porque disse que a canção acabou e fez um disco de canções.

Bizz – Sua intenção é alcançar a "juventude hedonista e consumista" que a pesquisa encomendada pela MTV em 2005 constatou?

TZ – Vi a pesquisa e pensei: "Vou tentar informar os jovens de que eles fazem parte de uma nação negra". Pelo menos precisam saber que nosso desafio na história não é de espectador. Talvez fosse hora de provocar os principais gênios, de dizer "Caetano, acabe com essa irresponsabilidade, se é que o Brasil lhe interessa". Se eles ainda podem ser grandes líderes e fazem uma música que não pode chegar à juventude, que diabo é isso? Abandonaram a juventude? Chico e Caetano, praticando o dom maravilhoso que têm para fazer música, são socialmente irresponsáveis (*Revista Bizz*, 2007).

Assim, não é à toa que Tom Zé escolhe danças para comunicar-se com jovens, formas de música que apelam muito mais ao pulso e às pulsões do corpo do que ao conceito e à razão. A cultura letrada no Brasil se estabeleceu como privilégio de poucos. As heranças a que alude em ritmos e timbres brasileiros (reordenada e transmitida como forma musical atualíssima) são fruto de uma sociedade formada pelo pessoalismo, por clivagens e misturas étnico-sociais ancoradas em mecanismos de compadrio, de favor e de cordialidade (Holanda, 1997). Assim, ao longo de toda a formação miscigenada e híbrida da cultura brasileira, tornaram-se inquestionáveis, por assim dizer, as "funções" antropológica e política das canções, cuja oralidade sempre serviu de veículo a poemas cifrados, trocadilhos, chistes, ditos de fé, fragmentos de sabedoria e histórias memoráveis. Entre outros aspectos, a música de batuques e narrativas orais, a um tempo disciplinadora e libertadora dos corpos e dos desejos de brancos, índios, negros, mulatos e imigrantes de toda cor, pôde contrabalançar e cumprir um papel civilizatório em relação aos persistentes traços de violência derivados da escravidão (Zaluar, 2000).

Ora, o *rap*, ritmo e poesia, como música "de maior sucesso" na atualidade, tem recuperado justamente esse aspecto pulsante e narrativo "ancestral", atualizando-o conforme a linguagem industrializada, técnica e eletrônica global, mas mantendo-o enraizado nos conflitos e nas narrativas locais. O *rapper* LF, do grupo paulista DMN, assim resume a questão: "O *rap* hoje é a MPM, música popular mundial". Segundo uma reportagem da *Revista Time*, ele tem efetivamente razão: "em 1998, o *rap* vendeu mais que qualquer outro estilo nos EUA, superando até a música *country*: foram 81 milhões de cópias". Por isso, o jornalista Spency Pimentel, especialista no assunto, indica que "o Brasil aguarda a consequência desse estouro para os próximos anos".[26] Há *raps* e *raps*, é certo. A qualidade épica e dramática das melhores narrativas ritmadas do Racionais MC's é bastante distintiva, mas ao seu lado há muitos outros grupos e artistas bons, com uma verve crítica evidente e uma pesquisa rítmica e instrumental inovadora a conhecer popularidade ascendente.[27]

Por isso, nesse debate sobre um suposto esgotamento da forma canção, Luiz Tatit afirma que, onde houver linguagem falada, sempre haverá a arte de traduzi-la em canção. A arte de compatibilizar a instabilidade do discurso falado com os recursos de fixação semântica, sintática e expressiva da poesia e da música, seja eternizando uma melodia, um jogo prosódico de rimas, um ritmo, uma levada, seja uma poesia como um jeito musical de expressar o ser e o mundo.

> Não nos preocupemos com a canção. Ela tem a idade das culturas humanas e certamente sobreviverá a todos nós. Impregnada nas línguas modernas, do ocidente e do oriente, a canção é mais antiga que o latim, o grego e o sânscrito. Onde houve língua e vida comunitária, houve canção. Enquanto houver seres falantes, haverá cancionistas convertendo suas falas em canto. Diante disso, adaptar-se à era digital é apenas um detalhe (Tatit, 2006, p.54-8).

---

26 Ver Pimentel, s/d.
27 Para ser parcial podemos citar, por exemplo, Gog, de Brasília; Rappin' Rood, de São Paulo; MV Bill, do Rio de Janeiro; Faces do Subúrbio, de Recife.

Se hoje o fôlego crítico do *rap* e do *pop* estão mais curtos, isso se deve ao processo de massificação que sofreram, desdobrando-se em estilos e fórmulas de mercado. No entanto, os dois cancionistas aqui considerados são prova de vitalidade e resistência, reinventando constantemente a manufatura específica de sua música e, com isso, atualizando seu sentido maior. Tom Zé gostaria de ser sucesso de massa, mas a estética de sua "descanção" não o permite; o Racionais conhece sucesso massivo desde 1997, mas impõe um freio ético à sua assimilação pelas mídias dominantes, insistindo em divulgar-se apenas pelas "bordas do sistema". É a contundência da forma estética que articulam que os tornam elementos reveladores para um novo sentido de formação: conservam cultura, conversam com o contemporâneo, fazem falar o novo.

Capítulo V
Racionais MC's e a periferia onipresente

"Periferia é periferia em qualquer lugar."
Gog/Racionais MC's, Sobrevivendo no inferno,
1997

"Cada favelado é um universo em crise."
Racionais MC's, Nada como um dia após o outro
dia, 2002

Em 1997, nove anos após a formação do grupo, o quinto álbum do Racionais MC's, *Sobrevivendo no inferno*, estoura na grande mídia com mais de um milhão de cópias vendidas. Fato inédito para um grupo de *rap* que, por motivos econômicos e ideológicos, jamais lançou mão dos meios comerciais dominantes para produzir e divulgar sua música. O motivo de tamanho sucesso (mantido até hoje, sobretudo, entre jovens) não é óbvio, embora a qualidade distintiva do *rap* do Racionais seja o primeiro e talvez o mais saliente ponto da questão.

Julia Pinheiro Andrade

Os Racionais MC's: Mano Brown, KL Jay, Ice Blue e Eddy Rock, Capão Redondo, 1997. Foto: Klaus Mitteldorf.

O quarteto formado por Mano Brown, Eddy Rock, Ice Blue e KL Jay surge na cena musical com a novidade da virulência narrativa do *rap* e com a retomada de certa tradição de música negra do Brasil e dos Estados Unidos. Escolhem entrar no mundo da música com claras intenções críticas, através de um gênero de canto bastante ligado aos circuitos e meios eletrônicos da indústria cultural, de forte ascendência norte-americana. Desde o início, porém, promovem-se em circuitos marginais, longe dos holofotes da grande mídia e das grandes gravadoras, filiando-se tanto às lutas dos "guetos" negros e latinos nas grandes metrópoles norte-americanas quanto ao amplo *swing* brasileiro (Jorge Ben Jor, Wilson Simonal, Tim Maia, Toni Tornado, entre outros) e às diversas referências de resistência negra que os perpassam (Zumbi dos Palmares, Tupac Shakur, Malcolm X, Martin Luther King). Já o nome do grupo comporta uma dupla significação que associa a intenção crítica a uma linhagem de referências musicais sintetizadas na obra de Tim Maia. "Racionais" é uma palavra que, por um lado, deixa explícita a principal intenção da fala cantada do grupo: fazer pensar.[1] Por outro, faz também uma homenagem e uma alusão à fase mais *funk-soul* de Tim Maia (do álbum duplo *Tim Maia Racional*, de 1974, em que, "deglutindo" a *black music*, o cantor encontrou a *sua* levada característica), referência musical bastante presente nas "levadas" que adotam em seus primeiros discos.[2]

Refletir sobre a especificidade narrativa do *rap* e o modo pelo qual, através dele, o Racionais MC's narra a cidade, conduz-nos a uma escuta envolvendo muitas questões: como se dá a combinação entre matéria cantada e forma narrativa? O que expressa e convoca a gestualidade oral e corporal desses *rappers*? De que lugar falam? Como pensar a ambivalência desta última questão, que "cola" o território (lugar geográfico) de onde se fala ao ponto de vista (lugar de enunciação) a partir do qual se fala? Como a fala cantada do Racionais conseguiu abrir espaços para ser atentamente ouvida por toda a parte na cidade de São Paulo, sobretudo por jovens? Como interpretar a ampla escuta do grupo em lugares e por públicos tão diversos como jovens negros e pobres da zona sul, uma das mais violentas de São Paulo (Caliari, 2003, p.31), aos ouvidos jovens, brancos e endinheirados das ilhas de prosperidade de elite do Sudoeste da cidade – com seus condomínios fechados, áreas estritamente residenciais e ampla rede de serviços e de infra-estrutura urbana?[3]

---

[1] Em entrevista à revista *Raça*, Eddy Rock afirmou que Racionais é "um nome que tem a ver com as letras, que tem a ver com a gente. Você pensa pra falar". (Ver Kehl, 2000, p.218.) No mesmo sentido, Mano Brown disse que quiseram exatamente se contrapor ao *"rap* bobo", "de enganar", que era feito no início do *rap* no Brasil. (Ver Kehl, op.cit.)

[2] Sobre as primeiras influências para a formação do grupo, ver Pimentel, s/d.

[3] Walter Garcia tem razão quando afirma que, para se analisar o *rap* "e a periferia do Racionais" em relação "ao centro dos negócios do mercado fonográfico", é preciso ter em mente que "eles se mantêm unidos por um muro que os sepa-

Com essas perguntas, sugere-se que música e cidade ou *rap* e território devem ser pensados lado a lado. A matéria é difícil, contemporânea e cheia de ambiguidades, um "grande sertão" cheio de veredas para análises e interpretações tateantes. A referência ao clássico romance de Guimarães Rosa vem justamente aludir à seguinte intuição: o sertão rústico, agrário e profundo, cujo mapeamento e destino confrontou os impasses da formação do Brasil contemporâneo ao longo das décadas de 1930 a 1970, migrou e tornou-se o imenso mar de periferias urbanas que circundam as metrópoles do Brasil de hoje. O *rap* do Racionais é um de seus imensos "redemunhos". Seus ritmos e palavras cantadas foram se desenvolvendo pela exigência de nomear experiências difíceis, hiperbólicas formas de violência presentes na periferia, limiar entre "a lei do cão e a lei da selva", como bem destacou Bruno Zeni a partir de escutas e leituras do *rap* paulista (Zeni, 2004, p.225-41).

1. Rap: *para uma gênese do gênero*

> *Gente pobre, com empregos mal remunerados, baixa escolaridade, pele escura. Jovens pelas ruas, desocupados, abandonaram a escola por não verem o porquê de aprender sobre democracia e liberdade se vivem apanhando da polícia e sendo discriminados no mercado de trabalho. Ruas sujas e abandonadas, poucos espaços para o lazer. Alguns, revoltados ou acovardados, partem para a violência, o crime, o álcool, as drogas; muitos buscam na religião a esperança para suportar o dia a dia; outros ouvem música, dançam, desenham nas paredes... Por incrível que pareça, não é o Brasil. Falamos dos guetos*

---

ra". O crítico e músico nota, em seguida, que "o endereço parece definir muitas opiniões" sobre o Racionais, "sobre uma obra de arte que expressa não a, mas *uma* visão crítica do muro enxergado pelo lado da periferia. Sobre uma obra de arte que acaba sendo esse muro. 'Fronteira do céu com o inferno'". (Ver Garcia, 2004, p.169) *negros de Nova York nos anos 70, tempo e lugar onde nasceu o mais importante movimento negro e jovem da atualidade, o hip hop.*

Spency Pimentel, *O livro vermelho do hip hop*

Por volta de 1973, essa "cultura de rua" já era parte do cotidiano no bairro do Bronx, em Nova York. Por associar fortemente a tradição de festa de rua jamaicana com dança, música rimada e falada, o *rapper* e DJ norte-americano Afrika Bambaataa a batizou de cultura *hip hop* (literalmente, "saltar e movimentar os quadris"). Na década de 1990, vinte anos após seu surgimento, a cultura ou o movimento *hip hop* se ampliou e passou a ser definido pela associação de "cinco elementos":

1. o DJ (Disc-Jóquei), que faz o ritmo, a levada do som eletrônico, com *samplers* (trechos sonoros), *scratchs* (efeitos de manipulação da rotação do vinil) e *beat box* (efeitos rítmicos produzidos com a voz);
2. o MC (Mestre de Cerimônia), que toma a palavra e canta, realizando a poesia falada do *rap* (do inglês, *rhythm and poetry*, ritmo e poesia);
3. o *bboy* ou a *bgirl* (*break-boy* ou *break-girl*), que dançam o *break dance*, com suas variações quebradiças, acrobáticas ou gingadas, cuja origem é polêmica;[4]
4. o grafiteiro, que trabalha a imagem, os símbolos; que desenha e estiliza os muros das casas, das ruas, das escolas e dos salões de dança;

---

4 Sobre a polêmica em torno do *break dance*, muitos sustentam que a origem quebradiça da dança está nos gestos dos jovens que dançavam com partes do corpo mutiladas na guerra do Vietnã. (Ver Zeni, p.225-41, 2004; Casseano, et al., 2001) Já o *rapper* e militante negro MV Bill questiona essa explicação e sustenta que o *break* forma-se em íntima relação com a nova música eletrônica, com seus *scratches* e repetições, intensificando a gestualidade *funk-disco* que era dominante antes do surgimento do *rap*. (Ver MV Bill, 2005)

5. e, por fim, a *consciência*, a atitude de reflexão sobre o presente e o trabalho de pesquisa sobre a história, muitas vezes organizada em torno de "posses", espaços de encontro e de trabalhos comunitários, em que se realizam debates sobre racismo, violência, ações culturais etc.

Em sua longa reportagem *Hip hop, a periferia grita*, Janaina Rocha, Mirella Domenich e Patrícia Casseano afirmam que, como movimento social, o *hip hop*...

> [...] seria conduzido por uma ideologia de autovalorização da juventude de ascendência negra, por meio da recusa consciente de certos estigmas (violência, marginalidade) associados a essa juventude, imersa em uma situação de exclusão econômica, educacional e racial. Sua principal arma seria a disseminação da "palavra": por intermédio de atividades culturais e artísticas, os jovens seriam levados a refletir sobre sua realidade e a tentar transformá-la (Casseano, 2001, p.18).

Daí a grande importância do canto falado. O *rap* é a música da cultura *hip hop*. Surge nos Estados Unidos, mas com a facilidade de circulação dos meios de comunicação de massa e o barateamento dos eletroeletrônicos (como os *sound system* portáteis) trazidos pela globalização, rapidamente difunde-se por todas as grandes cidades do mundo.

O sucesso do *rap* é parte característica de um novo contexto urbano e nacional, em que a juventude desempregada e desiludida em relação às suas reais chances de futura inserção formal no mundo do trabalho vem se tornando o grupo social mais sensível e mais vulnerável às questões da violência. Tais questões, fruto da crescente desigualdade econômica e social, assumem uma nova centralidade em todos os centros urbanos e exigem não ser pensadas de maneira preconceituosa e estereotipada como relativas à marginalidade e à pobreza. A crise da sociedade contemporânea, vinculada intimamente ao neoliberalismo econômico e a uma redefinição do papel político dos estados nacionais, pôs em xeque muitos dos princípios da vida e da esfera públicas. Um dos resultados disso foi o aumento no número de pessoas espoliadas, subempregadas, desempregadas, sem-teto, sem-terra, sem educação, enfim, o aumento daqueles que o ex-presidente Fernando Henrique Cardoso (1994-2002), de acordo com o espírito do tempo, nomeou e condenou como "inempregáveis". Ora, em tal situação, seja em que escala se encontre (global, nacional, municipal, distrital ou cultural), *o ponto de vista jovem e da periferia vem se tornando onipresente.*

A vivência das diferentes formas de exclusão social (do racismo, da pobreza, da precarização das condições de trabalho, do desemprego, até o limite das formas de marginalidade) vem se alargando como índice de uma experiência histórica característica do contexto urbano do final do século XX. A "exclusão" vem se tornando tendencial e estruturalmente um modo generalizado, alargado e difuso, porém subordinado e vil, de justamente estar incluído no sistema social.[5]

O surgimento do gênero *rap* é uma elaboração dessa experiência urbana: é uma resposta estética e ética, musical e narrativa a esse estado de coisas e que ganha força justamente nos países com grande presença negra e afrodescente em sua população. É também um sintoma de um novo momento e de uma nova forma de simbolizar as significâncias que orbitam em torno da atualização das questões da exclusão e da desigualdade, sobretudo no que diz respeito ao racismo em relação ao negro na atual cultura urbana de massas. A presença do *rap* em todas as cidades do Brasil tem a ver com os intensos processos de modernização que ocorreram a

---

[5] Para uma crítica ao conceito de exclusão social (que confere a falsa ideia de que os marginalizados e espoliados estão fora e não dentro do sistema econômico-social), ver Martins, 2004; Castel, 1998.

partir dos anos 1970. Nesse sentido, alguns autores arriscam dizer que o *hip hop* está ligado às colagens e à mistura de linguagens características da cultura pós-moderna:

> O pessoal não dispõe de veículos tradicionais de divulgação da cultura, então vai pintar o muro das ruas, vai se reunir para dançar, jogar capoeira, fazer letras e discutir seus problemas. A internacionalização também tem a ver com tipo simples de música, feita de colagens de sons, uma espécie de Karlheinz Stockhausen popularizado e por letras que são entendidas por todos, que falam do cotidiano imediato. É um mundo de produção improvisado e espontâneo. Por isso onde há periferia, há *rap* (Amaral, 2001).

2. Origens lá e cá

Nos Estados Unidos, música e identidade negra sempre estiveram associadas. Na década de 1960, ocorria uma intensificação das lutas e conquistas políticas dos negros norte-americanos. Os assassinatos de Malcolm X, em 1964, e Martin Luther King, em 1968, foram marcos decisivos no movimento da consciência negra, eternizando ambos como líderes e trazendo novo fôlego à sua luta política, com forte apelo às manifestações artísticas a eles associadas. Em função da grande repressão, o combate ao racismo e a pressão por novas formas de participação social e política exigiam estratégias agressivas, mas baseadas em linguagens culturais fáceis e amplamente assimiláveis. A música, o estilo de vestir-se, de pentear-se (com a criação do cabelo *black power*), de gingar o corpo e associar esses comportamentos a uma atitude política estavam na ordem do dia.[6] Nesse ambiente político-cultural, *"Black*

---

6 Como se propôs a organização *Black Panthers* (Panteras Negras). Ver propostas e organização do movimento em: <www.macumbaberlin.de>. Acesso em: 1 ago. 2007.

is beautiful" tornou-se um *slogan* e uma moda; *funks* dançantes como *Say it loud: I'm black and I'm proud*, de James Brown e Steve Biko, foram compostos visando, ao mesmo tempo, divertir e estimular a autoestima da população negra. Porém, o racismo e os guetos étnicos persistiam. A linguagem para combatê-los exigia mais agressividade.

South Bronx, Nova York, final dos anos 1960: a especulação imobiliária acarreta a construção de uma grande avenida (*free way*) e desapropria moradias, desvalorizando a região e liquidando a diversidade da vida comunitária do bairro. A situação de segregação étnica e socioespacial agrava-se e configura, então, um bolsão de pobreza eminentemente negro e hispânico, com muitos descendentes jamaicanos. O bairro passa a ser visto como uma área "degradada", isto é, desassistido de investimentos públicos e tomado pelos diversos circuitos de marginalidade. Uma paisagem urbana marcada pelo contexto de desemprego, revolta e ócio juvenil agravados com o fim da Guerra do Vietnã. Os jovens que ali viviam, como em toda parte, procuravam divertir-se e expressar-se culturalmente. Sem grandes recursos, ocupavam o tempo e as ruas ouvindo música, dançando ao som de música eletrônica e desenhando nos muros das propriedades decadentes e abandonadas. É ali que surge o *rap*: um estilo de "briga cantada" extremamente performática, envolvendo a dança e o canto com a tradição negra dos *griots*, contadores de história tradicionais que se valiam de técnicas de poesia oral.[7] Seu ritmo é uma simplificação dos elemen-

---

[7] Os *griots* eram contadores de história que carregavam na memória os ritos, os mitos e os símbolos das tribos africanas, preservando-os sob a forma de versos ritmados e rimados, passados de pai para filho. Spency Pimentel nota que essa tradição chegou ao Brasil através de heranças da literatura medieval e ainda hoje pode ser encontrada no Nordeste, sobretudo como raiz e reapropriação de "repentistas, emboladores, cantadores e todas as outras categorias de poetas populares no Brasil". (Ver Pimentel, op. cit.)

tos rítmicos do *funk* e do *soul*, com a utilização de recursos inovadores e baratos da música eletrônica, que passou a substituir e a transformar, sublimando-os, as disputas e o quebra-quebra entre gangues rivais e, assim, firmou-se como uma expressão específica da "cultura do gueto". Como canção, o *rap* dá voz, sobretudo, à população urbana jovem, masculina, negra e, em parte, hispânica, que estava excluída e segregada dos circuitos socioculturais instituídos. Como conta Spency Pimentel em seu *Livro vermelho do hip hop*, a considerar uma temporalidade de longa duração, o *rap* veio atualizar e continuar a história das tradições da música e da oralidade negras:

> Nos guetos americanos, essas tradições se expressam no *preaching*, no *toasting*, no *boasting*, no *signifying* ou nas *dozens* (espécie de "desafio" em rima). São versos conhecidos até hoje, que usam a gíria dos bairros negros e impossibilitam a compreensão dos brancos. Contam histórias de prostitutas, cafetões, brigas, tiroteios e tudo o que envolve a marginalidade. [...] No início da década de 70, artistas como os Watts Prophets, de Los Angeles, ou os Last Poets e Gil Scott-Heron (criador do famoso verso "A revolução não será televisionada"), de Nova York, recuperaram essa tradição poética e puseram-na a serviço de toda a luta política que estava acontecendo. Recitando poemas sobre bases percussivas com influências do *jazz*, esses artistas foram os precursores dos MCs que, poucos anos depois, iriam criar o *rap*. [Assim,] o *rap* é só um dos galhos da grande árvore da música negra. É filho do *funk*, neto do *soul*, bisneto do *spiritual* e do *blues*. [...] Irmão do *rock*. Primo do *reggae*, [e no Brasil] do samba, do maracatu, da embolada (Pimentel, s/d. – destaques nossos).[8]

---

8 No entanto, continua Pimentel, "para entender os padrões que o *rap* brasileiro tem criado é preciso observar que somos um país predominantemente católico, ao contrário dos EUA, de maioria protestante (mesmo que hoje a realidade tenha se alterado, historicamente essas religiões influenciaram a cultura dos países, cada uma conforme sua própria ética)...". Marshall Berman sustenta outra genealogia para o *rap* norte-americano: nota que boa parte dele não se

Os primeiros discos de *rap* começaram a aparecer apenas no final da década de 1970, o primeiro grande sucesso comercial do ritmo viria ainda depois, com o disco *Raising hell* (1986), do politizado grupo americano Run DMC, que consegue vender dois milhões de cópias. Entre o surgimento do *rap* no gueto e sua consagração nas paradas de sucesso dos EUA, afirma Spency Pimentel, "existem duas décadas de evolução e uma pluralidade que criou nomes tão diversos como 2Live Crew e Public Enemy, Onyx e Arrested Development, De La Soul e Wu-Tang Clan". Já para a consolidação do *hip hop* como movimento social, o principal marco foi o surgimento dos grupos NWA (Niggers with Attitude) e Public Enemy, no fim da década de 1980. "Com eles, o *rap* se firmou como meio de levar informação à periferia, indo contra o sistema", afirma o jornalista. Nesse sentido, em 1990, o Public Enemy afirma seu *ethos* de confronto e declara: "Somos a CNN negra". No mesmo ano, o grupo é investigado pelo FBI (a polícia federal americana) e citado num relatório apresentado ao Congresso norte-americano: "A música *rap* e os seus efeitos na segurança nacional".[9]

---

politizou, mas, ao contrário, acentuou um aspecto violento e cruel da masculinidade no estilo *gangsta rap*, atualmente o mais popular nos Estados Unidos. Nesse sentido, Berman associa o *rap* não a uma elaboração crítica da cultura do gueto, do racismo e da questão da desigualdade social, mas a toda uma tradição poética de valorização da marginalidade e do herói solitário que prefere abandonar o convívio social a empenhar-se em transformar a sociedade em algo melhor: "[...] Acho que há muito disso nos faroestes americanos, e a música popular pós-*rock and roll*, muito do *rap* e do metal, tem expressado isso e se conectado a uma longa onda da cultura americana que vem de muito antes do *rap*. Eles provavelmente não se dão conta disso. Talvez alguns sim. Mas, de qualquer forma, não podemos dizer que o *rap* seja somente uma expressão de uma cultura de gueto". [Ver Berman, M. "Rap, o canto à beira do precipício". *Folha de S. Paulo*, 14 out. 2001, Caderno Mais! (Entrevista).]
9 "Como diz o *rap Senhor tempo bom*, de Thaíde e DJ Hum, 'O *hip hop* é o *black power* de hoje'". (Ver Pimentel, op. cit.)

No Brasil, antes do *rap*, no entanto, o *hip hop* chega pela dança *break boying*, entre o final dos anos 1970 e o início dos anos 1980.[10] Essa dança de rua dissemina-se justamente nos encontros de juventude em espaços públicos dos centros das cidades. Aos poucos, tais espaços tornam-se fechados para esse tipo de uso e, paralelamente, passam a ser refuncionalizados pela valorização de mercado posta em marcha por ações do poder público. Em São Paulo, ocorreram ocupações e expulsões progressivas dos *bboys*, DJs e *rappers*:

> [a cultura *hip hop*] chegou pelas mãos das equipes que faziam os bailes *soul* e dos discos e revistas que começaram a ser vendidos em lojas nas galerias da Rua 24 de Maio, no Centro (mesmo local onde, na mesma época, encontravam-se os integrantes do nascente movimento *punk*). Os primeiros a aparecer foram os dançarinos de *break* que, expulsos pelos comerciantes e policiais da região, transferiram-se para a estação de metrô São Bento. Logo houve uma cisão entre esses *breakers* e os *rappers* (também conhecidos como tagarelas), que começavam a fazer seus versos e tiveram que se bandear para a Praça Roosevelt. Pouco tempo depois, eles se tornaram a facção mais forte e atuante do *hip hop* paulistano, levando até alguns *breakers* a tornarem-se *rappers* (Essinger, 2000).

Esse *rap* inicial surge sem grandes pretensões discursivas e como um canto improvisado que acompanhava os passos de *break dance*, improvisado ao som de latas, palmas e *beat box* (imitação das batidas eletrônicas feitas com a boca). Muitos grupos de *rap* se organizaram a partir desses encontros de rua organizados ao redor do *break*. A dupla Thaíde e DJ Hum, uma das primeiras do *rap*

---

10 Já existe uma bibliografia grande a respeito da história do movimento *hip hop* em São Paulo, ver: Caros Amigos Especial, 1998; Caros Amigos Especial, 2005; Rodrigues, 2005; Zeni, op.cit.; Casseano, et al., op.cit.; Essinger, 2000.

nacional, são um exemplo. O próprio Racionais MC's se formou a partir de encontros de rua desse tipo, apresentando-se depois em concursos de *rap* dos bailes *black*, que lançavam em LPs coletâneas que traziam uma ou duas faixas de cada grupo vencedor. Tais bailes já eram um acontecimento cultural desde 1970, não apenas em São Paulo, mas também no Rio de Janeiro, em Brasília e em Salvador. Muitos de seus organizadores tornaram-se produtores culturais de *rappers*, como Milton Sales, produtor do Racionais. Nos final dos anos 1980, então, com o sucesso crescente do *rap*, ao mesmo tempo que passa a ocorrer um refluxo do *hip hop* do centro urbano às periferias, das ruas aos bailes de bairro, estes sofrem, pouco a pouco, uma "reapropriação político-cultural". Como a maioria dos frequentadores desses bailes era jovem e negra, quando a batida do *rap* encontrava uma boa recepção, consolidava-se rapidamente como "autêntica trilha sonora da periferia", sendo escolhida por grande parte da juventude negra justamente como meio de expressão de suas atitudes e ideias (Pimentel, s/d.).[11] Os bailes em que se tocava Barry White, Isaac Hayes e Wilson Simonal; o samba-*rock* de Jorge Ben Jor, as canções de Hyldon, as levadas dançantes de Tim Maia, o *funk* de James Brown e o caloroso Earth, Wind and Fire; o *soul*, as matizes de lamento, de louvor e de *performances* vibrantes do gospel, o "*pop*-romântico" de Marvin Gaye, o *rhythm and blues* variadíssimo de Ray Charles, enfim, onde tocava *black music* dançante em geral, com a entrada do *break dance* e, depois, do *rap*, passam a ser também um local de ativação da "consciência negra", com ênfase na "pregação" discursiva e no apelo

---

[11] O termo é muito generalizante, mas condiz com a pretensão discursiva que o *rap* passa a veicular. Nas periferias, como em qualquer parte, há muitas "tribos urbanas" (para usar a expressão de Michel Maffesoli), *hip hoppers*, pagodeiros, sambistas, evangélicos (de muitas diferentes igrejas), católicos etc., sendo difícil dizer qual é a dominante sem regionalizar e especificar exatamente de que lugar se está falando. (Ver Maffesoli, 1987)

performático voltado, sobretudo, à afirmação do homem jovem e negro – embora, mais recentemente, a proliferação de *rappers* mulheres esteja tornando o gênero também uma forma de expressão feminina.

Diferentemente das tradições anteriores da música negra, no entanto, o *rap* tem um sentido de protesto e de confrontação, de denúncia da realidade de injustiças que envolve a vida nas periferias, porém sob um tom de agressividade frequentemente intolerante, sem espaços para negociação e para alteridade. Teresa Caldeira analisa esse aspecto ressentido da cultura como produto da periferia neoliberal e da cidade de muros dos anos 1990, um espaço urbano fragmentado, menos voltado para a dimensão pública da rua como espaço de mistura de populações do que para a dimensão privada das moradias fortificadas e segregadas em condomínios fechados, com fortes aparatos de segurança particular.

> Os movimentos culturais paulistas que proliferam nas periferias nos últimos anos são movimentos de protesto e confrontação. Embora tenham várias diferenças internas, eles compartilham algumas referências. Os membros desses movimentos articulam uma poderosa crítica social por meio da descrição das condições de vida dos pobres nas periferias, e incorporando de modo crítico os preconceitos dirigidos a eles. Eles se posicionam na periferia, se identificam como negros e pobres, expressam um antagonismo explícito de classe e racial, e criam um estilo de confrontação que deixa muito pouco espaço para a negociação e tolerância. Seus *raps* e literatura estabelecem uma distância não negociável, sem pontes, entre os ricos e os pobres, negros e brancos, o centro e a periferia. Racismo é uma de suas denúncias mais importantes e nesse sentido esses movimentos representam uma quebra significativa na maneira pela qual os problemas raciais têm sido tratados no Brasil (Caldeira, 2006, p.117).

Como se verá, o Racionais MC's é o grupo de *rap* que melhor traduz essas ambivalências e questões.

3. A forma rap

A forma *rap* implica a redução da forma musical a dois elementos mínimos e essenciais: ritmo e poesia (daí a origem do nome *rap*), ou seja, a concentração do canto na prosódia da fala, alternando ênfases e acentos conforme o apelo do pulso e da rima. Por conta dessa tônica no dizer cotidiano, trata-se de uma das formas musicais mais aptas a traduzir esteticamente dialetos, gírias, e a caracterizar, "figurativizando-os",[12] certos tipos sociais através da dialética do canto e da fala, isto é, da configuração do *grão da voz* dessa cultura de rua.[13]

A musicalidade de canções muito longas tende a afastá-las das fórmulas comerciais de assimilação fácil, marcadas por estruturas estróficas que delimitam com clareza refrão, primeira e segunda partes, técnicas que facilitam a memorização. Ao contrário do que no mais das vezes entendemos por canção, o *rap* é uma música que se apresenta colada à dinâmica e à instabilidade fônicas do discurso falado, distanciando-se, assim, das formas musicais de fixação de significantes (desenvolvimento melódico e colorido de timbres

---

12 Referência ao conceito cunhado pela semiótica de Luiz Tatit, resenhada no capítulo I.
13 O conceito de "grão da voz" é de Barthes, 2004. É justamente nesse sentido que Walter Garcia aproxima a fala cantada do Racionais MC's da bossa-nova de João Gilberto. Por motivos diferentes, ambos apresentam uma fala colada ao corpo que, para ser escutada, necessita de atenção minuciosa, quebrando, assim, com a assimilação rápida do mero entretenimento – ainda que tanto o *rap* quanto a bossa-nova sejam frequentemente consumidos como fundo musical em ambientes de lazer das diferentes classes sociais associadas a esses dois gêneros. (Ver Garcia, 2004)

e instrumentos musicais; cadências harmônicas; variação na intensidade, altura e tessitura dos sons; exploração do alongamento de vogais; ênfase na estrutura de reiteração em refrão etc.). Essa característica tem a ver com a "função" ou com o "projeto" narrativo decantado na forma *rap*: uma vontade de organizar e de comunicar uma carga de informação e de sentido muito grande. Para poder fazê-lo e chamar a atenção para o discurso, os elementos musicais tornam-se minimizados: a melodia praticamente é expulsa da música, os saltos passionais e as estruturas reiterativas da canção temática ficam em segundo plano, tornando-se recessivos, e a figurativização assume a dianteira. De dentro da voz que canta, a voz que fala pode tomar a cena.

Assim, se na canção melódica, o que é dito (o sentido) muitas vezes é menos importante do que como se diz (a significação e as informações musicais, a expressividade harmônico-melódica), no *rap* dá-se o contrário: a expressividade e os recursos de fixação da significação colocam-se a serviço da construção do sentido (em geral, discursivo). Daí o vínculo etimológico entre *rap* e poesia (de que utiliza as ferramentas da rima e, às vezes, da métrica) e a contenção extrema das fontes de musicalidade – ênfase no pulso (ritmo), ausência de melodia e grande simplificação harmônica. O uso de *samplers* (ainda que de trechos "harmônicos") reforça ainda mais essa característica, uma vez que, por serem recortes de outras músicas tocados repetidamente, criam sempre um efeito rítmico (de reiteração e reforço de sentido) em vez de harmônico (de desenvolvimento e multiplicidade polifônicas).

Com variações ao longo de seu desenvolvimento, o *rap* do Racionais destaca-se perante outros grupos por conta da conjunção de simplicidade e contundência, pela economia no uso de recursos e efeitos eletrônicos, e pela ênfase performática dos personagens que narram e figuram as histórias contadas pelas longas letras. Porém, ao contrário do que muitas vezes se diz a respeito do Racionais, o duplo efeito agressivo e crítico de suas músicas não decorre meramente do conteúdo de denúncia da situação bárbara em que a população das periferias vive, sobretudo jovens, homens e negros. A mera denúncia poderia ser objeto para uma reportagem jornalística ou para um livro-documentário e, assim, converter-se exatamente no motivo para dispensar a composição ou a escuta da música. Os achados e a qualidade maior do *rap* do Racionais é a correspondência estrutural entre forma musical e matéria cantada, isto é, a qualidade estética do grito ético que sentencia e, portanto, a eficácia técnica que sua música assume para narrar vivências-limite. Não é, portanto, por acaso que os elementos musicais estão (para falar como Adorno) "regredidos" a um grão mínimo: ritmo e poesia. É mediante essa *forma mínima* que o *rap* fala em densidade máxima. Daí sua agressividade e contundência. Nesse sentido, tem razão Walter Garcia quando afirma que...

> [...] as experiências cantadas pelo grupo impossibilitam uma audição distanciada, impassível, pois acredito que elas não dizem respeito somente às camadas de baixo, e sim a toda sociedade. O valor da elaboração artística, por sua vez, creio que não se dê por si só, por seu apuro, mas decorre do fato de que a técnica de feitura das obras está completamente adequada à profundidade das experiências representadas. E ainda que o ouvinte acredite se identificar com o grupo apenas pelo conteúdo das letras, ou prefira somente dançar, é o acerto da técnica que parece estar na base do sucesso e da importância da obra (Garcia, 2004, p.171).

Sem o acerto técnico não pode haver experiência estética no sentido forte do termo. A força do *rap* do Racionais advém de sua capacidade singular de narrar uma experiência, isto é, de dar forma a vivências violentas, isoladas e silenciadas, de modo a organizar e comunicar, no plano da estética musical, um coletivo, um mundo comum de discursos, valores e atitudes. Ao elaborar esteticamente suas vivências particulares como um ponto de vista sobre as condições de vida nas periferias paulistas, o

Racionais elabora uma experiência social que envolve uma percepção de toda a cidade. Assim, ainda que seu ponto de vista particular seja, muitas vezes, revanchista e estereotipado, consegue tornar-se crítico e revelador na medida em que sua formalização estética universaliza um sentido para a experiência urbana contemporânea.

Trata-se de um pêndulo complexo e que diz respeito à percepção da lógica da construção social do espaço urbano a partir de seus elementos aparentes na paisagem da periferia. Isto é, uma vez que os fatos e os objetos estão todos aí, objetivos, "naturalmente" dispostos, independentemente de nós e resumidos à sua aparência, trata-se do empenho crítico de construir relações, fisionomias, explicações e interpretações que os organizem em um sentido histórico e social (Santos, 1997, p.10). Ou seja, uma crítica que opera a passagem dos objetos visíveis da paisagem à lógica oculta do espaço social, um trabalho de apropriação cognitiva que permite ao sujeito apoderar-se da cidade, percebê-la em sua dinâmica de transformações e, portanto, distanciar-se da posição de espectador passivo, de subcidadão, de indivíduo atomizado, explorado e impotente.

É esse movimento que indica, por exemplo, a relação de escuta entre estes dois trechos de *rap*: "periferia é periferia em qualquer lugar/ gente pobre/ Milhares de casas amontoadas/ Periferia é periferia/ Mães chorando, Irmãos se matando. Até quando?" (a paisagem, a descrição aparentemente factual, a tragédia, a "impotência"); e "eu sou apenas um rapaz latino-americano/ apoiado por mais de 50 mil manos/ efeito colateral que o seu sistema fez/ Racionais capítulo 4, versículo 3" (a produção do espaço, a narração, "o oculto", os "espaços de liberdade" para uma intervenção na cidade).[14]

---

14 Trata-se de *Periferia é periferia (em todo lugar)* e *Capítulo 4, versículo 3*, ambas canções do disco *Sobrevivendo no inferno* (Cosa Nostra/ Zâmbia Fonográfica, 1997).

4. A construção da dicção de navalha

> Possível novo quilombo de Zumbi... Há quem diga que Caetano Veloso "previu" nessas palavras de Sampa (1978) a expressão que o movimento hip hop, especialmente sua porção musical, viria a ter em São Paulo. A popularização do rap, quando este passa a obter espaço na mídia e a ser consumido pela classe média, bota no mapa uma realidade antes oculta nas margens – chacinas rotineiras, truculência policial e falta de perspectivas num cenário dominado pelas vielas tortuosas, pelos botecos e pelos córregos cinzentos.
>
> Pedro Biondi, Musica urbana

A primeira gravação do Racionais é feita em 1988, na coletânea *Consciência black*. Dois anos depois, aproximam-se do selo alternativo Zimbabwe e da RDS Fonográfica, voltada aos gêneros urbanos "marginais", como o *rap* e o *punk-rock*, e conseguem lançar seu primeiro disco solo, *Holocausto urbano*. Apesar de contarem com apenas seis faixas no disco, garantem, com sucesso, uma série de *shows* pela Grande São Paulo, tornando o Racionais mais conhecido.

As levadas e os ritmos das canções desse período eram bastante dançantes, sintonizados com o *break*, o *funk* e com os efeitos percussivos do som eletrônico. As letras, no entanto, apesar de manterem, quase sempre, o caráter coloquial, eram bastante cruas, explícitas, sem muita complexidade narrativa; expunham juízos diretos ora sobre questões genéricas, ora sobre a descrição de cenas cotidianas "das quebradas", conferindo sempre à mensagem uma clara função moral. Apresentavam com muita contundência, no entanto, o espectro temático que, dali em diante, foi cada vez mais dissecado pelo grupo: a demarcação de uma polaridade e a tentativa de construção de um entendimento sobre o sentido da desigualdade (econômica, social, cultural e étnica). De um lado, um "Nós", voz coletiva e fraterna dos "manos das quebradas", negros "tipo A" que, além de si mesmos, só contam com a fé e com a figura da mãe para protegê-los. De outro lado, um "Outro" imenso, envolvendo todos aqueles que ameaçam a integridade e a dignidade dos "manos": a "vida loka" do crime, as "mulheres vulgares", os *playboys* branquinhos do *shopping*, "a burguesia", a polícia, a lei, a figura do pai que os abandonou.[15]

Mano Brown e a molecada: admiração e exemplo a ser seguido. Capão Redondo, 1997. Foto: Klaus Mitteldorf.

---

15 "Justiceiros são chamados por eles mesmos/ Matam humilham e dão tiros a esmo/ E a polícia não demonstra sequer vontade/ De resolver ou apurar a verdade/ Pois simplesmente é conveniente/ E por que ajudariam se eles os julgam delinquentes" (*Pânico na Zona Sul*); "Hey boy/ [...] Sempre teve tudo/ E não fez nada por ninguém/ Se as coisas andam mal/ É sua culpa também/[...] Sinta o contraste e só me dê razão/ Não fale mais nada porque/ Vai ser em vão [...] A pouca grana que eu tenho/ Não dá pro próprio consumo/ Enquanto nós con-

O racismo aparece, desde cedo, como uma questão transversal capaz de revelar muitos elos sobre a desigualdade no Brasil. Em *Racistas otários*, o grupo procura descrever, com ironia, o preconceito contra negros: "O Brasil é um país de clima tropical/ Onde as raças se misturam naturalmente/ E não há preconceito racial/ Ha, Ha!". Para afirmar, em seguida: "Nossos motivos pra lutar ainda são os mesmos/ O preconceito e o desprezo ainda são iguais/ Nós somos negros também temos nossos ideais/ Racistas otários nos deixem em paz!". Nesse sentido, há uma busca pelo desenho de um alvo, de uma fonte do "holocausto urbano", um conjunto de sacrifícios inconscientes a que a maioria negra da população pobre está sujeitada por "culpa" de muitos, mas em benefício de um só, a burguesia:

> [...] O quadro não se altera e você/ ainda espera que o dia de amanhã será bem melhor/ Você é manipulado, se finge de cego [...]/ Fica perdida a pergunta, de quem é a culpa/ do poder, da mídia, minha ou sua?/ As ruas refletem a face oculta/ de um poema falso/ que sobrevive às nossas custas/ A burguesia, conhecida como classe nobre/ tem nojo e odeia a todos nós, negros pobres/ Por outro lado, adoram nossa pobreza/ pois é dela que é feita sua maldita riqueza/ Beco sem saída! (*Beco sem saída*)

O esquematismo apenas tangencia um mecanismo complexo – as tecnologias de poder e de biopoder relacionadas com o sistema econômico, com a mídia e com a fabricação de "verdades" interiorizadas, inclusive, por aqueles que querem combatê-las. Relações de poder e de produção cuja lógica objetiva passa às costas dos sujei-

---

versamos/ A polícia apreende e finge/ A marginalidade cresce sem precedência/ Conforme o tempo passa/ Aumenta; é a tendência/ E muitas vezes não tem jeito/ A solução é roubar/ E seus pais acham que a cadeia é nosso lugar/ O sistema é a causa/ E nós somos a consequência/ Maior da chamada violência (*Hey boy*). Para ouvir Racionais MC's: <http://radio.musica.uol.com.br>. Acesso em: 12 ago. 2008.

tos sociais, uma vez que se tornam "autonomizadas" em relação às suas consciências individuais e se incorporam à ordem e à hierarquia das relações sociais cotidianas, políticas e domésticas, públicas e privadas. Porém, a procura pela "culpa" ou por "causas" diretas os deixa num "beco sem saída", restando o sentimento difuso de que ainda é possível construir ao menos uma *atitude* de resistência, um *querer saber* que pode alargar as formas de conhecer sobre a própria realidade. Assim, sem se entregar a esses *Tempos difíceis* (sic), querem construir, também, a delimitação de um campo de possíveis ações e discursos pela tomada de consciência, pelas escolhas morais, pelo (re)conhecimento da própria condição de vida:

> A mudança estará em nossa consciência/ praticando nossos atos com coerência/ e a consequência será o fim do próprio medo [...]/ Honestidade nunca será demais/ Sua moral não se ganha, se faz/ Não somos donos da verdade/ porém não mentimos/ Sentimos a necessidade de uma melhoria/ Nossa filosofia é sempre transmitir/ a realidade sim/ Racionais MC's! (*Pânico na Zona Sul*)

O Racionais surge, assim, com um claro compromisso com o "real", com a caracterização do drama vivido, sobretudo, pelo jovem pobre e negro nascido nas grandes periferias da metrópole. Procura elaborar uma fala cantada como *rap*: ritmo e poesia, que se quer voltada, ao mesmo tempo, à denúncia e à recusa da "vida como ela é" nessas condições históricas e geográficas. Nasce como canção urbana de periferia falando para periferia, propondo-se a uma "missão" de "conscientização" – para usar, desde já, os termos fortes que adotarão a partir de 1997, ano em que explodem como fenômeno musical e se tornam amplamente ouvidos.

Esse espírito crítico é cada vez mais intensificado na trajetória do grupo. Um ano depois de *Holocausto urbano*, em 1991, abrem o *show* do grupo de *rap* norte-americano Public Enemy ["Inimigo Público"], cujo maior sucesso de então é a canção *Fight the power*,

Cidade cantada

motivo e trilha sonora do filme *Faça a coisa certa*, de Spike Lee: "*Our freedom of speech is freedom or death/ We got to fight the powers that be/ Lemme hear you say/ Fight the power*"![16] Em seguida vem *Escolha seu caminho* (RDS Fonográfica/Zimbabwe, 1992), com as faixas novas *Voz ativa* e *Negro limitado*. Em relação à primeira, Mano Brown posteriormente disse: "eu tenho raiva da música, não gosto das palavras, do jeito que elas são ditas. Parece um texto de jornalista, eu não sou isso aí! Eu sou um *rapper*. Sou um cara que rima a realidade, então rimo gíria. Rimo palavrão. Rimo tudo" (Caros Amigos Especial, 1998, p.17). Brown explica que, durante essa fase inicial, enquanto procuravam ganhar aceitação na periferia, tinham medo de ser mal interpretados, "medo da música ser vulgar". Tateando seu próprio campo identitário adotou, sem perceber, a estratégia de "falar pros caras da área, mas parecendo que nós éramos outros caras", substituindo o vocabulário corrente ou procurando engrandecê-lo: "se você ouvir, vai ver que as palavras... parece que eu sou um professor, um universitário... tudo quase semianalfabeto, tudo estudou só até o primeiro colegial, o que é pouco hoje". O problema real com o qual se deparavam não era o grau de estudo formal que haviam tido oportunidade de alcançar, mas de adequação ao que precisava ser dito, adequação entre a forma de dizer e o dito, entre o ritmo, a entoação, as palavras e as coisas (*Caros Amigos* Especial, 1998, p.17).[17]

---

16 "Nossa liberdade de expressão é liberdade ou morte/ Temos que combater o poder atual/ Deixem-me ouvir vocês dizerem/ Combata o poder!" (tradução livre da autora).

17 Impossível não lembrar, por correspondência, de Paulo Emílio Salles Gomes, quando este discutia os impasses de formação de um cinema nacional, identificando nela um dilema crucial: a "dialética entre não ser e ser outro". O *rap*, assim como o cinema, são artes intrinsecamente vinculadas à indústria cultural e chegaram ao Brasil não apenas com o maquinário importado, mas também com o padrão de medida e de valor estrangeiros. (Ver Gomes, 1986)

Assim, nesse início de caminhada, o Racionais se aproxima de grupos mais politizados e fundamentalmente experimenta sua dicção para encontrar a compatibilidade adequada entre seu modo de dizer cantando (ênfase na comunicação) e sua singularidade de cantar dizendo (ênfase na expressão), de explorar essas múltiplas dimensões de rima, canto, ritmo e fala que a voz contém.

O segundo trabalho do grupo, *Raio X do Brasil* (RDS Fonográfica/Zimbabwe, 1993), traz sete faixas novas, cuja maioria comporá, depois, ao lado daquelas do CD anterior, a compilação *Racionais MC's* (RDS Fonográfica/Zimbabwe, 1994). Nesse momento, uma dicção ao mesmo tempo agressiva e contundente começa ser forjada pelo grupo, que passa a se afirmar no fio da navalha entre a agressividade direta e a cifra do agressivo em ironia, chiste e inúmeras figuras de linguagem; entre a persuasão pela confissão, pelo depoimento pessoal e a exemplaridade da parábola simbólica; a oscilação entre o julgamento racional que supõe alguma distância da cena e o puro sentimento de revolta que xinga, se atira, se cola na violência que quer refutar e corre o risco de arrepender-se depois; na manipulação estética de uma voz narrativa que migra de um registro a outro enunciando, na terceira pessoa, ora uma cena fictícia, ora recortes de jornal, estatísticas, para em seguida pular para a primeira pessoa e colar-se ora na voz dos *rappers* cantores, ora na voz de um sujeito simbólico de um conflito narrado. Assim, os *raps* vão se tornando mais complexos, operando um movimento pendular que leva do comprometimento com os impasses da realidade local à percepção das implicações de longo alcance, que apontam para esse desejo de "raio x" do país.

Ao mesmo tempo, porém, a expressão e os contornos da dicção também entram nessa pesquisa de limiar: a voz alterna registros entre a confirmação dura do pulso fundamental e os tons ou semitons mínimos que carregam a emoção da entoação coloquial; entre o equilíbrio no uso do *loop* eletrônico (repetição contínua de um trecho musical) e no uso dos *scratches* mecânicos do vinil.

Cidade cantada

Ou ainda na ambivalência de inventar sons e ruídos novos ou citar o *swing* dançante de "clássicos" da *black music*, "*sampleando-os*" (mecanismo que permite copiar, recortar, distorcer e remontar qualquer som). A citação dos sons "*roots*", de "raiz", pode tanto provocar nostalgia e tédio quanto ressignificar e intensificar o som *black* de hoje – quando consegue lhe conferir densidade genealógica e o afasta da pura imitação de efeitos do mercado da *pop music*.

Duas canções muito significativas desses achados de cancionista são *Fim de semana no parque* e *Homem na estrada*. Aqui, a violência deixa de ser imediatamente explicitada para ganhar a densidade narrativa de formas mediadas por figuras de linguagem rentes ao cotidiano, ao chão, aparentemente referidas aos sentimentos e dilemas da vida de todos nós, independentemente de classe ou de cor. No entanto, aí mesmo, nesse achado de "simplicidade", tais figuras organizam a força de episódios que falam deles, de suas "quebradas", de sua cor, de seus dilemas e, nessa medida, trabalham as diferenças entre "nós": o nós que a sociedade disciplinar moderna ata sobre a figura do ex-presidiário, do desempregado, do "delinquente", do marginal, do pobre e do negro por oposição ao "homem de bem", ao trabalhador dedicado, ao aluno exemplar, ao "homem de sucesso", ao proprietário, ao rico, ao branco. Nesse compasso, o Racionais começa a deixar apontado para o ouvinte atento que, no Brasil, sequer esses lugares sociais e disciplinares "clássicos" (rede de poderes que está na base dos direitos civis, sociais e políticos modernos pelos quais cada um teria acesso garantido a "um lugar positivo" na ordem social) chegaram a ser universalizados de fato.

Títulos difusos e algo bucólicos enquadram descrições virulentas. Fim de semana no parque ressoa entre três acordes em modo menor de um teclado de timbre estridente, entre batidas rítmicas muito duras que cortam, pela marcação, a voz emocionada de Brown, cujas entoações terminam quase sempre num movimento descendente. O conjunto soa, portanto, tenso. Essa voz, tornada carregada e melancólica por aquele arranjo musical, entoa uma letra que vai estabelecendo uma comparação entre as possibilidades de lazer de quem tem casa na praia, clube, cinema, sorveteria, carro, brinquedos de criança, e "a mulecada da área", da Zona Sul: "Eles também gostariam de ter bicicleta/ De ver seu pai fazendo *cooper* tipo atleta". No entanto, vivem num lugar onde, no Natal, passou "Papai Noel" e "prateado, brilhava no meio do mato/ menininho de dez anos achou o presente/ era de ferro com doze balas no pente". A canção segue desenhando imagens fortes, contrastantes, de narrativa oscilante, alternando os pontos de vista da criança e do narrador adulto, cheia de rimas internas que amplificam sua expressão e de rimas externas que lhe arrematam o tom irônico:

> [...] Olha quanto *boy*, olha quanta mina/ Afoga essa vaca dentro da piscina/ Tem corrida de *kart* dá pra vê/ É igualzinho o que eu vi ontem na TV/ Olha só aquele clube que da hora/ Olha o pretinho vendo tudo do lado de fora/ Nem se lembra do dinheiro que tem que levar/ Do seu pai bem louco gritando dentro do bar/ Nem se lembra de ontem, de hoje e o futuro/ Ele apenas sonha através do muro [...]/ [...] O investimento no lazer é muito escasso/ O centro comunitário é um fracasso/ Mas aí se quiser se destruir/ está no lugar certo/ Tem bebida e cocaína sempre por perto (*Fim de semana no parque*).

O narrador é adulto? É criança? Talvez um pouco dos dois, pois o adulto que canta foi a criança privada de uma série de experiências de infância. A realidade na periferia é uma supressão de momentos formativos (infância, adolescência, trabalho formal para o adulto, instituições públicas) acumulados num mesmo espaço de privações e tentações permanentes (barracos, pobreza, bebida, tráfico). Colados a descrições concretas, singulares e difusas de mecanismos de poder que aderem ao corpo, à cor, aos sentimentos desses jovens, esse *rap* veio, assim, aprofundar a qualidade expressiva do Racionais.

Já *Homem na estrada*, do álbum *Raio X do Brasil*, é um *rap* cantado sobre o *sample* da levada *suingada*, de dois acordes (no baixo e na guitarra), da primeira parte de *Ela partiu*, canção da "fase racional" de Tim Maia. Começa a contar a história de um homem num enquadramento épico: "Um homem na estrada/ Recomeça sua vida/ Sua finalidade: a sua liberdade/ Que foi perdida, subtraída". Muitas histórias tradicionais terminam e começam assim, arrematando ou introduzindo aventuras de heróis memoráveis. A voz, então, revela uma face de "vilão", que torna mais complexa a apresentação do suposto herói: "quer provar a si mesmo/ que realmente mudou/ Que se recuperou/ E quer viver em paz/ Não olhar para trás/ Dizer ao crime: nunca mais!". Ao longo da narrativa, descobre-se que esse homem passou parte da infância na Febem (Fundação para o Bem-Estar do Menor), que é ex-presidiário, que vive num lugar quase indizível: "Equilibrado num barranco/ Um cômodo mal-acabado e sujo/ Porém, seu único lar/ Seu bem e seu refúgio".

À medida que a descrição adentra na paisagem, "Esgoto no quintal/ Por cima ou por baixo/ Se chover será fatal", o narrador, recuado na fala em terceira pessoa, presentifica-se e começa a caminhar pela favela. Passa à primeira pessoa e prossegue num ponto de vista agora interno à cena. O procedimento desconcerta o ouvinte e o faz perguntar se esse que agora fala era o mesmo homem que antes caminhava, provocando assim sua percepção e induzindo-o a redobrar a atenção na escuta: "Um pedaço do inferno/ Aqui é onde eu estou/ Até o IBGE passou aqui e nunca mais voltou/ Numerou os barracos/ Fez uma pá de perguntas/ Logo depois esqueceram/ Filhos da puta!".

Por colagens e mudanças abruptas, as imagens se superpõem, alternam e adensam, carregando a atmosfera musical e narrativa: o homem caminha, cruza vizinhos, ruelas, percebe um bochicho. Passa por uma garota estuprada, desfigurada por pancadas e morta a facadas, fato que lhe suscita uma longa reflexão. Pensa nas chagas do corpo estendido: "Deviam estar com muita raiva". O corpo está semi "Coberto com lençol/ Ressecado pelo sol, jogado/ O IML estava só dez horas atrasado". Depois, parece passar pelo mesmo local uma segunda vez, pois indica que "deu meia-noite" e "ainda" nada mudou. Debate-se em problemas que revelam que não está só: "Sim, ganhar dinheiro, ficar rico/ Enfim, quero que meu filho nem se lembre daqui". E, porque não está só, agora está com insônia e se depara com seu destino, com sua história. A primeira pessoa recua da posição de "eu lírico" e volta à cena o narrador distanciado: "O que fazer para sair dessa situação/ Desempregado então/ Com má reputação/ Viveu na detenção/ Ninguém confia não/ E a vida desse homem para sempre foi danificada".

Dia seguinte, entre cenas horríveis que se repetem, "Crianças, gatos, cachorros/ Disputam palmo a palmo/ Seu café da manhã na lateral da feira", o homem reflete sobre "um mano" seu que, "Abastecendo a *playboyzada* da farinha", acabou "*superstar* do *Notícias Populares*", rico, de *rolex*, mas fuzilado na porta da escola. Sem saber por onde ir, sabe que não quer morrer "Num necrotério qualquer, um indigente/ Sem nome e sem nada". Mas, então, acontecem assaltos nas redondezas e, por conta de seus antecedentes, as suspeitas recaem sobre suas costas. Sem desconfiar, o homem se recolhe para dormir em seu barraco. Acorda assustado, com cachorros latindo, viaturas chegando. Com arma na mão, deduz que a polícia veio para matar. Como se safar? "A Justiça Criminal é implacável/ Tiram sua liberdade, família e moral/ Mesmo longe do sistema carcerário, te chamarão para sempre de ex-presidiário/ Marginal". Aprendeu na prisão a fazer sua própria segurança e a não confiar em polícia: "Raça do caralho! [...] Se eles me pegam/ Meu filho fica sem ninguém/ é o que eles querem/ Mais um 'pretinho na Febem'". Ouvem-se tiros. O desfecho é trágico e a canção se fecha com uma notícia de jornal, arrematando tudo numa ironia densa – acabamento que reforça o sentido épico da crônica cantada:

Homem mulato, aparentando entre vinte e cinco e trinta anos é encontrado morto na estrada do M'Boi Mirim sem número. Tudo indica ter sido acerto de contas entre quadrilhas rivais. Segundo a polícia, a vítima tinha vasta ficha criminal (*Homem na estrada*).

Heroificação irônica do presente, transfiguração, distanciamento crítico. Além de contar e cantar tudo isso com contundência, o Racionais procura ainda evidenciar que se trata de um grito de resistência, de uma fala que tem consciência de si, do lugar que ocupa na sociedade e do alcance discursivo que quer projetar:

> Mil novecentos e noventa e três/ fudidamente voltando, Racionais/ usando e abusando de nossa liberdade de expressão/ um dos poucos direitos que um jovem negro ainda tem neste país/ Você está entrando no mundo da informação/ autoconhecimento, denúncia e diversão/ Este é o raio x do Brasil, seja bem-vindo! (*Fim de semana no parque*)

A distância entre essas duas canções e as primeiras é evidente, sobretudo, pelas letras, pela densidade narrativa, pela exploração cinematográfica das imagens, pelo encontro de rimas e aliterações capazes de fortalecer a expressão, tornando a construção poética mais potente. As mudanças na estrutura narrativa, porém, são decisivas: quando passa a operar alternâncias de enunciação que impõem outro padrão de escuta, permite que esta se torne menos imediata, uma vez que a alternância entre a enunciação do "homem" e do "eu" carrega as cenas de tensão alegórica e expressiva, conferindo-lhes um poder de exemplaridade moral tanto mais universal (referida ao "homem" que se quer fazer sujeito livre e digno apesar de todas as adversidades) quanto mais ancorada em imagens muito singulares (vividas por aquele "eu" particular, daquela favela, que encarna e dá vida estética aos dilemas éticos e às barreiras sociais que a canção quer explorar). O sentimento profundo de injustiça é alcançado, assim, mediante uma experiência estética muito mais complexa, pois delineada com tintas de ironia e de distanciamento (do "homem") alternadas com as cores íntimas da confissão, da revolta e do medo (do "eu"). Essa "dicção de navalha" torna-se ainda mais perceptível nos últimos trabalhos do grupo, mas especialmente no álbum *Sobrevivendo no inferno*, do qual serão analisadas algumas canções a seguir.[18]

5. A periferia está em todo lugar

O álbum *Sobrevivendo no inferno* (1997) é uma proposta narrativo-musical bastante orgânica e dá a impressão de ter sido muito bem matutada. No disco há começo, meio e fim e uma porção de recursos cinematográficos e radiofônicos para delinear e apresentar o inferno e os sobreviventes, bem como para transmitir o clima de guerra e configurar a dificuldade de paz, elaborando muitas imagens e conflitos envolvidos nessa experiência. Com ele se abre a fase propriamente messiânica do Racionais, quando os *raps* deixam de ser predominantemente uma forma de denúncia distanciada e se tornam claramente testemunho e pregação. Assim, deixam evidente que, por trás do grupo e do discurso extremamente articulado, não está apenas o "Racionais MC's", mas os "emocionais emecis" (Netto, s/d.). Primeiro esquematizar-se-á um roteiro do disco, em seguida, analisar-se-ão as duas canções bastante revela-

---

[18] Com uma arte de cantar e narrar assim, o Racionais assume uma nova forma de luta. Nas palavras de Foucault, lutas contemporâneas como essas "giram em torno da questão: quem somos nós? Elas são uma recusa a essas abstrações, do estado de violência econômico e ideológico, que ignora quem somos individualmente, e também recusa de uma investigação científica ou administrativa que determina quem somos. Em suma, o principal objetivo destas lutas é atacar, não tanto 'tal ou tal' instituição de poder ou grupo ou elite ou classe, mas antes uma técnica, uma forma de poder". (Ver Foucault In: Rabinow; Dreyfus, 1995, p.235)

doras dos pontos de vista desconcertantes que emergem da experiência estética da periferia operada pelo Racionais.

O disco apresenta-se dividido em duas partes, compostas por cinco e seis *raps*, respectivamente, e separadas por uma faixa apenas instrumental, como que a assegurar a cadência de um respiro entre:

Parte I. *Jorge da Capadócia*, de Jorge Ben Jor, é a faixa de abertura, seguida da introdução cinematográfica e radiofônica de Gênesis. O andamento se faz um pouco assim: introdução, faixa 1, cena 1: uma voz grita: "oh, guiê!". Cena 2: inicia-se um hino, um ritual de guerreiro: começa a soar a levada envolvente e soturna de *Glory box*, canção da banda inglesa Portishead que, por sua vez, utiliza no arranjo o *sample* (em *loop*) do tema de piano de *Ike's rap*, de Isaac Hayes. É sobre essa levada que *Jorge da Capadócia* é cantada em duo, com alongamentos vogais e devoção ritual. A sobreposição de referências dá uma atmosfera potente à abertura, porém o clima é predominantemente disfórico (em oposição aos andamentos e entoações mais eufórico-dançantes dos álbuns anteriores do Racionais). Tudo se passa como se o eu lírico fosse um guerreiro e fizesse sua devoção a São Jorge para receber proteção e poder para entrar numa luta difícil – "para que meus inimigos tenham mãos/ e não me toquem ... Facas e espadas se quebrem/ sem o meu corpo tocar". Cena 3: um acorde de suspense no teclado interrompe a canção e um timbre estridente nos joga num filme de terror. Latidos, sirenes. Faixa 2, cena única: Brown fala com sua voz forte, grão das vozes da periferia:

> Deus fez o mar, as água, as criança, o amor. O homem criou a favela, o *crack*, a trairagem, as arma, as bebida, as puta. Eu? Eu tenho uma bíblia veia, uma pistola automática e um sentimento de revolta. Eu tô tentando sobreviver no inferno (*Gênesis*).

Faixa 3, cena 1: mantém-se o tom profético-bíblico, porém sem intervalo depois da introdução; outra voz, mais diretiva, apresenta estatísticas da realidade objetiva da população negra e jovem no Brasil. Sobre ela, uma nota grave, de piano, soa a cada oito tempos:

> 60% dos jovens de periferia sem antecedentes criminais já sofreram violência policial. A cada 4 pessoas mortas pela polícia, 3 são negras. Nas universidades brasileiras apenas 2% dos alunos são negros. A cada 4 horas um jovem negro morre violentamente em São Paulo. Aqui quem fala é Primo Preto: mais um sobrevivente (*Capítulo 4, versículo 3*).

Esse é o enquadramento geral do disco, que se desdobra em longos *raps* que alternam pontos de vista sobre a violência vivida, dando-lhe o relevo de uma experiência duramente assimilada, pois "decantada" nessa seca forma de canção. Exercendo de forma ímpar a arte narrativa, o Racionais passou a ensinar como falar e dar vida às formas-limite da experiência social na periferia, encarnando as ambiguidades entre o bandido e o *rapper*, sobrepostos, por exemplo, na voz do narrador de *Capítulo 4, versículo 3*, ou no emblemático rap *Diário de um detento*, escrito por meio da pesquisa de diferentes relatos do massacre do Carandiru.[19] Inventaram a fala de dentro da morte, do agonizante, primeiro por meio de um bandido arrependido que revê sua vida, em *Tô ouvindo alguém me chamar*, depois de um *Rapaz comum* baleado, que em seus últimos suspiros tenta compreender-se e compreender a violência "aleatória" presente em uma periferia civil fortemente armada. A maestria desse tipo de *rap*, que domina e opera diferentes pontos de vista sobre uma realidade muitas vezes cega, opaca e disforme (a violência vivida como cotidiano), pode então ser mais bem compreendida olhando a canção de perto.

---

19 Assim chamada a chacina de 111 presos que ocorreu em 2 de outubro de 1992 na Casa de Detenção de São Paulo, hoje transformada no "Parque da Juventude" de São Paulo.

Após a abertura, *Gênesis*, por três segundos, soa a abertura de sopros de um *funk-soul*, como se fosse tocar um *funk* dançante, por exemplo, de James Brown. Em seguida, porém, entra apenas uma batida seca, feita por um teclado e um surdo de bateria. Começa, assim, *Capítulo 4, versículo 3* (a terceira canção do quarto álbum do Racionais). Três musemas[20] se sobrepõem: a marcação rítmica de um ostinato no piano (timbre agudo, tocado em quatro tempos sobre as batidas secas e graves do surdo); um fraseado de piano em contratempo, que de quando em quando colore as frases rítmicas (uma cadência harmônica de *soul*, mais leve, que reforça o sentido de travessia no tempo da narrativa musical); e duas notas graves e soturnas de piano que, em contratempo e nota pontuada (aumentada), reverberam de quando em quando em tom de filme de terror (trazendo o sentido de sentença, fim de jogo). A voz de Brown fala, cantando em tom elevado e exaltado:

> Minha intenção é ruim, esvazia o lugar/ eu tô em cima, eu tô a fim, um, dois pra atirar eu sou bem pior do que você tá vendo/ o preto aqui não tem dó, é cem por cento veneno/ a primeira faz bum, a segunda faz tá/ eu tenho uma missão e não vou parar/ meu estilo é pesado e faz tremer o chão/ minha palavra vale um tiro, eu tenho muita munição/ na quebra ou na seção minha atitude vai além/ e tem disposição pro mal e pro bem/ talvez eu seja um sádico, um anjo, um mágico/ juiz ou réu, um bandido do céu/ malandro ou otário, padre sanguinário/ franco atirador se for necessário/ revolucionário, insano ou marginal/ antigo e moderno, imortal/ fronteira do céu com o inferno, astral/ imprevisível como um ataque cardíaco no verso/ violentamente pacífico, verídico/ **vim pra sabotar seu raciocínio/ e pra abalar o seu sistema nervoso e sanguíneo/ pra mim ainda é pouco**, dá cachorro louco/ número 1, um dia terrorista da periferia/ uni-duni-tê o que eu tenho pra você/ um *rap* venenoso ou uma rajada de PP/ e a profecia se fez como previsto/ 1, 9, 9, 7 depois

---

20 Conforme a terminologia de Tagg, 1982.

de Cristo/ a fúria negra ressuscita outra vez/ Racionais capítulo 4, versículo 3 (grifos nossos).

Aleluia, Aleluia!

... veja bem, ninguém é mais que ninguém/ veja bem, veja bem e eles são nosso irmãos também/ mas de cocaína e *crack whisky* e conhaque/ os manos morrem rapidinho sem lugar de destaque/ mas quem sou eu pra falar/ de quem cheira ou quem fuma/ nem dá nunca te dei porra nenhuma/ você fuma o que vem entope o nariz/ bebe tudo o que vê faça o diabo feliz/ você vai terminar tipo o outro mano lá/ **que era um preto tipo A** e nem entrava numa/ mó estilo de calça Calvin Klein e tênis Puma/ um jeito humilde de ser no trampo e no rolê/ curtia um *funk* jogava uma bola/ buscava a preta dele no portão da escola/ exemplo pra nós, mó moral, mó ibope/ mas começou colar com os branquinhos do *shopping*/ "aí já era" ih mano outra vida outro pique/ e só mina de elite balada vários *drink*/ puta de butique toda aquela porra/ sexo sem limite sodoma e gomorra/ faz uns nove anos/ tem uns quinze dias atrás eu vi o mano/ cê tem que vê pedindo cigarro/ pros tiozinho no ponto dente tudo zoado/ bolso sem nenhum conto/ o cara cheira mal as tia sente medo/ muito louco de sei lá o quê logo cedo/ agora não oferece mais perigo/ viciado doente fudido inofensivo/ um dia um PM negro veio embaçar/ e disse pra eu me por no meu lugar/ eu vejo um mano nessas condições não dá/ será assim que eu deveria estar?/ irmão o demônio fode tudo ao seu redor/ pelo rádio jornal revista e *outdoor*/ te oferece dinheiro, conversa com calma/ contamina seu caráter, rouba sua alma/ depois te joga na merda sozinho/ **transforma um preto tipo A num neguinho**/ minha palavra alivia sua dor/ ilumina minha alma louvado seja o meu senhor/ que não deixa o mano aqui desandar ah/ e nem sentar o dedo em nenhum pilantra/ mas que nenhum filha da puta ignore a minha lei/ Racionais capítulo 4 versículo 3 (grifos nossos).

Aleluia, Aleluia!

Quatro minutos se passaram e ninguém viu/ o monstro que nasceu em algum lugar do Brasil/ talvez o mano que trampa debaixo de um carro sujo de óleo/ que enquadra o carro-forte na febre com sangue nos olhos/ o mano que entrega envelope o dia inteiro no sol/ ou o que vende chocolate de farol em farol/ talvez cara que defende pobre no tribunal/ ou que procura vida nova na condicional/ alguém num quarto de madeira lendo à luz de vela/ ouvindo um rádio velho no fundo de uma cela/ ou da família real de negro como eu sou/ o príncipe guerreiro que defende o gol/ e eu não mudo mas eu não me iludo/ os mano cu-de-burro têm, eu sei, de tudo/ em troca de dinheiro e um carro bom/ tem mano que rebola e usa até batom/ vários patrícios falam merda pra todo mundo rir/ ah ah pra ver playboy aplaudir/ é na sua área tem fulano até pior/ cada um, cada um, você se sente só/ tem mano que te aponta uma pistola e fala sério/ explode sua cara por um toca-fita velho/ click plá plá pláu e acabou sem dó e sem dor/ foda-se sua cor/ limpa o sangue com a camisa e manda se fuder/ você sabe por quê? pra onde vai, pra quê?/ vai de bar em bar, esquina em esquina/ pegar 50 conto, trocar por cocaína/ enfim o filme acabou pra você/ a bala não é de festim, aqui não tem dublê/ para os manos da Baixada Fluminense à Ceilândia/ eu sei, as ruas não são como a Disneylândia/ de Guaianazes ao extremo sul de Santo Amaro/ **ser um preto tipo A custa caro/ é foda, foda é assistir a propaganda e ver/ não dá pra ter aquilo pra você/** *playboy* forgado de brinco, cu trouxa/ roubado dentro do carro na avenida Rebouças/ correntinha das moças, as madame de bolsa/ aí dinheiro, não tive pai, não sou herdeiro/ se eu fosse aquele cara que se humilha no sinal/ por menos de um real minha chance era pouca/ mas se eu fosse aquele moleque de toca/ que engatilha e enfia o cano dentro da sua boca/ de quebrada sem roupa, você e sua mina/ um, dois nem me viu, já sumi na neblina/ **mas não, permaneço vivo prossigo a mística/ vinte e sete anos contrariando a estatística/** seu comercial de TV não me engana/ eu não preciso de *status* nem fama/ seu carro e sua grana já não me seduz/ e nem a sua puta de olhos azuis/ eu sou apenas um rapaz latino-americano/ apoiado por mais de 50 mil manos/ efeito colateral que o seu sistema fez/ Racionais capítulo 4, versículo 3 (grifos nossos).

Entre uma parte e outra, um órgão de igreja passa a fazer uma sequência harmônica passionalizante (tônica-subdominante-dominante-tônica) e uma voz feminina canta "aleluia" em levada gospel, alongando muito as vogais e reforçando a tônica no "u" e o tonema ascendente no "a" final; como canta duas vezes, esse *"intermezzo"* ganha ares de refrão, o qual é, então, novamente interrompido pela batida rítmica seca e por uma voz que fala duas vezes "filha da puta pá pá" em *"scratch"*. Em seguida, a tônica volta à voz que narra.

A música cria impacto por vários motivos: a instabilidade afetiva que o ouvinte sente com a alternância e sobreposição de climas, resultado do "conflito" de contexto "semântico" entre os diferentes musemas; o tom exaltado da voz que fala e canta, que cria uma duplicidade de tom em relação ao ouvinte, entre a pregação profética e a fúria do enfrentamento; a oscilação do ponto de vista do narrador, que desliza por entre diferentes identidades e confunde as figuras do *rapper*, do bandido, do terrorista e do revolucionário. (Qual é realmente sua intenção? Esvazia o lugar, ameaça, tem disposição para o bem e para o mal. Mas a quem se dirige sua sabotagem? Ao "mano" da favela, ao "branquinho do *shopping*", ou contra tudo e todos que estabilizam fronteiras, demarcações, preconceitos e segregações, inclusive em relação a si próprio?).

Na escuta, a inteligência do ouvinte é convocada a acompanhar a agilidade dos movimentos da letra (qual gestos rápidos de um lutador de capoeira) e, assim, se defender dos ataques ou identificar-se com as rimas inusitadas, que promovem deslizamentos de sentido entre campos discursivos contrastantes, como em "uni--duni-tê o que eu tenho pra você/ um *rap* venenoso ou uma rajada de PP", que associa brincadeira de criança, o jogo ambivalente da criação musical e o som de uma metralhadora (a assonância entre as vogais "ê" e "a" e a aliteração entre "t", "v" e "p" amplificam e reverberam em som e rima a violência que a imagem convoca, conferindo uma potência incomum à poesia falada). Além disso, em termos de figuras de linguagem, a construção de oxímoros e as sobreposições de figuras paradoxais incidem justamente na estabilidade do princípio nominativo e conceitual da linguagem, evidenciando quão fraca esta se torna para dar conta de uma experiência radicalmente contraditória, como a que o narrador se esforça em transmitir. Nesse sentido, ainda que se dirigindo (agressivamente) ao outro, o narrador propõe uma autodescrição e, com isso, problematiza o próprio limite e sentido da narração: ao explorar a insuficiência da linguagem, é como se a "espremesse" e dali retirasse uma significância nova, ruína e resíduo das imagens contraditórias e instáveis do ser, do espaço de significação comum entre as figuras "violentamente pacífico", "sádico", "verídico", "anjo", "marginal", "revolucionário", "juiz", "réu".

Até a formação do Racionais, a utilização desses elementos, nessa densidade, era um recurso pouco usual no universo da música popular, mesmo dentro do universo específico do *rap*. Do ponto de vista temático, a novidade também foi grande. Se o samba consagrou-se nos anos 1950 como a "voz do morro" e tornou-se um modo "cordial" de "pedir passagem" à modernidade e à urbanização do asfalto,[21] o *rap* vem "exigir" o pagamento de uma dívida maior do que a passagem da periferia à cidade: sua fala problematiza os esquemas habituais de "inclusão", inclusive do "direito à cidade", pois questiona de modo sistêmico a lógica que institui desigualdades e perpassa toda a sociedade, a mídia, a educação, as oportunidades econômicas, a urbanização e os valores éticos e étnicos inscritos no corpo. Entre os dados estatísticos e o discurso de cunho religioso, a descrição distanciada e os dramas vividos, o *rap* incide sobre o imaginário jovem do "mano" e do "irmão de

---

21 Ver Cavalcanti, 2007, p.1-2. Nesse ensaio, Tito parte da comparação simbólica da atitude crítica do *rap* com o samba *O morro não tem vez*, de Tom Jobim e Vinícius de Moraes (1962), cuja letra diz: "O morro pede passagem/ Morro quer se mostrar/ Abram alas pro morro/ Tamborim vai falar/ É um, é dois, é três, é cem, é mil a batucar/ O morro não tem vez/ Mas se derem vez ao morro/ Toda a cidade vai cantar!".

cor", e atua no sentido de atraí-lo para uma ordem coletiva diferente da oferecida pelas ruas da periferia e pelos "branquinhos do *shopping*".

A composição dos *raps* do Racionais costuma ser coletiva e, mesmo que algum dos membros do grupo componha tudo sozinho, a música jamais é lançada sem a aprovação de todos. Normalmente em roda, revisam versos, acham batidas e levadas, sugerem novos caminhos (Garcia, 2004, p.170). Assim, o que um fala expressa muitos. Num outro nível, ainda, a fala do Racionais MC's tem o alcance que tem por ser e saber ser a expressão de um tipo de experiência de vida urbana cercada de silenciamentos, interdições autoritárias e ausências presentes. Nesse sentido, Mano Brown já chegou a dizer: "eu não sou artista. Artista faz arte. Eu faço arma. Sou terrorista" (apud Kehl, 2000, p.212).

Raps como *Capítulo 4, versículo 3* mudaram o lugar de fala dos negros pobres. Ao contrário do tempo de alegria no morro carioca, na favela cantada por Cartola – "Alvorada lá no morro que beleza/ Ninguém chora, não há tristeza/ Ninguém sente dissabor" (*Alvorada no morro*, de Cartola, Hermínio Bello de Carvalho e Carlos Cachaça) –, os *raps* cantam um terror: "Nas ruas áridas da selva/ Eu já vi lágrimas demais/ o bastante pra um filme de guerra!" (*Periferia é periferia*). Ao contrário do que diz o clássico samba *Saudosa maloca*, de Adoniran Barbosa, Mano Brown e seus manos não pedem licença "de contar", muito menos aceitam os lugares oferecidos pela ordem social, em que "os homens tão com a razão, nóis arranja outro lugar". Sem saudade ou rememoração de nenhum "outro sonho feliz de cidade" (*Sampa*), o lugar de fala do Racionais é o aqui e agora, a postura é de confronto, os espaços de negociação e de alteridade são restritos, e o chão social de violência e desigualdade é campo minado por estereótipos, ressentimentos e medo. Se em Adoniran, como notou José Paulo Paes, o pobre descendente de imigrantes e de caipiras é resignado com a sua pobreza e com as injustiças sociais, aceitando a lógica da modernização como uma positividade que lhe promete gratificação e dignidade (Paes, 1985, nota 136 do capítulo II), no Racionais, ao contrário, há uma total descrença e desconfiança em relação à ordem social estabelecida. Os *rappers* dirigem-se ao ouvinte sem meias palavras: "vim para sabotar seu raciocínio!". Ainda que não a definam, querem instaurar outra sociedade e, por isso, instauram a prática subversiva de fazer pensar sobre as formas e as fontes de desigualdade que envolvem diretamente os mais de "50 mil manos", difundindo, assim, um sentimento de revolta e de inconformismo em relação ao *status quo*. Nesse sentido, o *rap* tem menos a ver com a música negra "cordial e malandra" da maior parte dos sambas brasileiros, cariocas ou paulistas (que recusam nominalmente a ordem do trabalho, mas sobrevivem à sua custa, ainda que sob a forma dos "jeitinhos", favores, biscates e pequenos delitos), e aproxima-se do *punk* e do *rock* pesado, que surgem como forma explícita de recusa da sonoridade e dos lugares sociais instituídos.[22] No entanto, diferentemente da cultura *"dark"* e ruidosa dos brancos filhos de operários, de acento mais musical do que discursivo, o sentido político do *rap* organiza uma fala musical e social muito clara, direta, inteligível a todas as classes sociais, embora seja dirigida à conscientização de seus iguais, de sua fratria de manos, unidos principalmente em torno do racismo contra negros pobres.

É nesse sentido que a novidade do Racionais se faz ouvir com mais contundência no encontro da batida e da música capaz de

---

[22] Gilberto Gil tentou entrar nesse universo ainda nos anos 1980, quando o *rap* estava em seu início e o lugar simbólico da sombra era ocupado pelas culturas *dark* e *punk*. Em *Punk da periferia*, Gil deu um tratamento leve e simpático a um discurso que se queria radical e agressivo: "Das feridas que a pobreza cria/ Sou o pus/ Sou o que de resto restaria/ Aos urubus/ Pus por isso mesmo este blusão carniça/ Fiz no rosto este *make-up* pó caliça/ Quis trazer assim nossa desgraça à luz/ ... Transo lixo, curto porcaria/ Tenho dó da esperança vã da minha tia/ Da vovó/ Esgotados os poderes da ciência/ Esgotada toda a nossa paciência/ Eis/ que esta cidade é um esgoto só/ Sou um *punk* da periferia/ Sou da Freguesia do Ó/Ó/Ó, aqui pra vocês!/ Sou da Freguesia".

traduzir de um modo bruto e efetivamente agressivo, sem muito espaço para o festim e a celebração, a atualidade da velha "marginalidade" étnica e social brasileira. Apesar de o ritual dos *shows* de *rap* assumir uma dimensão catártica inclusive como entretenimento de massa, as *performances* do grupo (gestos de mãos, de corpo e aspectos da vestimenta, como uso de gorros, roupas largas e escuras, que os "aumenta" de tamanho) intensificam o *ethos* guerreiro, viril e masculino como identidade entre artistas e público.[23] A atitude contestadora, sem espaço para a submissão (a não ser à figura do líder), convoca a mente e o corpo à insurreição: faz pensar nas relações sociais, nos espaços possíveis de escolhas pessoais, e libera prazer ao vibrar o corpo na dança com o pulso forte da música. Esta, portanto, convoca: faz vocalizar, falar, expressar um coletivo. Forja e dá sentido à vida, sobretudo dos desassistidos de uma experiência positiva da lei, das instituições públicas e das mediações culturais democráticas, as quais supõem distanciamento, discernimento e tempo desacelerado da razão. No *rap*, ao contrário, a linguagem da fala, da música e do corpo enlaça imediatamente aqueles que poderiam estar à deriva, organizando um sistema direto de afetos e de apegos, centrado na horizontalidade e na relação de espelhamento entre iguais.

Preocupada em examinar o que considerou o "esforço civilizatório" dos *raps* do Racionais "em relação às condições de vida e ao apelo de gozo entre jovens pobres da periferia", Maria Rita Kehl identificou justamente o funcionamento simbólico de uma frater-

---

23 Como o professor Marcos Napolitano chamou a atenção na qualificação de nosso mestrado, essa forma de "clã guerreiro" pode ser identificada como uma raiz muito antiga da sociedade brasileira, remontando às primeiras formas "autônomas" de organização dos homens livres pobres na sociedade escravocrata, estruturada em rixas violentas e corriqueiras, em incapacidade de mediar qualquer conflito, inclusive os mais triviais e cotidianos, sem nenhum tipo de resposta física violenta. (Ver Franco, 1974)

nidade (Kehl, 2000, p.211). Notou que o tratamento "mano" não é fortuito: dele advém o "poder de inclusão" do *rap* ao afirmar em suas letras que a única posição de igualdade que lhes resta e que lhes cabe conquistar é aquela entre os *rappers* pobres, negros, de periferia e os ouvintes negros, pobres, de periferia, todos, por sua cor e posição, pertencentes à "nação *hip hop*".

    É a capacidade de simbolizar a experiência de desamparo destes milhões de periféricos urbanos, de forçar a barra para que a cara deles seja definitivamente incluída no retrato atual do país (um retrato que ainda se pretende doce, gentil, miscigenado), é a capacidade de produzir uma fala significativa e nova sobre a exclusão, que faz dos Racionais MC's o mais importante fenômeno musical de massas do Brasil dos anos 90 (Kehl, 2000, p.219).

No entanto, em nenhuma de suas letras o Racionais menciona a palavra "exclusão" ou "excluir". Também não fala como incluir a si próprios e aos "manos" na ordem social. Seu manifesto primeiro é feito em relação a uma *atitude ambivalente*, mas certamente corajosa e que, em grande medida, se ergue sobre a afirmação de um lugar para o negro diferente daquele que a tradição brasileira indica. Por isso mesmo a questão do racismo está em primeiro plano e é o cimento que une os vários temas de seu discurso: é transversal ao corpo, à desigualdade econômica, aos preconceitos sociais e a uma matriz secular de formas e de identidades culturais. Assim, o *pathos* que esse *rap* aciona parece ficar no fio da navalha entre a pancadaria e a pregação, real ou simbólica, tal como acontece nos *shows* de *punk-rock* e *heavy metal* dos brancos pobres. Afinal, a ordem da música passionaliza e libera pulsões inconscientes, "atravessa certas redes defensivas que a consciência e a linguagem cristalizada opõem à sua ação e toca em pontos de ligação efetivos do mental e do corporal, do intelectual e do afetivo. Por isso mesmo é capaz de provocar as mais apaixonadas adesões e as mais violentas recusas" (Wisnik, 2002, p.28).

Entre a denúncia e a crítica às várias formas da violência estruturante da sociedade brasileira – a mais antiga de nossas tradições, o tempero de nossa sociabilidade "cordial" –, o que chama atenção é o esforço por articular percepções, ordenando-as num conjunto passível de interpretação, ainda que recaia, por vezes, num raciocínio causal. Ora, como observou Walter Garcia, trata-se de "um exercício raro para qualquer brasileiro, pertença à classe social que for – pergunte-se a quem trabalha com educação" (Garcia, 2004, p.173).

Exceto pelo samba, o ponto de vista do negro, pobre, de baixa instrução escolar é uma total exceção na arte e na história brasileiras. Em sua face urbana moderna, continua a sê-lo – condição tão mais grave quanto mais generalizada entre a população das principais cidades do país. Por esse motivo, alerta Garcia, corre-se o risco de notar apenas essa face "identitária" do *rap* do Racionais, que realmente chama a atenção. No entanto, o que o crítico e músico propõe é que o lado mais contundente da crítica do Racionais é bem mais sistêmico e totalizante do que isso:

> O grupo canta que essa violência generalizada é resultado do sistema capitalista, responsável pela transformação de tudo (incluindo sentimentos e projeto de vida) e de todos ("preto, branco, polícia, ladrão") em mercadoria (com valor medido em dinheiro); essa universalidade, porém, convive com uma forma de opressão particular, o preconceito e a segregação racial, uma vez que o poder no Brasil é exercido rebaixando e excluindo em especial os negros, desde a escravidão [...] Ainda que se possa consumir Racionais como se joga um videogame (brincando de ser terrorista, bandido ou lutador de rua), a extensão e sobretudo a profundidade com que se trata o tema acabam por incluir a vida das outras classes sociais nas narrativas [...] Essa inclusão, todavia, pode ser vista como um efeito colateral da obra, invertendo a ideia de que o grupo é um "efeito colateral que o seu sistema fez" – uma espécie de desforra cantada em *Negro drama* ("Inacreditável, mas seu filho me imita") (Garcia, 2004, p.173-5).

Tal como Garcia ao perceber que o racismo que o Racionais canta é cheio de espelhamentos, Bruno Zeni (2004) procurou analisar *Capítulo 4, versículo 3* à luz da canção *Negro drama*, do último álbum duplo do Racionais (*Nada como um dia após o outro dia*, 2002). Em *Negro drama*, o grupo problematiza explicitamente a própria posição de *rappers* e artistas, oferecendo-se como exemplo do negro drama e construindo a ideia de que os dois lugares sociais que estão disponíveis aos negros pobres na periferia – tráfico de drogas ou criminalidade *versus* sucesso pela música ou pelo futebol – não satisfazem, pois alimentam igualmente o mesmo sistema que querem combater. Por isso, afirmam: "Eu era carne/ Agora sou a própria navalha". Se assumem que querem "dar certo" como músicos, ter acesso ao consumo de bens materiais modernos e confortáveis; querem também formar a fratria dos manos, sustentar o estilo "negro tipo A", não tirar "a periferia dentro de si", mas liquidar com o negro drama que faz com que uma atrocidade histórica se torne banalidade social: "me ver pobre, morto ou preso já é cultural".

O negro drama é complexo exatamente porque traz uma ambivalência fundamental. Por um lado, é uma herança objetiva de uma história cujos efeitos de longa duração podem ser sentidos ainda hoje, o de uma sociedade nascida no bojo do moderno sistema capitalista, porém sob sua forma mais atrasada, a escravidão,[24] com as implicações de longo alcance que Walter Garcia indica. Por outro, a ideia de raça é uma invenção, uma fabricação social antiga, mas formalizada cientificamente com o positivismo-liberal do século XIX, uma ideologia que, depois do desmascaramento promovido pelos movimentos sociais do século XX, cabe não alimen-

---

24 À época, recém-extirpada da Europa. A ironia maior da contradição encarnada pela escravidão foi esta ter sido implantada mediante ideias coloniais primeiro cristãs, no caso da escravidão indígena, e depois, com muito mais força, durante a escravidão negra, mediante ideias liberais. (Ver Schwartz, 1992)

tar.[25] É essa herança que o discurso do Racionais muitas vezes não ressignifica e, assim, resvala no preconceito que quer combater, correndo o risco de assumir uma posição arrivista ancorada também no racismo, mas contra brancos, e assim organizar uma atitude antes regressiva do que emancipatória.

Porém, longe de serem acadêmicos, esses *rappers* são pesquisadores atentos da híbrida realidade em que vivem. Se "a modernidade só o é quando pode ser ao mesmo tempo o moderno e a consciência crítica do moderno" (Martins, 2000, p.18), o Racionais parece dar-se conta de ser algo entre o espírito moderno e algo que está simultaneamente aquém e além dele, num jogo identitário entre temporalidades múltiplas. Sinaliza uma possibilidade de formação da subjetividade a partir de ruínas sem, no entanto, se deixar reduzir à materialidade arruinada das periferias da cidade neoliberal. Nesse sentido, os *rappers* são mesmo um "efeito colateral" do sistema onde "tudo é ainda construção e já é ruína", como bem sintetizou Caetano Veloso em *Fora da ordem*, captando no verso o aprofundamento das contradições trazidas com as tendências globais da modernização contemporânea. Inserem-se, portanto, na continuidade crítica da música popular brasileira, que consegue se conectar e narrar o processo social de seu tempo sem, no entanto, resumir-se a ele. Elaboram *raps* que falam desde um ponto de vista orgânico e vivido da realidade das periferias urbanas e, ainda que muitas vezes a descrevam de maneira exterior (caso dos *raps* mais fracos e esquemáticos), também já produziram exemplos bons o suficiente na direção contrária. Encontraram o

---

25 Nos termos do antropólogo Peter Fry: "sabemos que raça é uma invenção social. Mas, como todas as crenças, ela produz efeitos reais: preconceito, discriminação, repúdio, mas também admiração e atração. Ela também pode produzir sentimentos de pertença entre os que sofrem da discriminação. Assim, as vítimas do racismo reivindicam não o fim da crença em raças, mas a celebração da sua própria 'raça'". (Ver Fry, 2005.)

Racionais MC's em foto para divulgação do disco *Nada como um dia após outro dia: chora agora/ri depois*, 2002. Foto: Klaus Mitteldorf.

princípio construtivo do *rap* como forma narrativa capaz de gerar uma dicção cortante e esteticamente eficaz de recompor conflitos e dramas vividos como experiência coletiva, experiência que, a um tempo, elabora apenas materiais imanentes à ordem social que se quer negar e indica a necessidade de uma transcendência. Por isso mesmo, a agressividade de suas músicas é crítica e está na antípoda do *gangsta rap*, estilo que hoje conhece grande sucesso e faz abertamente apologia da violência armada e do enriquecimento a todo custo para justificar o fútil consumo de mulheres, carros, drogas, joias e roupas – expressão que atualiza o velho mito do herói solitário em valores e sentimentos de desagregação típicos da sociedade de consumo de massa pós-salarial e pós-industrial (Berman, 2001). As ambivalências dos pontos de vista estéticos organizados pelo Racionais são, assim, sua grande riqueza e força. Tornam-se motivo de crítica e reflexão para toda a sociedade, para repensar o destino coletivo de homens e mulheres de toda cor, classe, gênero ou lugar social na cidade.

6. Sombra, ressentimento e morte

Tito Cavalcanti analisou a atitude crítica do *rap* paulista à luz do conceito de sombra da psicanálise junguiana. O "crescimento de violência e tensão na cultura" se expressa claramente "entre os habitantes da periferia urbana, fenômeno de formação recente e preocupante. Por que na periferia? É como se estivéssemos na fímbria da consciência, mais vulnerável às forças do inconsciente", um lugar onde se está sujeito "ao que deveria ser reprimido, mas também à possibilidade do surgimento do novo. E é nesse local que o *rap* se estabeleceu no Brasil" (Cavalcanti, 2007, p.3). Pensá-lo é, portanto, pensar em questões que a sociedade relega à sombra, à dificuldade de simbolização e, portanto, à zona cinzenta de ameaças difusas e preconceitos.[26]

Baseando-se na análise de Maria Rita Kehl sobre o ressentimento, pergunta-se Tito Cavalcanti: o que, na sociedade, constrói uma postura ressentida? Segundo Kehl, são necessárias pelo menos duas condições:

> Em primeiro lugar, é necessário que a promessa da democracia moderna de igualdade não se cumpra inteiramente. Essa igualdade, oficialmente reconhecida, inexistente na prática, é que produz o ressentimento. Em segundo lugar, a igualdade da lei democrática deve ser interpretada como dádiva paterna dos poderosos e não como con-

---

[26] Nesse sentido, o próprio Tito afirma que o *rap* não despertava sua simpatia: "não me sentia atraído por aquelas pessoas com posturas agressivas, aquele canto falado, sem melodia [...] Mas ler Jung e não refletir sobre o que descartamos por nos causar incômodos é trair a teoria". (Ver Cavalcanti, op. cit.)

quista popular. Esse fato produz a passividade da sociedade que espera que a igualdade lhe seja dada como prova de amor dos agentes do poder (Kehl, 2004, p.218). Essas duas condições estão presentes à farta no Brasil (Cavalcanti, 2007, p.3).

Herdeiro dessa realidade social, seria o *rap* uma forma de dar vazão ao ressentimento? Quando a atitude crítica apregoada pelo *rap* assume o tom de revolta organizada em torno de uma fratria, analisa Cavalcanti, corre o risco de partir para a estigmatização social do diferente e, assim, assumir uma postura etnocêntrica e racista justamente como resposta ao racismo e à discriminação social, como já se disse. No entanto, ainda que isso ocorra, sustenta o autor, não se tratará de ressentimento, pois,

> o ressentido não reage, adia sua reação. E carrega todas as vantagens desse lugar da vítima. Já os *rappers* agem, discutem, têm atitude, palavra que compõe o vocabulário básico do movimento e significa se comportar do modo que supostamente os manterá vivos: "**evitar drogas, álcool e crime; ser leal aos manos; ter orgulho da raça negra; ser viril (guerreiros); evitar consumo ostensivo e proximidade com os valores das classes média e alta; evitar os meios de comunicação; ser leal ao universo da periferia; ser humilde; evitar as mulheres**" (Caldeira, 2006, p.130). A meu ver, atitude nesse sentido significa ser ativo enquanto que o ressentimento é passivo. Quem tem atitude tem firmeza, que é o cumprimento usual entre os manos. [...] A revolta transborda, e como diz o Racionais, cada favelado é um universo em crise (*Da ponte pra cá*, Racionais MC's, 2002, B). O ressentimento e suas consequências são o acessório, não um dado fundamental do *rap* (Caldeira, 2006, p.8-9).

Se se tornou possível, hoje, com as últimas composições do Racionais, sustentar essa afirmação, o mesmo não parecia justificar-se nas composições *Racistas otários* ou mesmo em *Fim de semana no parque*, canções em que a revolta apelava à violência simbólica e física, um sentimento de revanche movido por ressentimento. A passagem da fronteira entre o revanchismo ressentido e a elaboração de uma crítica social e estética acentuadamente negativa pode ter-se dado conceitual e simbolicamente depois que o Racionais atravessou uma outra fronteira: narrar a morte, forma última da violência disseminada nas periferias urbanas e, com isso, romper com os limites temáticos e formais da música e da canção brasileiras.

Tô ouvindo alguém me chamar e *Rapaz comum* (pertencentes ao álbum *Sobrevivendo no inferno*, 1997) são exemplos desse rompimento. Ambas são narrativas em primeira pessoa de alguém que está morrendo e revê a própria vida. Se a primeira é toda falada, introspectiva, disfórica, pontuada por silêncios e pelo som de um eletrocardiograma, a segunda é exaltada, eufórica, com um andamento neurótico marcado por dois acordes estridentes de teclado. *Rapaz comum* não tem identidade ou conflito definidos. Fala em rimas e frases mais óbvias e traz muitos julgamentos moralizantes sobre o mundo do crime, baseando-se em maniqueísmos que lembram os primeiros *raps* do grupo. *Tô ouvindo alguém me chamar* é mais sofisticada e complexa. Desenvolve uma narrativa cheia de ambivalências e valorações contrastantes, conferindo interioridade, humanização e densidade psicológica do ponto de vista do bandido baleado. Começa com o som de rádio que toca alguma canção romântica. De repente, vozes cortam a cena:

> Aí mano, o Guina mandou isso aqui pra você!/ (Tiros)/ Tô ouvindo alguém gritar meu nome/ Parece um mano meu/ É voz de homem/ Eu não consigo ver quem me chama/ É tipo a voz do Guina/ Não, não, não, o Guina tá em cana/ Será?/ Ouvi dizer que morreu, sei lá!/ Última vez que eu o vi/ Eu lembro até que eu não quis ir, ele foi/ Parceria forte aqui era nós dois/ Louco, louco, louco e como era/ Cheirava pra caralho/ (vixe!)/ Sem miséria/ Todo ponta firme/ Foi professor no crime/ Também maior sangue ruim/ não dava boi pra ninguém/ (Hamm...)/ Puta aquele mano era foda/ Só moto nervosa/

Só mina da hora/ Só roupa da moda/ Deu uma pá de blusa pra mim/ Naquela fita na butique do Itaim/ Mas sem essa de sermão, mano/ Eu também quero ser assim/ Vida de ladrão, não é tão ruim/ Pensei, entrei no outro assalto/ Eu colei, e pronto/ [...] O Guina não tinha dó/ Se reagir, bum!, vira pó/ Sinto a garganta ressecada/ E a minha vida escorrer pela escada/ Mas se eu sair daqui eu vou mudar/ Eu tô ouvindo alguém me chamar (2x).

Tinha um maluco lá na rua de trás/ Que tava com moral até demais/ Ladrão, ladrão, e dos bons/ Especialista em invadir mansão/ Comprava brinquedo à revelia/ Chamava a molecada e distribuía/ Sempre que eu via ele tava só/ O cara é gente fina, mas eu sou melhor/ Eu aqui na pior/ Ele tem o que eu quero/ Joia escondida e uma 380/ No desbaratino ele até se crescia/ Se pã, ignorava até que eu existia/ Tem um brilho na janela, é então/ A bola da vez tá vendo televisão/ (Psiu....Vamo/ vai, entrando)/ Guina no portão, eu e mais um mano/ – Como é que é neguinho?/ Humm.../ Se dirigia a mim, e ria, ria/ Como se eu não fosse nada/ Ria, como fosse ter virada/ Estava em jogo meu nome e atitude/ (tiros)/ Era uma vez Robin Hood/ Fulano sangue ruim, caiu de olho aberto/ Tipo me olhando, hã, me jurando/ Eu tava bem de perto e acertei os seis/ O Guina foi e deu mais três/ Lembro que um dia o Guina me falou/ Que não sabia bem o que era amor/ Falava quando era criança/ Uma mistura de ódio, frustração e dor/ De como era humilhante ir pra escola/ Usando a roupa dada de esmola/ De ter um pai inútil, digno de dó/ Mais um bêbado, filho da puta e só/ Sempre a mesma merda, todo dia igual/ Sem feliz aniversário, Páscoa ou Natal/ Longe dos cadernos, bem depois/ A primeira mulher e o 22/ Prestou vestibular no assalto do busão/ Numa agência bancária se formou ladrão/ Não, não se sente mais inferior/ Aí neguinho, agora eu tenho o meu valor/ Guina, eu tinha mó admiração, ó/ Considerava mais do que meu próprio irmão, ó/ Ele tinha um certo dom pra comandar/ Tipo, linha de frente em qualquer lugar/ Tipo, condição de ocupar um cargo bom e tal/ Talvez em uma multinacional/ É foda, pensando bem que desperdício/ Aqui na área acontece muito disso/ Inteligência e personalidade/ Mofando atrás da porra de uma grade/ Eu só queria ter moral e mais nada/

Mostrar pro meu irmão/ Pros cara da quebrada/ Uma caranga e uma mina de esquema/ Algum dinheiro resolvia o meu problema/ O que eu tô fazendo aqui?/ Meu tênis sujo de sangue, aquele cara no chão/ Uma criança chorando e eu com um revólver na mão/ Aquele é o quadro de terror e eu que fui ao autor/ Agora é tarde/ Eu já não podia mais parar com tudo/ Nem tentar voltar atrás/ Mas no fundo, mano, eu sabia/ Que essa porra ia zoar minha vida um dia.

[...] Não tô sentindo meu braço/ Nem me mexer da cintura pra baixo/ Ninguém na multidão vem me ajudar?/ Que sede da porra, eu preciso respirar!/ Cadê meu irmão? Eu tô ouvindo alguém me chamar (2x).

[...] A rua me atraía mais do que a escola/ Fiz dezessete, tinha que sobreviver/ Agora eu era um homem/ Tinha que correr/ No mundão você vale o que tem/ Eu não podia contar com ninguém/ Cuzão, fica você com seu sonho de doutor!/ Quando acordar cê me avisa, morô?/ Eu e meu irmão era como óleo e água/ Quando eu saí de casa trouxe muita mágoa/ Isso há mais ou menos seis anos atrás/ Porra, mó saudade do meu pai!/ Me chamaram para roubar um posto/ Eu tava duro, era mês de agosto/ Mais ou menos três e meia, luz do dia/ Tudo fácil demais, só tinha um vigia/ Não sei, não deu tempo, eu não vi, ninguém viu/ Atiraram na gente, o moleque caiu/ Prometi pra mim mesmo, era a última vez/ Porra, ele só tinha dezesseis!/ Não, não, não, tô a fim de parar/ Mudar de vida, ir pra outro lugar/ Um emprego decente, sei lá/ Talvez eu volte a estudar.

[...] Não, eu não sou bobo, eu sei qual é que é!/ Mas eu não tô com esse dinheiro que os cara quer/ Maior que o medo, o que eu tinha era decepção/ A trairagem, a pilantragem, a traição/ Meus aliado, meus mano, meus parceiro/ Querendo me matar por dinheiro/ Vivi sete anos em vão/ Tudo que eu acreditava não tem mais razão/ Não/ Meu sobrinho nasceu/ Diz que o rosto dele é parecido com o meu/ Eh, diz, um pivete eu sempre quis/ Meu irmão merece ser feliz/ Deve estar a essa altura/ Bem perto de fazer a formatura/ Acho que é direito, advocacia/ Acho que era isso que ele queria/ Sinceramente eu me sinto feliz/ Graças a Deus, não fez o que eu fiz/ Minha finada mãe proteja o seu menino/ O diabo agora guia o meu destino/ Se o júri for generoso comigo/ Quinze anos para cada latrocínio/ Sem dinheiro pra me defender/ Homem morto, cagueta, sem ser/ Que se foda, deixa acontecer/ Não há mais nada a fazer.

Essa noite eu resolvi sair/ Tava calor demais, não dava pra dormir/ Ia levar meu canhão, sei lá, decidi que não/ É rapidinho, não tem precisão/ Muita criança, pouco carro, vou tomar um ar/ Acabou meu cigarro, vou até o bar/ "E aí, como é que é?/ E aquela lá, ó?"/ Tô devagar, tô devagar/ Tem uns baratos que não dá pra perceber/ Que tem mó valor e você não vê/ Uma pá de árvore na praça, as crianças na rua/ O vento fresco na cara, as estrela, a lua/ Dez minutos atrás, foi como uma premonição/ Dois moleques caminharam em minha direção/ Não vou correr, eu sei do que se trata/ Se é isso que eles querem/ Então vem, me mata/ Disse algum barato pra mim que eu não escutei/ Eu conhecia aquela arma, é do Guina, eu sei/ Uma 380 prateada, que eu mesmo dei/ Um moleque novato com a cara assustada/ "Aí mano, o Guina mandou isso aqui pra você"/ Mas depois do quarto tiro eu não vi mais nada/ Sinto a roupa grudada no corpo/ Eu quero viver, não posso estar morto/ Mas se eu sair daqui eu vou mudar/ Eu tô ouvindo alguém me chamar.

O som ritmado do eletrocardiograma para e a música acaba. O bandido baleado morre e deixa atrás de sua narrativa inúmeras questões, inúmeras possibilidades de continuar sua história em outras, sob a forma de conselhos disponíveis para quem a escute e incorpore à sua vida. São três blocos narrativos que, ao som suspenso de um teclado, conferiram um ar onírico-delirante às lembranças e percepções do sujeito agonizante em seus últimos momentos de vida. Entre cada bloco de recordação, sons de suspense e musemas de filme de terror cortam o fio narrativo e abrem *flashbacks* de cenas de assalto, momentos de tensão musical e narrativa que apresentam os conflitos definidores da atual situação do sujeito narrador. Primeiro, a noite em que este estreia no crime ao lado de Guina, seu mano e líder. Desempenho "nota 10", o aprendiz de bandido "vê o sistema a seus pés". A arma na mão ensina-lhe a ser alguém: passa a ter o valor de uma ameaça, torna-se respeitado e temido. Com o sangue frio de Guina aprende "a não ter dó" e passa a admirá-lo mais do que a seu irmão. A ironia do desfecho na história, no entanto, confirma o insinuado no início e mostra que, no mundo do crime, não há fratria ou fidelidade familiar, pois é o próprio Guina quem manda matá-lo. Como desforra, a barbárie mostra sua lógica interna.

A história vai se fazendo contar, portanto, sem moralismo, mas com ironia e sarcasmo, evidenciando dilemas existenciais – O que ser? Como ser? O que ter? Em quem se espelhar? – com crueldade, medo, prova de virilidade e uma grande carência e embaralhamento afetivos. A voz de Brown empresta o calor tátil ao bandido narrador que, por sua vez, se espelha na história do bandidão cruel com quem aprendeu as regras do mundo cão, um sujeito ressecado, muito além da espoliação material – privado de afetos positivos, de cuidados familiares, humilhado pelas esmolas. Órfão de autoridade (sem pai, sem escola, sem lei, sem Deus), tornou-se filho da crueldade e da moral do crime. Mas até estas se dissolvem diante da face bárbara da modernidade da periferia quando, por fim, no último bloco, o narrador encontra os fios da trama de sua morte: a confirmação de que o Guina mandara "dois moleques" matá-lo. Na urdidura do crime, "a trairagem": "Meus aliado, meus mano, meus parceiro/ Querendo me matar por dinheiro/ Vivi sete anos em vão/ Tudo que eu acreditava não tem mais razão/ Não". Nessa confusão de valores e hierarquias morais, relembra o irmão de sangue, com quem não tinha nada a ver. Ambos quiseram dar certo, mas ao passo que o narrador desiste das letras e da escola, seu irmão insistiu em tornar-se "doutor". Apesar de serem como "óleo e água", é para a lembrança do irmão, do pai, da mãe finada e do sobrinho que nem conheceu que dirige seus sentimentos nos últimos instantes de vida, ponderando "mas se eu sair daqui eu vou mudar/ eu tô ouvindo alguém me chamar". É dessa oscilação que fala o último bloco narrativo, em cenas lembradas que se entrecortam em mudanças abruptas de contexto, em um andamento narrativo que repõe o ritmo vertiginoso da agonia da morte, das loucuras e paranoias do cheirador de pó, dos delírios nas noites de insônia, dos pesadelos imaginários e, por fim, do pesadelo real da morte, com sede, paralisia, choro de criança, sangue pelo chão. Do caos final irrompe ainda lirismo bucólico, muito raro nas letras do Racionais, utilizado para chamar a atenção dos "manos" para o banal, o "óbvio oculto" que os cerca e que contém algum poder mundano de consolação: "Tem uns baratos que não dá pra perceber/ Que tem mó valor e você não vê/ Uma pá de árvore na praça, as crianças na rua/ O vento fresco na cara, as estrela, a lua".

Ao conseguir transformar a morte em espaço narrativo, esse *rap* transpôs em experiência estética uma vivência-limite, referida ao imaginário e à vida cotidiana, sobretudo, dos jovens rapazes de periferia. Como exemplo vivo encarnado pelo narrador, o bandido baleado torna-se próximo, humano, e consegue comover, fazendo o ouvinte branco, negro, estudante, trabalhador ou bandido pôr-se em seu lugar e ajuizar até que ponto lhe são dadas escolhas de vida e até que ponto trata-se de caminhos fechados em um destino previsível e inelutável.

Nesse sentido, esse *rap* ultrapassa a forma lírica da canção e aponta para uma função épica e dramática próprias do teatro, em que a *performance* encena vidas e conflitos para o espectador formar, na experiência coletiva da plateia, o próprio ponto de vista, em um trabalho de reflexão e imaginação sobre o possível. Algumas canções brasileiras célebres também já atuaram na tangente desse limite formal: por exemplo, composições de Chico Buarque de Holanda, como *Minha história* (versão brasileira de *Gesùbambino*, de Dalla e Palotino) e *Construção* (ambas do disco *Construção*, de 1971); uma, narrada em primeira pessoa ("Os ladrões e as amantes, meus colegas de copo e de cruz/ Me conhecem só pelo meu nome de menino Jesus"), outra, na terceira pessoa de um narrador distanciado ("Amou daquela vez como se fosse a última/ [...] Subiu a construção como se fosse máquina/ [...] E tropeçou no céu como se fosse um bêbado/ [...] E se acabou no chão feito um pacote flácido/ [...] Morreu na contramão atrapalhando o tráfego"). Ambas são também praticamente faladas e, portanto, não melódicas, claramente narrativas, e desenvolvem em traços épicos e dramáticos a trajetória de personagens que apontam para tipos sociais arquetípicos, índices vívidos da ironia do processo social que os fez nascer ou morrer. Ambas também se utilizam da justaposição de musemas instrumentais díspares e de contrastes sonoros como efeitos narrativos potentes, utilizados sobretudo entre os blocos estróficos, com função de coro ou refrão narrativo. Com essas canções, Chico Buarque conseguiu também falar da morte (ainda que, em *Minha história*, como "ressurreição" inusitada e mundana do menino Jesus), mas não com o calor da verossimilhança da agonia em primeira pessoa. Afinal, naquele momento, o processo social ainda não convivia com a morte banalizada e com a violência urbana em primeiro plano, mas, antes, com a promessa bem fundamentada no real de uma grande transformação política, em que tudo parecia poder mudar. A questão que se punha ali era mais a de configurar com quem se podia contar para uma atuação no sentido de apressar a mudança. E, assim, tal diagnóstico passava por conhecer "por dentro" tipos sociais antes desconhecidos, o estivador, o biscateiro, o operário.

Como já se disse, o *rap* fala ao jovem pobre, negro, desempregado ou de vínculos tênues com o mundo sobre a promessa de seguridade social vinculada ao mundo formal do trabalho, constantemente assediado pelo desejo de consumo material estimulado pelo regime econômico, estampado nos carros, nas roupas, no comércio, nas casas, na paisagem cotidiana da cidade e duplicada pela TV. Um jovem, portanto, seduzido por toda sorte de atalho que lhe dê acesso ao *status* e ao usufruto dos bens materiais "modernos". Não deixa de ser esse o assunto de *Tô ouvindo alguém me chamar*. Como *rap*, alcança um público infinitamente maior do que atingiria qualquer peça de teatro e, ao imaginário contemporâneo, equipara-se à recepção de um filme de ação ou policial. A *performance* dramática centrada na recapitulação da história do narrador torna o ouvinte contemporâneo aos momentos e instantes culminantes de uma vida paradoxal: vida cujo valor aparente aparece como descartável à sociedade (como na ironia narrada em *Homem na estrada*), mas cujo valor profundo e dramático é fixado em lirismo único e insubstituível. Ao unir esses dois aspectos antagônicos, mas profundamente reveladores da experiência contemporânea da modernidade, esse *rap* consegue falar mais sobre a periferia do que qualquer descrição factual, científica ou "objetiva", uma vez que "a periferia" não existe. A realidade é formada por periferias, no plural, com a vasta diversidade de histórias, de geografias, de vivências e de vidas que as povoam, pluralidade impossível de ser narrada por descrições que homogeneízam diferenças em referentes abstratos e nivelados numericamente. Para que se torne narrável e faça falar uma experiência, uma voz com poder exemplar e revelador de um sentido coletivo sobre a periferia, a forma narrativa precisa particularizar-se e ganhar a necessidade da vida de personagens em formação e em conflito com o próprio destino. É assim que *Tô ouvindo alguém me chamar* fala mais sobre o ponto de vista do Racionais sobre o que é a periferia do que *Periferia é periferia (em qualquer lugar)*, *rap* que se quer como descrição direta do espaço urbano. Neste, o eu lírico aparece desencarnado, vagando entre diferentes cenas sem estabelecer com elas nenhum vínculo tensivo ou narrativo além da exterioridade de frequentes reprovações morais.[27] De acordo com as categorias literárias de Georg Lukács, ao passo que

---

27 Diz letra: "Este lugar é um pesadelo periférico/ Fica no pico numérico de população/ De dia a pivetada a caminho da escola/ À noite vão dormir enquanto os

este último *rap descreve* a periferia, reduzindo-a a objetos e julgamentos de valor, o primeiro consegue *narrá-la*, pois a transforma em experiência literária-musical, em chão estético (e social) para um drama épico vivido com verossimilhança e pregnância.

> A descrição rebaixa os homens ao nível das coisas inanimadas [...] É assim que desaparecem, no estilo descritivo, todas as conexões épicas. Sobre coisas inanimadas, fetichizadas, perpassa o hálito sem vida de um fugaz estado de ânimo. [Já] a conexão épica não consiste na mera sucessão dos diversos momentos: não basta para que se crie tal conexão que os quadros descritos se disponham em uma série temporal. Na verdadeira arte narrativa, a série temporal dos acontecimentos é recriada artisticamente e tornada sensível por meios bastante complexos. É o próprio escritor que, na sua narração, precisa mover-se com maior desenvoltura entre o passado e o presente, para que o leitor possa ter uma percepção clara do autêntico encadeamento dos acontecimentos épicos, do modo pelo qual estes acontecimentos derivam uns dos outros. Somente pela intuição deste encadeamento e desta derivação, o leitor pode reviver a verdadeira sucessão temporal, a dinâmica histórica deles (Lukács, 1965, p.69).

---

manos 'decola'/ Na farinha... hã! Na pedra... hã!/ Usando droga de monte, que merda! hã!/ Eu sinto pena da família desses cara!/ Eu sinto pena, ele quer mas ele não para!/ Um exemplo muito ruim pros moleque/ Pra começar é rapidinho e não tem breque/ Herdeiro de mais alguma Dona Maria/ Cuidado, senhora, tome as rédeas da sua cria!/ Fodeu, o chefe da casa, trabalha e nunca está/ Ninguém vê sair, ninguém escuta chegar/ O trabalho ocupa todo o seu tempo/ Hora extra é necessário pro alimento/ Uns reais a mais no salário, esmola do patrão/ Cuzão milionário/ Ser escravo do dinheiro é isso, fulano!/ 360 dias por ano sem plano/ Se a escravidão acabar pra você/ Vai viver de quem? Vai viver de quê?/ O sistema manipula sem ninguém saber/ A lavagem cerebral te vez esquecer/ que andar com as próprias pernas não é difícil/ Mais fácil se entregar, se omitir/ Nas ruas áridas da selva/ Eu já vi lágrimas demais/ o bastante pra um filme de guerra!/ Aqui a visão já não é tão bela/ Se existe outro lugar/ Periferia é periferia (2x)."

É nesse sentido que os *raps* "fracos" apenas descrevem a realidade que se quer criticar, coisificando-a – a violência hiperbólica das periferias urbanas –, e que os *raps* mais elaborados do Racionais conseguem dar vida estética a personagens e narradores muito bem construídos, forjando uma narrativa épica sobre o "negro drama" brasileiro.

Para a educação, pensada como processo amplo de formação, essa articulação é rara e cara. A eficácia estética do *rap* do Racionais em decantar sob uma mesma forma lirismo, narrativa, épica e *performance* jovem, contestadora e inquieta os torna, ao mesmo tempo, admiráveis e temidos. A forma articula elementos contraditórios do presente e produz sínteses ambivalentes, violentas, agressivas. Assimilá-la e "fruí-la" passa necessariamente por um pensamento sistêmico, porém não totalizante: passa pela recomposição dos nexos imanentes da forma estética específica de cada *rap*. Nas canções de "ritmo e poesia", como se viu, narração, experiência e formação apresentam-se como conceitos intimamente ligados. Ao atualizá-los, tais *raps* indicam à educação estratégias que precisam ser consideradas sob pena de as instituições educativas tornarem-se mudas diante do tempo presente. Daí a necessidade de desarmar preconceitos e promover a abertura da escuta. Longe, portanto, de qualquer fórmula mágica ou efeito garantido, a vitalidade da música popular no Brasil e a força narrativa dos bons *raps* que a atualizam vêm provar que, enquanto houver sociedade, a arte de narrar, "com-versar" e compartilhar experiências será sempre reinventada, por mais bárbaras que nos pareçam – arte, sociedade e formação.

Conclusão
Experiência estética, formação, canção, educação

Desde Platão, sonhando com a liberdade, diversos filósofos pensaram a arte e a experiência estética como educação, como uma formação integrada da sensibilidade, do discernimento e dos valores éticos (Schiller, 1963; Read, 1958; Dewey, 1984; Wojnar, 1966; Snyders, 1988; Gardner, 1999). "Como poderá o jovem conhecer e familiarizar-se com o passado de modo tal que este conhecimento se constitua poderoso fator de sua apreciação e sentimento do presente vivo e palpitante?" (Dewey, 1976, p.7). Para responder a essa questão, John Dewey desenvolveu uma pesquisa pragmática sobre os modos de assegurar uma educação integral para o pleno exercício da cidadania democrática. Em *Arte como experiência*, uma de suas obras de maturidade, sustentou justamente no princípio da experiência e da análise estética uma perspectiva promissora, validando-a, inclusive, para os modelos da ciência e da busca "clara e distinta da verdade" (Dewey, 1984).

Se, aqui, retoma-se algo dessa indagação, não se trata de reforçar, no entanto, o ponto de vista pragmático da concepção do *"learning by doing"* deweyano – que certamente é importante e útil para a educação. A retomada de uma perspectiva da teoria crítica da *experiência* moderna, aqui empreendida, diz respeito à tentativa de alinhavar alguns sentidos possíveis entre o estético, o filosófico, o pedagógico e o sociológico – como as análises dos projetos estéticos e das canções sobre a cidade de Tom Zé e do Racionais MC's procuraram demonstrar. Como afirma Michael Oakeshott, "nada sobrevive nesse mundo sem o apreço humano" (Oakeshott, 1968). Por isso mesmo, se a educação escolar não problematizar seus modos de cultivar o apreço da cultura, da cidade e da democracia, dificilmente seus valores fundamentais poderão ser instituídos e preservados.[1] O estudo da cidade cantada traz, portanto, a prática de reintrodução na reflexão sobre a educação e a cultura desses temas esquecidos da escola: território, cultura de massa, música e, por que não, alegria da experiência estética.[2]

A escuta crítica da canção implica uma reflexão sobre os espaços de liberdade e as formas de sociabilidade presentes na sociedade atual, sobretudo no que diz respeito às aspirações da juventude.[3] A (re)fundação do espaço público de encontros e de produção de cultura numa cidade apartada como São Paulo exige, por sua vez, a atualização de uma atitude crítica de modernidade diante das tarefas renovadoras da educação. A resistência dos jovens à formação que aí está (seja, por um lado, aos valores e às formas disciplinares da educação, seja, por outro lado, à pressão social para que assumam as responsabilidades da vida adulta em um mundo altamente

---

[1] "[...] o educador está aqui em relação ao jovem como representante de um mundo pelo qual deve assumir responsabilidade, embora não o tenha feito e ainda que secreta ou abertamente possa querer que ele fosse diferente do que é. Essa responsabilidade não é imposta arbitrariamente aos educadores; ela está implícita no fato de que os jovens são introduzidos por adultos em um mundo em contínua mudança". (Ver Arendt, p.239)
[2] Para retomar a terminologia do clássico estudo de George Snyders sobre o trabalho com música e canção popular na escola, ver Snyders, 1988.
[3] Nessa direção, as pesquisas de sociologia da juventude e sociologia da educação de Helena Abramo e Juarez Dayrell são exemplares, ver Abramo, 1994; Dayrell, 2001.

competitivo e dessolidarizado) não pode mais ser vista como uma "anomalia" ou um "desvio" em relação a um ideal de jovem, de aluno, de "correção" ou de "acerto" pedagógico dado e estabelecido *a priori*. Ao contrário, as práticas e as formas de sociabilidade juvenil intra e extraescolares da atualidade (de sua linguagem corporal cheia de *piercings*, tatuagens, bonés, gorros, colares etc., a adesão a estilos musicais, a identificação com artistas de cinema, de TV etc.) exigem ser lidas como uma legítima procura de autoafirmação em um mundo onde os adultos estão se desresponsabilizando pela ética, pelos valores públicos e coletivos.

Nesse sentido, por exemplo, Maria Rita Kehl enxerga comportamentos aparentemente "anômalos" de certos jovens de classe média como sintomas reveladores de uma inversão geral entre os papéis jovens e adultos na cultura, uma crise de autoridade derivada de uma "teenagerização" da cultura ocidental. Um ponto interessante da análise de Kehl diz respeito à identificação de jovens brancos e ricos com os manos pobres e negros da cultura *hip hop*. Se, por um lado, a identificação se deve à sedução de poder exercida pela violência e pela lógica do espetáculo que perpassa os meios de comunicação, por outro, há nessa identificação uma "malandragem adolescente" que, por sua vez, responde a uma "malandragem adulta".

> Os pais das famílias de classe média temem as más influências dos "maloqueiros" do bairro sobre seus filhos, mas não percebem que os piores exemplos de irresponsabilidade e de falta de educação provêm da própria elite nacional, acostumada a conviver com uma série de práticas ilegais, de maior ou menos gravidade [...] A convivência com a criminalidade dos marginais e dos miseráveis acovarda e corrompe os adolescentes, principalmente quando estes perdem a confiança na Justiça e na polícia que deveria proteger a sociedade toda. Mas a convivência com o cinismo e com a ilegalidade das práticas da elite corrompe e educa para o crime boa parte das novas gerações, de maneira muito mais profunda e eficiente (Kehl, 2004, p.104-5).

Assim, mais do que legítima busca de autoafirmação, as "culturas juvenis" devem ser lidas como "sintomas do tempo", como sinais de conflitos culturais entre gerações que justamente devem ser incorporados como matéria de reflexão e de ação educativa. Estas, por sua vez, precisam reinventar o sentido da formação escolar para os jovens e para a cultura do mundo contemporâneo, sem abrir mão, porém, das tradições fundamentais que cabe à educação conservar. Uma tarefa complexa, sem dúvida, pois, como já alertou Walter Benjamin, os documentos de cultura são também documentos de barbárie, a depender do modo pelo qual se dá sua transmissão. Por isso mesmo, a reinvenção do moderno sentido da formação (educacional, cultural) deve deparar-se com o desafio que lhe lança a história, desafio que parte de uma posição crítica no presente, um "tempo saturado de agoras": a cada época "é preciso arrancar a tradição ao conformismo, que quer apoderar-se dela" (Benjamin, 1996e, p.229 e 224).

Por diferentes meios, o experimentalismo de Tom Zé e o *rap* do Racionais MC's expressam questões dessa ordem. Ao narrar a cidade, falam e "informam" o imaginário jovem contemporâneo, permitindo que o compreendamos um pouco mais. De diferentes lugares sociais, interpelam seu presente, a ordem social e a ordem dos discursos de seu tempo, evidenciando contradições e forjando espaços de criação e formação de subjetividade. Realizam operações estéticas muito distintas, mas cuja significância converge em um ponto fundamental. Ambos cancionistas, ao tornarem tenso o jogo entre fórmulas e formas musicais, expõem um aparente óbvio da cultura:

> O grande sistema industrial-comercial contribui para a constituição de uma classe de idade adolescente em reação contra a sociedade adulta, mas ao mesmo tempo, ele integra esta classe de idade na ordem geral da sociedade. Tende a destruir as fontes selvagens da arte musical, ao mesmo tempo em que tende a captá-las, a fim de explorá-las ... Submetido a uma necessidade de renovação constante,

ele tende, naturalmente, a apelar para todas as fontes de renovação, portanto, para as fontes de criação originais. Em certo sentido, o caráter particular no mercado da canção, que pode ser rapidamente saturado e desgastado, apela não só para o artifício, mas também, para [a] arte (Morin, 1973, p.155).

As formas artísticas e as formas culturais em geral ("depravadas" ou não, como ajuíza Theodor Adorno) funcionam como fonte *legitimada socialmente* de modelos de comportamentos, de repertórios de atitudes, de gestos, de vocabulário, de vestimenta, enfim, de códigos de linguagem capazes de diferenciar grupos e afirmar suas identidades no conjunto maior da sociedade (Costa, 2004). As linguagens artísticas, e especialmente a canção veiculada pelos vários circuitos das mídias, são modelos de *performances*, isto é, de atitudes que vinculam um modo de subjetivação a uma dada inserção social. Paul Zumthor já demonstrou que a palavra cantada, a voz e o gesto projetam o corpo no espaço da *performance*. E esta opera, então, uma presença, uma situação existencial "cuja tonalidade engaja os corpos dos participantes" e cria, assim, uma ambiência, um duplo lugar no espaço: a fala e seu comentário, "narração e glosa" (Zumthor, 2001, p.147-8). Daí a busca dos jovens por experiências performáticas: atitudes, ações de sentido evidente, pois coladas no próprio gesto.

Porém, como observou pioneiramente Edgar Morin, no sistema comercial-urbano de canções há um jogo entre a força selvagem da novidade musical e o apaziguamento que a forma comercial produz. Jogo que procura combinar o novo com o tradicional de forma a atender às expectativas de um suposto ouvinte mediano (nem o culto, cosmopolita ou técnico, nem o leigo ou excessivamente localista) e, assim, poder tirar proveito mercadológico em escala de massa do que emerge como estética inovadora.

Ora é a particularidade de todo sistema da cultura de massa, da indústria cultural e aqui mais especificamente das gravadoras, empresários, enfim, do comércio da canção, a particularidade de todo esse sistema é limitar a tendência dionisíaca, mas sem destruí-la – a qual se limitara a certos recitais de quebra-quebra –, a característica do sistema é sufocar a rebeldia latente – ou afundá-la em uma latência ainda mais profunda – eliminar de qualquer maneira todas as manifestações explosivas, mas integrar e explorar as contribuições musicais rebeldes. Em suma, o sistema de massa esforçou-se para integrar a genialidade musical do movimento em benefício de seu dinamismo, desarmando o explosivo social (Morin, 1973, p.153).

Morin diagnostica que, na escala de massa, as forças integradoras se tornam sempre mais fortes do que as desintegradoras: "o iê-iê-iê é a aclimatização, a aculturação da força originalmente selvagem do *rock*" (Morin, 1973, p.154), pois sua corrosão concentrou-se mais na dimensão verbal do que musical da canção. Nesse sentido, pensando nas pulsões da sociedade de massas, Morin previu a necessidade do surgimento do *punk-rock*, do *punk* e do *hard-core* (na década de 1970) e, posteriormente, do *rap* (na década de 1980), formas *outsiders* que surgem exatamente para contestar de modo virulento a música estabelecida e a sociedade de seu tempo:

> O neofolclore, como o *rock* transmutado em *twist*, depois em iê-iê-iê, está integrado em sua genialidade musical, circunscrito e amordaçado pelo grande sistema industrial-comercial. Isto significa que uma outra força marginal, rebelde se manifestará novamente (Morin, 1973, p.155).

Esse desenvolvimento da canção, tensionada entre o novo e o estabelecido, entre o selvagem e o ordenado, em suma, entre ruído e som, tem correspondido, desde o entreguerras do século XX, ao desenvolvimento da juventude como um ator social diferenciado e como segmento de um público consumidor específico. Por sua vez, a tensão entre esses dois lugares sociais, o protagonismo juvenil e o consumo, sinaliza para a sociedade as práticas que, no presente, lhe abrem possíveis futuros. Continuando uma tradição ou inaugurando outra, as manifestações artísticas sempre interceptam valores que operam na instituição imaginária da sociedade, valores muitas vezes estratégicos para a aceitação, o reconhecimento e a legitimação por parte dos jovens. Cabe à educação escutá-los com atenção, inclusive para poder problematizá-los de maneira consequente, desarmando as armadilhas do preconceito. Nas palavras de Durkheim:

> Podemos entender melhor agora a razão pela qual [...] tantos educadores tendem a atribuir ao passado distante um valor educativo maior do que ao presente. É que o passado, pelo menos enquanto as ciências históricas não forem bastante avançadas para dar-lhe uma clareza, uma determinação quase igual à do presente, aparece-nos naturalmente, por ser visto de longe, sob formas flutuantes, indecisas, movediças, e, consequentemente, podemos determiná-lo ao gosto nosso. Constitui uma matéria mais maleável, mais plástica, que podemos até transformar e apresentar como bem entendermos. É-nos mais fácil, portanto, dar-lhe um sentido educativo (Durkheim, apud Boto, 2002, p.60).

A conexão que vem se estabelecendo entre culturas juvenis e canção nos últimos sessenta anos aponta para a necessidade de uma inversão desse ponto de vista. A crise na educação não deixa de ser uma das formas do atual mal-estar na cultura. Enfrentá-la é transformá-la na oportunidade de operar uma leitura e uma escuta densa do presente, é redimensionar o contemporâneo sentido da formação e atualizar o insubstituível valor educativo de propor formas de decantar, de traduzir, de conversar e de elaborar a experiência do nosso tempo. No Brasil, a canção oferece uma ampla escola de vida. Cabe à educação aprender e ensinar a escutá-la como gaia ciência, sobretudo no espaço urbano, nas escolas das cidades e das metrópoles: aprender e ensinar a escutar as conversas da cidade cantada: experiência estética e educação.

Referências bibliográficas

1. Bibliografia geral

ABRAMO, H. W. Condição juvenil no Brasil contemporâneo. In: ABRAMO, H. W.; BRANCO, P. P. M. (Orgs.). *Retratos da juventude brasileira*: análises de uma pesquisa nacional. São Paulo: Instituto Cidadania/Fundação Perseu Abramo, 2005.

ABRAMO, H. W. *Cenas juvenis*: punks e darks no espetáculo urbano. São Paulo: Scritta, 1994.

ALVIM, F. *Elefante*. São Paulo: Cia. das Letras, 2000.

ANDRADE, C. D. de. *Reunião. 10 livros de poesia*. 7.ed. Rio de Janeiro: José Olympio, 1976.

ANDRADE, J. P. *Cidade cantada*: experiência estética e educação. 2007. São Paulo, 200p. Dissertação (Mestrado). Faculdade de Educação da Universidade de São Paulo.

ANDRADE, M. de. *Poesias completas*. São Paulo: Itatiaia, 2005.

ARANTES, O. *Urbanismo em fim de linha, e outros estudos sobre o colapso da modernização arquitetônica*. São Paulo: Edusp, 1998.

ARENDT, H. *Entre o passado e o futuro*. São Paulo: Perspectiva, 2000.

ARIÈS, P. *História social da infância e da família*. Rio de Janeiro: Jorge Zahar, 1978.

BAUDRILLARD, J. *O sistema dos objetos*. 4.ed. São Paulo: Perspectiva, 2006.

BAUMAN, Z. *Em busca da política*. Rio de Janeiro: Jorge Zahar, 1998.

BAUMAN, Z. *Modernidade líquida*. Rio de Janeiro: Jorge Zahar, 2001.

BENJAMIN, W. *Obras escolhidas I – Magia e Técnica, arte e política*. São Paulo: Brasiliense, 1996.

BERMAN, M. *Tudo que é sólido desmancha no ar*: a aventura da modernidade. São Paulo: Cia. das Letras, 1995.

BOLLE, W. A ideia de formação na modernidade. In: GHIRALDELLI Jr., P. *Infância, escola e modernidade*. São Paulo: Cortez, 1997.

BOLLE, W. *Fisiognomia da metrópole moderna*. São Paulo: Fapesp/Edusp, 1994.

BOMENY, H. *Os intelectuais da educação*. Rio de Janeiro: Jorge Zahar, 2001 (Coleção Descobrindo o Brasil).

BOTO, C. O desencantamento da criança: entre a Renascença e o Século das Luzes. In: FREITAS, M. C.; KUHLMANN JR., M. (Orgs.). *Os intelectuais na história da infância*. São Paulo: Cortez, 2002.

BOURDIEU, P.; PASSERON, J.-C. *A reprodução*: elementos para uma teoria do sistema de ensino. Rio de Janeiro: Francisco Alves, 1975.

CALDEIRA, T. P. R. "I Came to Sabotage your Reasoning!" Violence and Resignifications of Justice in Brazil. COMAROFF, J.; COMAROFF, J. L. (Eds.). In: *Law and Disorder in the Postcolony*. Chicago: University of Chicago Press. 2006.

CALDEIRA, T. P. R. *Cidade de muros*: crime, segregação e cidadania em São Paulo. São Paulo: Edusp/Ed. 34, 2000.

CANCLINI, N. G. *Consumidores e cidadãos*. 6.ed. Rio de Janeiro: Editora da UFRJ, 2006.

CANCLINI, N. G. *Culturas híbridas. Estratégias para entrar e sair da modernidade*. 4.ed. São Paulo: Edusp, 2003.

CANDIDO, A. O direito à literatura. In: CARVALHO, J. S. (Org.). *Educação, cidadania e direitos humanos*. Petrópolis: Vozes, 2004.

CANDIDO, A. O direito à literatura. In: *Vários escritos*. São Paulo: Duas Cidades, 1995.

CANDIDO, A. *Estudo analítico do poema*. 4.ed. São Paulo: Humanitas, 1996.

CANDIDO, A. Tendências no desenvolvimento da sociologia da educação. In: PEREIRA, L.; FORACCHI, M. A. (Orgs.). *Educação e sociedade*. São Paulo: Cia. Nacional, 1977.

CANDIDO, A. *Literatura e sociedade*. São Paulo: Duas Cidades, 1970.

CASTEL, R. *Metamorfoses da questão social*: uma crônica do salário. Petrópolis: Vozes, 1998.

COMENIUS. *Didática magna*. São Paulo: Martins Fontes, 1997.

COSTA, J. F. Perspectivas da juventude na sociedade de mercado. In: NOVAES, R.; VANNUCHI, P. (Orgs.). *Juventude e sociedade*: trabalho, educação, cultura e participação. São Paulo: Instituto Cidadania/Fundação Perseu Abramo, 2004.

DAVIS, M. *Cidade de quartzo*. *Escavando o futuro em Los Angeles*. São Paulo: Scritta, 1993.

DAVIS, M. *Planeta favela*. São Paulo: Boitempo, 2006.

DAYRELL, J. T. O rap e o funk na socialização da juventude. *Educação e Pesquisa. Revista da Faculdade de Educação da USP*, v.28, n.1, p.117-36. São Paulo, FEUSP, 2002.

DAYRELL, J. T. *A música entra em cena*: o rap e o funk na socialização da juventude em Belo Horizonte. Tese (Doutorado). Faculdade de Educação da Universidade de São Paulo, São Paulo, 2001.

DEBORD, G. *La société du spectacle*. Paris: Gallimard, 1992. [DEBORD, Guy. *A sociedade do espetáculo*. Rio de Janeiro: Contraponto, 1998.]

DE CERTEAU, M. As universidades diante da cultura de massa. In: DE CERTEAU, M. *A cultura no plural*. 4.ed. São Paulo: Papirus, 2005.

DE CERTEAU, M. *A invenção do cotidiano I. Artes de fazer*. 11.ed. São Paulo: Vozes, 2005.

DEUTSCHE, R. *Evictions. Art and Spatial Politics*. Massachusetts/Cambridge: Graham Foundation/MIT Press, 1996.

DEWEY, J. *Art as Experience*. New York: Perigee Books, 1984. [DEWEY, J. *A arte como experiência*. Trad. Murilo O. R. P. Leme et al. São Paulo: Abril Cultural, 1980 (Os Pensadores).]

DEWEY, J. *Experiência e educação*. São Paulo: Cia. Editora Nacional, 1976.

DRAWIN, C. R. As seduções de Odisseu: paradigmas da subjetividade no pensamento moderno. In: KISHIDA, C. A. et al. (Orgs). *Cultura da ilusão*. Rio de Janeiro: Contracapa, 1998.

DURKHEIM, E. *A evolução pedagógica*. Porto Alegre: Artes Médicas, 1995.

FERREIRA, J. S. W. *O mito da cidade global. O papel da ideologia na produção do espaço urbano*. São Paulo/Petrópolis: Unesp/Vozes, 2007.

FERNANDES, U. *O currículo na encruzilhada pós-moderna*: um estudo de caso em uma escola pública paulistana. 2007, 133f. Dissertação (Mestrado). Faculdade de Educação da Universidade de São Paulo, São Paulo, 2007.

FIX, M. *São Paulo cidade global*: fundamentos de uma miragem financeira. São Paulo: Boitempo, 2007.

FONTENELLE, I. A. *O nome da marca*: McDonald's, fetichismo e cultura descartável. São Paulo: Boitempo/Fapesp, 2002.

FOUCAULT, M. O que são as luzes?. In: MOTTA, M. B. (Org). *Ditos e escritos*, v.I. Rio de Janeiro: Forense Universitária, 2001.

FOUCAULT, M. O que é a crítica? (Crítica e *Aufklärung*). In: BIROLI, F.; ALVAREZ, M. C. *Michel Foucault: histórias e destinos de um pensamento. Cadernos da Faculdade de Filosofia e Ciências.* v.9, n.1, p.169-89. Marília: Unesp Marília Publicações, 2000.

FOUCAULT, M. *Vigiar e punir:* nascimento da prisão. 22.ed. Petrópolis: Vozes, 2000.

FOUCAULT, M. Sujeito e poder. In: RABINOW, P.; DREYFUS, H. *Michel Foucault: uma trajetória filosófica.* Para além do estruturalismo e da hermenêutica. São Paulo: Forense Universitária, 1995.

FRANCO, M. S. C. *Os homens livres na sociedade escravocrata.* São Paulo: Ática, 1974.

GAGNEBIN, J. M. Não contar mais?. In: *História e narração em Walter Benjamin.* São Paulo: Perspectiva, 1999.

GAGNEBIN, J. M. Infância e pensamento. In: *Sete aulas sobre linguagem, memória e história.* Rio de Janeiro: Imago, 1997.

GARDNER, H. *O Verdadeiro, o Belo e o Bom. Os princípios básicos para uma nova educação.* São Paulo: Objetiva, 1999.

GHIRALDELLI JR., P. *Infância, escola e modernidade.* São Paulo: Cortez, 1997.

GIROUX, H. O pós-modernismo e o discurso da crítica educacional. In: SILVA, T. T. (Org.). *Teoria educacional crítica em tempos pós-modernos.* Porto Alegre: Artmed, 1993.

GOMES, P. E. S. *Cinema:* trajetória no subdesenvolvimento. São Paulo: Paz e Terra, 1986.

HABERMAS, J. Modernidade – um projeto inacabado. In: ARANTES, O. B. F.; ARANTES, P. E. *Um ponto cego no projeto moderno.* São Paulo: Brasiliense, 1992.

HARVEY, D. *The Urban Experience.* Baltimore/London: The Johns Hopkins University Press, 1989.

HOLANDA, S. B. de. *Raízes do Brasil.* 2.ed. São Paulo: Cia. das Letras, 1996.

INSTITUTO ANTÔNIO HOUAISS. *Dicionário Houaiss da Língua Portuguesa.* Rio de Janeiro: Objetiva, 2001.

JAMESON, F. *Pós-modernismo. A lógica cultural do capitalismo tardio.* São Paulo: Ática, 1996.

KANT, I. Resposta à pergunta: O que é o Iluminismo?. In: KANT, I. *A paz perpétua e outros opúsculos.* Lisboa: Edições 70, 1995.

KEHL, M. R. A juventude como sintoma da cultura. In: KEHL, M. R. NOVAES, R.; VANNUCHI, P. (Orgs.). *Juventude e sociedade:* trabalho, educação, cultura e participação. São Paulo: Instituto Cidadania/Fundação Perseu Abramo, 2004.

KEHL, M. R. *Ressentimento*. São Paulo: Casa do Psicólogo, 2004.

KEHL, M. R. A fratria órfã. In: KEHL, M. R. *A função fraterna*. São Paulo: Relume Dumará, 2000.

KOWARICK, L. *A espoliação urbana*. São Paulo: Paz e Terra, 1993.

KURZ, R. *O colapso da modernização*. São Paulo: Paz e Terra, 1996.

LEFEBVRE, H. *A revolução urbana*. Belo Horizonte: Editora da UFMG, 1999.

LYOTARD, J.-F. Reescrever a modernidade. In: LYOTARD, J.-F. *O inumano*. Lisboa: Estampa, 1989.

LYOTARD, J.-F. Resposta à pergunta: o que é pós-moderno?. In: LYOTARD, J.-F. *O Pós-Moderno explicado às crianças*. Lisboa: Dom Quixote, 1987.

LUKÁCS, G. Narrar ou descrever?. In: LUKÁCS, G. *Ensaios sobre literatura*. Rio de Janeiro: Civilização Brasileira, 1965.

MAFFESOLI, M. *O tempo das tribos*: declínio do individualismo nas sociedades de massa. Rio de Janeiro: Forense Universitária, 1987.

MAGNANI, J. G. Circuitos juvenis paulistanos. *Tempo Social. Revista de Sociologia da USP*, v.17, n.2, p.173-205. São Paulo, FFFLCH/USP, 2005.

MARICATO, E. *Metrópole na periferia do capitalismo*. São Paulo: Hucitec, 1996.

MARTINS, J. S. *Exclusão social e a nova desigualdade*. 2.ed. São Paulo: Paulus, 2004.

MARTINS, J. S. *A sociabilidade do homem simples. Cotidiano e história na modernidade anômala*. São Paulo: Hucitec, 2000.

MARX, K. *O Capital. Crítica à Economia Política*. v.I. São Paulo: Nova Cultural, 1988 (Coleção Os Economistas).

NORA, P. Entre memória e história: a problemática dos lugares. In: NORA, P. *Le lieux de mémoire I. La République*. Paris: Gallimard, 1984.

NOVAES, R.; VANNUCHI, P. (Orgs.). *Juventude e sociedade*: trabalho, educação, cultura e participação. São Paulo: Instituto Cidadania/Fundação Perseu Abramo, 2004.

OAKSHOTT, M. Learning and Teaching. In: OAKSHOTT, M. *The Concept of Education*. London: Routledge, 1968.

PALHARES, T. H. P. *Aura: a crise da arte em Walter Benjamin*. São Paulo: Barracuda/Fapesp, 2006.

PILETTI, C. *Educação e narrativa*: dimensão pedagógica da hermenêutica de Paul Ricoeur. Tese (Doutorado). Faculdade de Educação da Universidade de São Paulo, São Paulo, 1999.

PITTA, F. M. *O historiador da vida moderna*: uma história da cultura em Walter Benjamin. Dissertação (mestrado). Instituto de Filosofia e Ciências Humanas da Universidade de Campinas, Campinas, 1999.

READ, H. *Education Through Art*. London: Faber and Faber, 1958.

RICOEUR, Paul. *Tempo e narrativa*. Campinas: Papirus, 1994.

ROSENFELD, A. Teoria dos gêneros. In: ROSENFELD, A. *O teatro épico*. 4.ed. São Paulo: Perspectiva, 2006.

SANTOS, M; SILVEIRA, M. L. *O Brasil*: território e sociedade no início do século XXI. São Paulo/Rio de Janeiro: Record, 2001.

SANTOS, M. *A natureza do espaço*: técnica e tempo, razão e emoção. São Paulo: Hucitec, 1996.

SANTOS, M. *Pensando o espaço do homem*. 4.ed. São Paulo: Hucitec, 1997.

SANTOS, M. *Técnica, espaço e tempo. Globalização e meio técnico-científico informacional*. 2.ed. São Paulo: Hucitec, 1996.

SANTOS, M. *Por uma economia política da cidade: o caso de São Paulo*. Hucitec/Educ, 1994.

SASSEN, S. *As cidades na economia mundial*. São Paulo: Studio Nobel, 1998.

SCHILLER, F. *Cartas sobre a educação estética da humanidade*. São Paulo: Herder, 1963.

SCHWARZ, R. *Sequências brasileiras*. São Paulo: Cia. das Letras, 1999.

SCHWARZ, R. Cultura e política, 1964-68: alguns esquemas. In: SCHWARZ, R. *O pai de família e outros estudos*. 2.ed. São Paulo: Paz e Terra, 1992.

SCHWARZ, R. As ideias fora do lugar. In: SCHWARZ, R. *Ao vencedor as batatas*. São Paulo: Duas Cidades, 1992.

SENNETT, R. *O declínio do homem público*: as tiranias da intimidade. 6.ed. São Paulo: Cia. das Letras, 1999.

SILVA, T. T. Sociologia da Educação e pedagogia crítica em tempos pós-modernos. In: SILVA, T. T. (Org.). *Teoria educacional crítica em tempos pós-modernos*. Porto Alegre: Artmed, 1993.

SNYDERS, G. *Alegria na escola*. São Paulo: Manole, 1988.

SOJA, E. *Geografias pós-modernas*: a reafirmação do espaço na teoria social crítica. Rio de Janeiro: Jorge Zahar, 1993.

SPOSITO, M. P. Algumas reflexões e muitas indagações sobre as relações entre juventude e escola no Brasil. In: ABRAMO, H. W.; BRANCO, P. P. M. (Orgs.). *Retratos da juventude brasileira*: análises de uma pesquisa nacional. São Paulo: Instituto Cidadania/Fundação Perseu Abramo, 2005.

SPOSITO, M. P. A sociabilidade juvenil e a rua: novos conflitos e ação coletiva na cidade. *Tempo Social. Revista de Sociologia da USP*, v.5, n.1-2, p.161-78. São Paulo, FFFLCH/USP, nov. 1994.

SPOSITO, M. P. *O povo vai à escola*: a luta popular pela expansão do ensino público em São Paulo. São Paulo: Loyola, 1992.
TOLEDO, R. P. *A capital da solidão*: uma história de São Paulo das origens a 1900. São Paulo: Objetiva, 2004.
WOJNAR, I. *Estética y pedagogía*. México: Fondo de Cultura Económica, 1966.
ZALUAR, A. Para não dizer que não falei de samba: os enigmas da violência no Brasil. In: ZALUAR, A. *História da vida privada no Brasil, v.III. Contrastes da intimidade contemporânea*. São Paulo: Cia. das Letras, 2000.

2. Bibliografia específica
2.1. Crítica e história da música

ADORNO, T. W. O Fetichismo na música e a regressão da audição. In: ADORNO, T. W. *Adorno, Benjamin, Habermas e Horkheimer: Textos escolhidos*. São Paulo: Abril Cultural, 1980a (Coleção Os Pensadores).
ADORNO, T. W. Ideias para a sociologia da música. In: ADORNO, T. W. *Adorno, Benjamin, Habermas e Horkheimer: Textos escolhidos*. São Paulo: Abril Cultural, 1980b (Coleção Os Pensadores).
ATTALI, J. *Bruits*: essai sur l'économie politique de la musique. Paris: Fayard/PUF, 2001.
BARTHES, R. *O óbvio e o obtuso. Ensaios críticos III*. 3.ed. São Paulo: Nova Fronteira, 2004.
ECO, U. A canção de consumo. In: ECO, U. *Apocalípticos e integrados*. São Paulo: Perspectiva, 1979.
MORIN, E. Não se conhece a canção. In: *Linguagem da cultura de massas*. Petrópolis: Vozes, 1973.
ROUSSEAU, J.-J. Ensaio sobre a origem das línguas. In: ROUSSEAU, J.-J. *Rousseau*. 5.ed. São Paulo: Nova Cultural, 1991 (Coleção Os Pensadores).
WISNIK, J. M. *O som e o sentido*: uma outra história das músicas. São Paulo: Cia. das Letras, 2002.
ZUMTHOR, P. A poesia e o corpo. In: ZUMTHOR, P. *Escritura e nomadismo*. São Paulo: Ateliê, 2001.

2.2. História e crítica da música brasileira

ANTUNES, A. *40 escritos*. São Paulo: Iluminuras, 2000.

CAMPOS, A. *O balanço da bossa e outras bossas*. 5.ed. São Paulo: Perspectiva, 2005.

CARMO JR., J. R. A voz: entre a palavra e a melodia. *Teresa – Revista de Literatura Brasileira*, n.4/5, p.215-27. São Paulo: Ed. 34, 2004.

CASSEANO, P.; ROCHA, J.; DOMENICH, M. *Hip hop. A periferia grita*. São Paulo: Fundação Perseu Abramo, 2001.

CAVALCANTI, B.; STARLING, H.; EISENBERG, J. (Orgs.). *Decantando a República. Inventário histórico e político da canção popular moderna brasileira*. v.I, II e III. São Paulo/Rio de Janeiro: Nova Fronteira/Fundação Perseu Abramo/Faperj, 2004.

CAVALCANTI, T. A. *O rap precisa de passagem*. São Paulo: Livraria Cultura, 16 maio 2007 (Palestra), Mimeo.

FAVARETTO, C. F. *Tropicália*: alegoria, alegria. 3.ed. São Paulo: Ateliê, 2000.

FAVARETTO, C. F. *A invenção de Hélio Oiticica*. 2.ed. São Paulo: Edusp/Fapesp, 2000.

GARCIA, W. Ouvindo Racionais MC's. *Teresa – Revista de Literatura Brasileira*, n.4/5, p.167-80, São Paulo, USP/Ed. 34, 2004.

GARCIA, W. *Bim Bom. A contradição sem conflito de João Gilberto*. São Paulo: Paz e Terra, 1999.

MACHADO NETO, C. G. *O enigma do homem célebre. Ambição e vocação de Ernesto Nazareth (1863-1934) – música, história e literatura*. Tese (Doutorado). Faculdade de Filosofia, Letras e Ciências Humanas da Universidade de São Paulo, São Paulo, 2005.

MAMMÍ, L. Erudito/Popular. In: PAIVA, M.; MOREIRA, M. E. (Orgs.). *Cultura. Substantivo plural*. Rio de Janeiro: Ed. 34, 1996.

MAMMÍ, L. João Gilberto e o projeto utópico da bossa nova. *Novos Estudos Cebrap*, n.34, p.63-70. São Paulo, Cebrap, 1992.

MORAES, J. G. V. *Metrópole em sinfonia. História, cultura e música popular na São Paulo dos anos 30*. São Paulo: Estação Liberdade/Fapesp, 2000.

NAPOLITANO, M. O Olhar tropicalista sobre a cidade de São Paulo. *Vária História*, v.21, n. 34, p.504-20. Belo Horizonte, 2005.

NAPOLITANO, M. *História & Música. História cultural da música popular*. Belo Horizonte: Autêntica, 2002.

NAPOLITANO, M. A arte engajada e seus públicos (1955-1968). *Estudos Históricos*, v.28, p.103-24. Rio de Janeiro: FGV, 2001.

NAPOLITANO, M. O conceito de "MPB" nos anos 60. *História:* questões e debates. Ano 16, p.11-30, n.31. Curitiba: Editora da UFPR, julho/dez. 1999.

NAPOLITANO, M.; VILLAÇA, M. M. Tropicalismo: as relíquias do Brasil em debate. *Revista Brasileira de História*, v.18, n.35, p.57-75. São Paulo, ANPUH, 1998.

PAES, J. P. Samba, estereótipos, desforra. In: PAES, J. P. *Gregos e baianos*. São Paulo: Brasiliense, 1985.

PAOLI, M. C. Os amores citadinos e a ordenação do mundo pária: as mulheres, as canções e seus poetas. In: CAVALCANTI, B.; STARLING, H.; EISENBERG, J. (Orgs.). *Decantando a República. Inventário histórico e político da canção popular moderna brasileira*. v.III. São Paulo/Rio de Janeiro: Nova Fronteira/Fundação Perseu Abramo/Faperj, 2004.

PERRONE, C. Performing São Paulo: Vanguard Representation of Brazilian Cosmópolis. *Latin American Music Review*, v.23, n.1, p.60-78, Texas University, 2002.

RENNÓ, C. Parque industrial ou *satyricon* de Tom Zé. *Tom Zé, Grande Liquidação* (Encarte do CD relançamento do LP original de 1968). Sony Music, 2000.

TATIT, L. *O século da canção*. São Paulo: Ateliê, 2004.

TATIT, L. *O Cancionista. Composição de canções no Brasil*. São Paulo: Edusp, 2002.

TATIT, L. *Semiótica da canção. Melodia e letra*. São Paulo: Escuta, 1999.

TATIT, L. *Musicando a Semiótica*: ensaios. São Paulo: Annablume/Fapesp, 1998.

VIANNA, H. *O mistério do samba*. 4.ed. Rio de Janeiro: Jorge Zahar/Editora da UFRJ, 2002.

WISNIK, J. M. O minuto e o milênio ou Por favor, professor, uma década de cada vez. In: WISNIK, J. M. *Sem receita*: ensaios e canções. São Paulo: Publifolha, 2004.

WISNIK, J. M. A Gaia Ciência. Literatura e música popular no Brasil. In: WISNIK, J. M. *Sem Receita*: ensaios e canções. São Paulo: Publifolha, 2004.

WISNIK, J. M. Te-Manduco-Não-Manduca: a música popular de São Paulo. In: WISNIK, J. M. *Sem Receita*: ensaios e canções. São Paulo: Publifolha, 2004.

WISNIK, J. M. *O Som e o Sentido*: uma outra história das músicas. 2.ed. São Paulo: Cia. das Letras, 2002.
WISNIK, J. M. Getúlio da Paixão Cearense. In: SQUEFF, E.; WISNIK, J. M. *O nacional e o popular na cultura brasileira. Música*. 2.ed. São Paulo: Brasiliense, 1983.
ZÉ, T. *Tropicalista lenta luta*. São Paulo: Publifolha, 2003.
ZENI, B. G. O negro drama do rap: entre a lei do cão e a lei da selva. *Revista Estudos Avançados*, ano 18, n.50, p.225-41. São Paulo, IEA/USP, 2004.

3. Imprensa

AMARAL, T. A batida que vem das ruas. Documentário retrata a experiência do rap na periferia da Grande São Paulo. *Folha de S.Paulo*, São Paulo, 14 out. 2001, Caderno Ilustrada.
ANDRADE, J. P. Pedagogias da cidade: a escola e seu entorno. *Correio da Cidadania*, São Paulo, edição 304, jul. 2002, Coluna Cidade Aberta.
BERMAN, M. Rap, o canto à beira do precipício. *Folha de S.Paulo*, São Paulo, 14 out. 2001, Caderno Mais! (Entrevista).
BONASSI, F. São Paulistanos. *Folha de S.Paulo*, São Paulo, 23 jan. 2007, Caderno Ilustrada.
CALIARI, T. São Paulo, Zona Sul: violência e desemprego. *Reportagem, Revista da Oficina de Informações*. Belo Horizonte/São Paulo, Ano IV, n.41, p.31-6, fev. 2003.
CAROS AMIGOS ESPECIAL. *Movimento hip hop: a periferia mostra seu magnífico rosto*. n.3. São Paulo, 1998.
CAROS AMIGOS ESPECIAL. *Hip hop hoje: o grande salto do movimento que fala pela maioria urbana*. n.24. São Paulo, 2005.
FRY, P. O outro lado da democracia racial. *O Estado de S. Paulo*, São Paulo, 26 jun. 2005, Caderno 2 (Entrevista).
HOLANDA, C. B. O tempo e o artista. *Folha de S.Paulo*, São Paulo, 26 dez. 2004, Caderno Mais! (Entrevista).
MEDAGLIA, J. Mensagem ou massagem sonora? *Concerto: guia mensal de música erudita*, São Paulo, ano IX, n.98, ago. 2004, Coluna Atrás da Pauta.
MV BILL. Entrevista explosiva: MV Bill. *Caros Amigos*. Ano IX, n.99, p.30-6. São Paulo, jun. 2005.

SANCHES, P. A. Volta ao Tom Zé, lado B da Tropicália. *Folha de S.Paulo*, São Paulo, 30 ago. 2000 (Entrevista).

SCHWARZ, R. Desapareceu a perspectiva de um progresso que torne o país decente. *Folha de S.Paulo*, São Paulo, 11 ago. 2007, Caderno Ilustrada (Entrevista).

RENNÓ, C. As múltiplas faces do som. *Folha de S.Paulo*, São Paulo, 18 mar. 2001, Caderno Mais!

REVISTA BIZZ, n.211, São Paulo, mar. 2007 (Entrevista).

RODRIGUES, L. I. Os caminhos do hip hop. *Reportagem, Revista da Oficina de Informações*. n.64, p.14-24. Belo Horizonte/São Paulo, jan. 2005.

TINHORÃO, J. R. Era uma vez uma canção. *Folha de S.Paulo*. São Paulo, 29 ago. 2004, Caderno Mais! (Entrevista).

Internet

BAIA, S. F. A pesquisa sobre música popular no estado de São Paulo (Brasil): o estado da arte. Buenos Aires: Anais del IV Congreso Latinoamericano IASPM-AL, 2005. Disponível em: <http://www.hist.puc.cl/historia/iaspm/actasbaires.html>. Acesso em: 3 jul. 2006.

BIONDI, P. Música urbana. Disponível em: <http://www.spbancarios.com.br/rdbmateria.asp?c=307>. Acesso em: 6 ago. 2005.

ESSINGER, S. Rap brasileiro: rimas dos negros americanos ganham tradução. 2000. Disponível em: <http://www.cliquemusic.com.br/br/Generos/Generos.asp?Nu_Materia=24>. Acesso em: 6 ago. 2005.

NETTO, J. A. Dos Racionais aos emocionais emecis: um olhar marginal da relação música, favela e dinheiro. Disponível em: < http://www.espacoacademico.com.br/027/27cnetto.htm>. Acesso em: 10 jan. 2007.

TAGG, P. Analyzing Popular Music: Theory, Method and Practice. *Popular Music* 2: 37-67. 1982. Disponível em: <http://www.tagg.org/texts.html>. Acesso em: 4 jun. 2007

TATIT, L. Cancionistas invisíveis. *Revista Cult*, n.105, Ano 9, p.54-8, 2006. Disponível em: <http://www.luiztatit.com.br/cancionistas_invisiveis.shtml>. Acesso em: 3 abr. 2007.

ORIENTAÇÕES CURRICULARES PARA O ENSINO MÉDIO – PCNEM. Linguagem, código e suas tecnologias. Disponível em: <http://portal.mec.gov.br/seb/arquivos/pdf/book_volume_01_internet.pdf> Acesso em: 7 ago. 2007.

PARÂMETROS CURRICULARES NACIONAIS PARA A EDUCAÇÃO BÁSICA. Secretaria de Educação Fundamental. Brasília: MEC/SEF, 1997. Disponível em: <http://portal.mec.gov.br/seb/arquivos/pdf>. Acesso em: 10 fev. 2005.

PERRONE, C. Tom Zé and the Tropicalist Experience. Bass Museum, Miami Beach, 11 mar. 1995 (Palestra). Disponível em: <http://www.caravanmusic.com/Articles/TomZe.html> Acesso em: 15 jun. 2007.

PIMENTEL, S. O livro vermelho do hip hop. Disponível em: <http://www.realhiphop.com.br/olivrovermelho>. Acesso em: 11 jul. 2007.

Sites consultados

http://www.macumbaberlin.de
http://www.racionaisvidaloka.hpg.ig.com.br
http://www.realhiphop.com.br
http://www.senhorf.com.br
http://www.tomze.com.br
http://tropicalia.uol.com.br/site/internas/index.php
http://www.radiouol.com.br
http://www2.uol.com.br/augustodecampos
http://letras.terra.com.br

Discografia básica utilizada

BARBOSA, Adoniran. *Meus momentos*. EMI, 1980.
RACIONAIS MC's. *Holocausto urbano*. Zimbabwe Records, 1990.
RACIONAIS MC's. *Zâmbia fonográfica/Zimbabwe Records*, 1993 (Coletânea).
RACIONAIS MC's. *Sobrevivendo no inferno*. Zâmbia/Cosa Nostra, 1997.

RACIONAIS MC's. *Nada como um dia após outro dia: chora agora/ri depois.* Cosa Nostra, 2002 (CD duplo).
RACIONAIS MC's. *Raio X do Brasil.* Zimbabwe Records, 1993.
SÃO PAULO (Coração do tempo). 450 anos. Anhembi Turismo e eventos/Prefeitura de São Paulo, 2004.
ZÉ, Tom. *Danç-Êh-Sá. Dança dos herdeiros do sacrifício. Tom Zé pós-canção.* Tratore, 2006.
ZÉ, Tom. *Imprensa cantada.* Trama, 2003.
ZÉ, Tom. *Tom Zé, grande liquidação.* Sony Music, 2000.
ZÉ, Tom. *Se o caso é chorar/TodosOsOlhos.* Continental/Warner, Série dois Momentos, v.14, 1999.
ZÉ, Tom. *20 preferidas.* RGE/Som Livre, 1997.

Discografia comentada

Tom Zé

O site oficial de Tom Zé é completíssimo e ilustrado com fotos variadas, fac-símiles de todos os álbuns e letras de todas as canções: http://www.tomze.com.br/discografia.htm
Pode-se ouvir tudo de Tom Zé gratuitamente na Rádio UOL: http://www.radiouol.com.br

Racionais MC's

O grupo não dispõe de um site oficial. O que se encontra são informações dispersas em diversas mídias. Até agosto de 2008, sua discografia principal (descontando participações em coletâneas com apenas uma faixa musical) podia ser ouvida no site da rádio UOL e era composta por:
- *Consciência black*, 1988 (Zimbabwe Records; LP – coletânea de lançamento de vários artistas em que participam com duas faixas);
- *Holocausto urbano*, 1990 (Zimbabwe Records; primeiro álbum solo, lançado primeiro em LP e, posteriormente, em CD);
- *Escolha o seu caminho*, 1992 (Zimbabwe Records, CD experimental com quatro faixas);

- *Raio X do Brasil*, 1993 (Zimbabwe Records, CD coletânea das "melhores músicas", incluindo duas faixas novas);
- *Racionais MC's*, 1994 (Zimbabwe Records; CD coletânea com regravações e algumas faixas novas);
- *Sobrevivendo no inferno*, 1997 (Cosa Nostra Fonográfica, álbum inteiramente inédito); *Racionais MC's Ao Vivo*, 2001 (Cosa Nostra, gravação de um show);
- *Nada como um dia após outro dia: chora agora/ri depois*, 2002 (Cosa Nostra, CD duplo inteiramente inédito);
- *1000 tretas, 1000 trutas*, 2006 (CD de um show ao vivo, com participação de Jorge Ben, transformado em DVD e acrescido de um documentário sobre a história dos negros e de sua música na cidade São Paulo).

Filmografia

Tom Zé ou Quem irá colocar dinamite na cabeça do século? Direção de Carla Gallo, 48 min. São Paulo, maio 2000 (Documentário).

Fabricando Tom Zé. Direção de Décio Mattos, 90 min. São Paulo, maio 2007 (Documentário).

1000 tretas, 1000 trutas. DVD. São Paulo, jul. 2007 (Show e documentários).

Outros títulos da Coleção Arte e Educação

Ampliando o repertório do coro infanto-juvenil: um estudo de repertório inserido em uma nova estética
  Leila Rosa Gonçalves Vertamatti

Arte/educação como mediação cultural e social
  Ana Mae Barbosa e Rejane Galvão Coutinho (Orgs.)

De tramas e fios: um ensaio sobre música e educação
  Marisa Trench de Oliveira Fonterrada

Do lugar onde se vê: aproximações entre as artes plásticas e o teatro
  Carlos Avelino de Arruda Camargo

Escutar o invisível: escritura & poesia na sala de aula
  Eduardo Calil

Exercícios do olhar: conhecimento e visualidade
  Carmen S. G. Aranha

Inclusão social e cultural: arte contemporânea e educação em museus
  Gabriela Suzana Wilder

Música: entre o audível e o visível
  Yara Borges Caznok

Ser artista, ser professor: razões e paixões do ofício
  Célia Maria de Castro Almeida

SOBRE O LIVRO

Formato: 14 x 21
Mancha: 24 x 40,6 paicas
Tipologia: IowanOldSt BT 10/14
Papel: Offset 75 g/m² (miolo)
Supremo 250 g/m² (capa)

1ª edição: 2010

EQUIPE DE REALIZAÇÃO

Edição de Texto
Alê Costa (Preparação de texto)
Lucas Puntel Carrasco e Renata Siqueira Campos (Revisão)

Editoração Eletrônica
Studio Lume

Capa
Isabel Carballo

Impressão e Acabamento

FARBE DRUCK
gráfica e editora ltda.